나무로 배우는 교실, 뚝딱이방

나무로 배우는 교실, 뚝딱이방

발행일	2018년 7월 27일

지은이	김 영 태		
펴낸이	손 형 국		
펴낸곳	(주)북랩		
편집인	선일영	편집	오경진, 권혁신, 최승헌, 최예은, 김경무
디자인	이현수, 김민하, 한수희, 김윤주, 허지혜	제작	박기성, 황동현, 구성우, 정성배
마케팅	김회란, 박진관, 조하라		
출판등록	2004. 12. 1(제2012-000051호)		
주소	서울시 금천구 가산디지털 1로 168, 우림라이온스밸리 B동 B113, 114호		
홈페이지	www.book.co.kr		
전화번호	(02)2026-5777	팩스	(02)2026-5747
ISBN	979-11-6299-237-1 03630(종이책)　　979-11-6299-238-8 05630(전자책)		

잘못된 책은 구입한 곳에서 교환해드립니다.
이 책은 저작권법에 따라 보호받는 저작물이므로 무단 전재와 복제를 금합니다.

이 도서의 국립중앙도서관 출판예정도서목록(CIP)은 서지정보유통지원시스템 홈페이지(http://seoji.nl.go.kr)와
국가자료공동목록시스템(http://www.nl.go.kr/kolisnet)에서 이용하실 수 있습니다.
(CIP제어번호 : CIP2018022436)

(주)북랩 성공출판의 파트너

북랩 홈페이지와 패밀리 사이트에서 다양한 출판 솔루션을 만나 보세요!

홈페이지 book.co.kr　•　**블로그** blog.naver.com/essaybook　•　**원고모집** book@book.co.kr

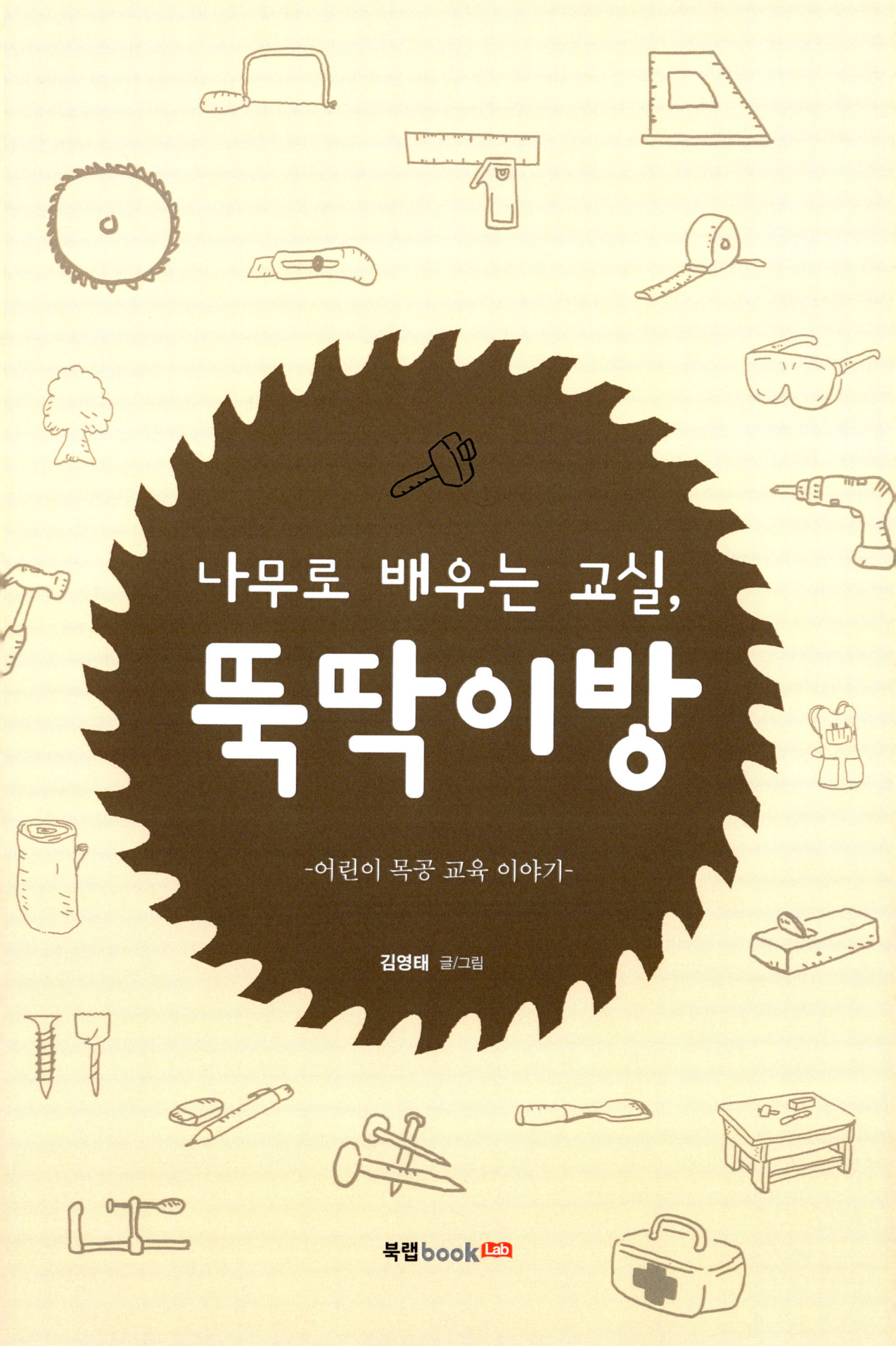

나무로 배우는 교실, 뚝딱이방

-어린이 목공 교육 이야기-

김영태 글/그림

북랩 book Lab

머리말
서울과 테헤란의 뚝딱이방 칠 년

　2011년 새로 개교한 서울신은초등학교에서 선생님들의 동의와 협조로 작은 목공실 '뚝딱이방'을 열고 아이들, 선생님과 함께 나무로 장난감과 가구를 비롯해 여러 목제품을 만들며 땀 흘리는 행복한 목공 시간을 가졌습니다.

　목공 교육은 정규 교육 과정과 시기별 특별 프로그램으로 편성돼 제가 학교를 떠난 지금까지도 이어지고 있습니다. 아이들은 망치와 끌, 톱 같은 수공구, 충전 드라이버와 탁상 드릴 등의 전동공구를 직접 다루며 작업하는 것에 이제는 많이 익숙해져 있습니다. 쉽게 보였던 목공 작업이 예상과 달리 생각과 땀이 많이 필요한 '노작'이라는 것을 몸으로 느꼈습니다. 공들여 탄생된 자기 작품을 보는 아이들 얼굴에 뿌듯함이 역력했습니다.

　학부모와의 소통, 연대 그리고 지속적인 목공 노작 교육을 위해 학부모 목공 동아리를 꾸렸습니다. 올해로 6년째 회원을 맞아 함께 배우며 학생 교육과 체험 행사에도 중요한 역할을 하고 있습니다. 동아리 내부에서 기술 교육과 공구 보수를 비롯해 목공실 관리 요령이 전수되어 앞으로도 유지될 것이라 기대합니다.

　2017년부터 저는 이란회교공화국 테헤란한국학교의 파견 교사로서 아이들을 가르치고 있습니다. 여기서도 새로 뚝딱이방을 열어 목공 교육을 하고 있습니다. 학부모와 함께 하는 목공 교실도 했습니다. 전교생이 주당 일 회씩 목공을 하는데 이곳 아이들 역시 목공 시간을 기다립니다. 장소는 비좁고 시설과 장비 또한 턱없이 부족하지만 이런 환경에 적용할 수 있는 내용을 찾는 재미도 있습니다. 그래서 오히려 이 경험이 소박하게 목공 교육을 시작하려는 선생님들께 도움이 될 수도 있겠다는 생각이 듭니다.

　많은 선생님들이 학생들과 목공을 해 보고 싶어 하지만 어디서부터 시작하고 무엇을 처음에 갖추어야 할지 막막해 합니다. 이 책은 목공 교육을 고민하는 그런 분들에게 작은 도움이 되기를 바라는 마음에서 출발했습니다.

그동안 두 학교에서 뚝딱이방을 준비하고 운영한 이야기, 목공 교육의 효과, 학교에서 목공 교육을 위해 알아야 할 기초적인 지식과 제작 방법, 교육 과정 운영과 지도 방법, 활동 가능한 주제를 정리했습니다. 어린이 목공 교육에는 어려운 기능이 필요한 게 아니라서 구체적인 제작 기술을 자세하게 설명하지 않았습니다. 실재 작업 방법은 이미 출간된 책들과 인터넷 동영상으로 쉽게 찾아볼 수 있습니다. 그 대신 책 뒷부분에 아이들과 목공을 즐길 때 곁에 두면 좋을 책과 양질의 자료가 있는 인터넷 누리집 몇 곳을 따로 소개했습니다.

오래전부터 목공 시간을 내 준 아내와 두 딸에게 큰 빚을 졌습니다. 뚝딱이방을 가꾸고 관리한 든든한 벗 김우경 선생님, 김병업 선생님, 박종철 선생님께 감사드립니다. 연수 진행을 도와주신 동료와 후배 선생님, 낯설고 위험하지만 목공 노작 교육을 아이들과 함께 하고 애써 주신 서울신은초등학교 선생님과 관계자 여러분, 지도교사를 따라 진지하고 성실하게 익혀 학생에게 나눠 주신 뚝딱이 학부모 동아리 회원님들 모두 고맙습니다. 영감과 자극은 물론 해결책을 알려 주시는 나무풍경 서정재 공방장님, 학생 지도에 협조해 주시고 내용을 검토해 주신 황은성 님, 끝으로 회원님들께 고개 숙여 감사드립니다.

2018년 7월
서울신은초등학교와 테헤란한국학교
뚝딱이방 장 김영태

일러두기

1. 용어
용어는 최대한 국립국어원의 『표준국어대사전』에 따르고자 했습니다. 목공 용어에도 일본말 잔재, 외국어가 많습니다. 하지만 대체해서 쓸 말이 너무나 낯설고 오히려 의사소통을 혼란스럽게 하는 말은 통용되는 낱말을 그대로 썼습니다. 예를 들어 '드릴'은 매우 흔하게 사용하지만 '틀 송곳' 또는 '송곳'으로 순화하면 의미도 다른 데다가 의사소통에 오히려 방해가 되기도 합니다.

2. 영어 명칭 표기
명칭 옆에 영어를 함께 써 두었습니다. 순화된 명칭과 비표준어 명칭에 대한 이해를 도울 수 있으며 인터넷에서 자료를 찾을 때 훨씬 많은 검색 결과를 얻을 수 있기 때문입니다.

3. 사진
사진은 직접 촬영한 것과 학부모 동아리 김선희 님의 사진을 썼습니다. 이 자리를 빌어 감사드립니다. 부족한 실력이지만 내용을 더 쉽게 전달하고자 그림도 그려 넣었습니다. 이후에 더 좋은 사진과 그림을 추가해 증보판으로 만날 수 있기를 희망합니다.

목차

머리말 / 서울과 테헤란의 뚝딱이방 칠 년 · 4
일러두기 · 6
왜 목공 교육을? · 8
공구 · 20
나무 · 69
일반 목공 과정 · 77
뚝딱이방 이야기 · 89
사례와 준비 · 118
교육 실제 · 146
활동 주제 · 164
움직이는 목공 교실 · 213
참고 자료와 부록 · 219

아이들이
목공에 끌리고
특별한 재미를 느끼는 이유

 ## 왜 목공 교육을?

| 나무 느낌과 향기 |

나무는 우리를 편안하게 합니다.

숲에서 맑은 공기를 마시며 몸과 마음을 쉬게 합니다. 나무 또는 목재에는 다양하고 아름다운 무늬가 있으며 만져 보면 금속이나 플라스틱과는 비교할 수 없는 부드럽고 따뜻한 촉감이 전해집니다. 만약 어떤 건물이 목재로 되어 있다면 콘크리트나 금속으로 둘러싸인 것과는 확연히 다르게 포근하며 친근하게 느껴집니다. 숨 쉴 때의 기분이 상쾌하고 손에 닿는 촉감은 부드럽습니다. 편백나무나 소나무 그리고 삼나무로 벽을 만들면 좋은 재료 때문에 그 자리에 더 머무르고 싶어집니다.

과거에 일상적으로 사용되던 나무 책상과 의자가 주변에서 사라지고 이제는 화학 처리를 거친 유사 목재 소재로 만든 가구를 집과 학교에서 대부분 쓰고 있습니다. 겉모습은 나무처럼 보이지만 자세히 보면 필름을 붙인 것입니다. 그나마 무늬목이라도 붙어 있는 것이라면 괜찮은 가구라고 합니다. 심지어는 알루미늄 재질에도 나무 무늬를 덮은 것도 있습

나무 느낌		
시각	아름다운 나뭇결, 부드럽고 다양한 색, 생명과 성장, 푸르름, 꽃과 열매 곧거나 휘어지는 변화, 나무의 갈라짐, 작은 나무의 가능성, 큰 나무의 웅장함 바람에 흔들리는 나무, 다양한 나무 제품, 바람에 나는 낙엽, 단풍	
후각	맑은 향기, 신선한 향기, 깊은 숨, 나무마다 독특한 냄새 가을 나뭇잎과 나무 타는 향기, 솔 향기, 나무에 핀 꽃 향기	
촉각	부드러움, 거친 나무 껍질, 질김, 거칠거나 매끄러움, 온기, 숯의 뜨거움	
청각	나뭇잎 흔들리는 소리, 나무 깎는 소리, 장작 타는 소리, 나무에 있는 새 소리	
정서	따뜻함, 부드러움과 딱딱함, 편안함, 아름다움, 성숙함(계절에 따른 변화), 생명과 활력, 변화와 성장	

니다. 그만큼 나무가 가진 느낌을 흉내 내면 사람들에게 호감을 더 주기 때문일 겁니다.

체육관에서는 땀 냄새가 나고 병원에서는 약품 냄새가 나듯이 각 장소마다 그곳만이 풍기는 고유의 향이 있습니다. 목공실에서는 나무 향이 납니다. 나무마다 가지고 있는 고유의 향기가 있기 때문입니다. 저는 공방 문을 열고 들어설 때 여러 나무 향이 뒤섞여 콧속으로 들어오는 향기를 즐깁니다.

나무마다 냄새가 다릅니다. 단내가 나기도 하고 기분 좋은 상큼한 향을 퍼뜨리는 것들도 있습니다. 톱으로 자르거나 켤 때면 목재 향기가 아주 다양한 걸 알게 됩니다. 참나무 냄새는 꼬릿하고 박달나무 향은 씁쓸하며 향나무와 편백나무 그리고 소나무 향기는 상쾌합니다. 몸에 특별한 이상 반응이 없다면 나무를 만지는 동안 맡는 이 향기는 고마운 덤인 셈입니다.

칼로 나무를 깎을 때는 긴장하기 마련이지만 촉감과 소리는 묘한 쾌감을 줍니다.

파란 하늘을 배경으로 한 풍성하고 푸른 나무는 눈과 마음을 편안하게 하며 숨을 깊게 들이마시게 합니다.

나무를 다루면 손과 코뿐만 아니라 귀와 눈도 즐겁습니다. 연필을 칼로 깎을 때 사각거리는 소리, 뾰족하게 변해 가는 모양에 묘한 쾌감을 느낀 적이 있을 겁니다. 나무 연필을 깎는 과정은 공부나 그림 그리기를 시작하기 전 마음을 가다듬는 시간입니다.

| 쓸모 |

나무는 인류의 시작부터 지금까지 사용되는 재료입니다. 따뜻하고 부드러운 느낌이면서도 수종에 따라서는 똑같은 질량의 저탄소강보다 강도가 높고 충격에 강합니다. 가벼우면서도 튼튼한 데다 자연에서 쉽게 얻을 수 있어서 매우 친숙하고 유용한 소재입니다.

주변을 잠시만 둘러 봐도 우리 주변에는 다양한 나무 제품이 있습니다. 연필, 이쑤시개, 면봉처럼 작은 것부터 가구, 목조각 등의 예술품, 악기, 각종 도구, 목조 주택, 그리고 웅장한 대형 건축물에 이르기까지 아주 폭넓게 목제품을 사용하고 있습니다. 목공 기술은 예로부터 지금까지 이어지며 계속 발전되었으며 지금도 유용한 기술입니다.

고가의 첨단 장비가 없어도 기본적인 목공용 수공구만 다룰 수 있다면 망가진 목제품을 수리하거나 생활에 필요한 물건을 만들 수 있습니다. 다른 사람의 손을 빌릴 일도 줄이고 능동적으로 생활의 문제를 해결할 수 있어 쓸모가 많습니다.

학교에서는 종이나 지점토 등 다양한 소재로 공작 활동을 하는데 내구성이 약해 실생활에 사용하지는 못하는 것이 대부분입니다. 반면에 나무로 만든 것은 튼튼해서 생활에 사용 가능하다는 큰 장점이 있습니다. 나무 장난감 칼은 실감 나는 연극용 소품으로 쓸 수

호두나무, 참나무로 만든 망치. 단단한 목재로 망치를 만들면 쓸모가 많습니다.

운동장의 낡은 의자를 고치는 학생들. 목공을 배우면 생활 주변의 문제를 능동적으로 해결할 수 있습니다.

있고 한참 동안 갖고 놀 수 있습니다. 직접 만든 독서대나 연필꽂이는 책상 위에서 한동안 제 구실을 할 테고 자기가 만들었다는 만족감 때문에 더 사랑받을 겁니다.

| 생산 경험 |

서울신은초등학교에서는 텃밭에 농사를 지었습니다. 테헤란한국학교에서는 큰 화분에 감자를 길렀습니다. 소박한 농사를 지어 건강한 채소를 직접 길러 맛보는 즐거움, 땀흘리며 흙을 일구고 시간과 정성을 들여 길러낼 때의 보람과 기쁨, 자연에 대한 고마움, 탁 트인 곳에서 몸을 쓰며 땀흘리는 노동의 특별함 등 텃밭 노작 활동은 교육 가치가 매우 높았습니다. 무엇보다 아이들은 수확할 때 아주 즐거워했습니다.

시간과 정성을 들이는 노작 과정을 거쳐 결과를 얻을 수 있다는 점에서 목공 교육과 텃밭 농사는 공통점이 많습니다. 큰 옷장은 물론이고 책상에 올릴 작은 책꽂이, 액자 등은 모두 상점에서 사야 한다는 고정관념을 바꿔 줄 수 있습니다. 망가진 가구나 목제품을 바로 버리는 게 아니라 수리해서 수명을 연장하고 때에 따라서는 내게 맞게 모양을 바꿔 만들 수 있다는 생각을 하게 됩니다. 그러면서 자원을 아껴 재사용하고 환경을 보호하는 것도 배웁니다.

물건을 항상 돈으로 사는 소비자가 아니라, 자기가 사용할 물건을 직접 만드는 생산 경험은 노동과 세상을 달리 보는 좋은 공부 기회입니다.

텃밭에서 손수 기른 농작물을 거두어들이는 기쁨은 눈과 손, 마음에 오래 뿌듯한 기억으로 남습니다.

| 마음 공부 |

🔨 **겸손**

사람들은 대부분 조금만 배우면 가게에서 사는 가구처럼 멋지게, 전동공구를 사용해 금방 뚝딱 만들 수 있을 거라는 자신감에 차 목공을 시작했다가 금세 힘든 노동이라는 걸 느끼게 됩니다.

　나무로 무언가를 만들어 본 경험이 없는 대부분의 어른들이 그렇듯이 아이들도 목공 작업을 아주 쉽게 생각하거나 반대로 과도하게 겁을 먹기도 합니다. 목공 활동을 과소 평가하여 교사의 지도를 귀담아 듣지 않고 작업하다가 재료를 망가뜨리거나 어긋난 순서로 조립하기도 합니다. 그것을 고치고 다시 만드느라 시간과 노력을 남보다 더 들인 뒤에야 사용법과 주의 사항이 왜 필요한지 깨닫습니다.

　처음 목공을 시작할 때는 나무를 다루기 쉬운 재료라고 생각합니다. 게다가 초보자들은 쇠가 나무를 무조건 쉽게 자르거나 부술 수 있다는 선입견을 갖고 있어 힘을 많이 주어 나무를 다루려고 합니다. 망치질은 세게만 하면 되고 톱질은 속도를 빨리 해서 횟수를 늘리면 해결될 거라 판단하고 나무를 다룹니다. 그러다 톱니가 나가고 나무에 홈이 생겨 버리는 경험을 하면 조금씩 자신감을 잃기 시작합니다.

　나무가 갈라지거나 공구가 망가지는 것은 물질적인 손해라서 만회가 쉽지만 몸이 다치는 사고가 날 때가 문제입니다. 칼날에 살짝 베는 정도가 아니라 끌이나 전동공구에 다치면 부상이 생활에 불편을 크게 줍니다. 아이들은 그런 시행착오를 거치면서 교사의 지도에 집중해야 하는 이유를 깨닫고, 자기가 아는 것이 전부가 아니라는 걸 알게 됩니다.

　공구가 항상 내 뜻대로 움직이는 게 아니므로 늘 조심해서 다뤄야 하며, 그렇지 않을 경우 오히려 내가 상처를 입을 수 있으므로 조심해야 한다는 겸손의 태도를 배웁니다.

🔨 성취감

　작업할 때 지나치게 겁을 먹는 아이들도 있습니다. 어려운 활동일 거라고 지레짐작하여

목공은 마음 공부에 도움이 됩니다. 톱날이 오고 가는 선에 집중하면 어느새 잡념이 사라집니다.

안전 수칙을 잘 지켜 차분하게 칼을 쓰면 1학년 아이도 즐겁게 목공 작업을 할 수 있습니다.

겁먹고 머뭇거립니다. 날카로운 칼날에 오히려 몸이 굳어 제작 활동에 진전이 더뎌지고 아이들은 쉽게 피곤해 합니다. 때로는 과감하게 깎아 내거나 잘라 버려야 하는데 심한 긴장으로 결과가 나쁠 때도 있습니다. 이런 모습은 시간이 지나면서 차차 줄어듭니다. 겁을 먹고 머뭇거리던 아이들이 지도에 따라 작품을 완성하면서 작은 성공의 기회를 맛봅니다. 멀리서 보니 지레 겁먹었던 일들이 막상 시작해 보니 할 만하고 재미있다는 걸 느끼고 기뻐하게 됩니다.

낯선 공구를 더 익숙하게 사용하고 날카로워 만지기도 무서웠던 톱과 칼을 쓰면서 자기가 많이 성장했다고 느낍니다.

작업 과정에서 다양한 어려움을 맞이하기 마련입니다. 애써서 잘랐는데 길이가 달라 부품이 맞지 않을 수도 있고 못질 방향이 어긋나 나무가 조각나거나 뜯길 수도 있습니다. 예상보다 작업이 오래 걸리기도 하고 페인트를 칠하는 마무리 과정에서 눈에 띄지 않던 실수들이 보이기도 합니다. 치수가 맞지 않으면 설계를 바꾸기도 해야 하고 예상 못 한 흠 때문에 다시 사포로 갈고 칠을 또 해야 합니다. 돌발 상황에 대처하는 건 귀찮지만 이 과정을 넘어서면 성취감은 두 배가 됩니다.

🔨 문제 해결력

작품을 설계해 나무를 자르고 붙이며 조립하는 과정에는 깊은 사고력이 필요합니다. 갖고 있는 소재의 특성을 이해하며 가공하고 치수에 맞게 자르거나 깎아야 합니다. 톱질을 하다 실수로 엉뚱한 곳을 자르거나 치수에 맞지 않게 자를 수도 있습니다. 그런 상황을 만나면 당황하기 쉽습니다.

끌질을 잘못해서 나무가 갈라지거나 못이 비뚤어지게 옆으로 나옵니다. '이것만 하면 다 되겠다'거나 '이번 작업은 쉽겠다'고 예측했다가 망가진 나무 앞에서 한숨을 푹푹 쉽니다.

그렇지만 이런 경우에도, 작품 크기나 모양을 조금씩 바꾸고 못을 박을 위치를 달리해서 만들면 오히려 계획하지 못했던 또 다른 작품을 완성할 수 있습니다.

끌질을 할 때 칼날의 특징을 전혀 염두에 두지 않다가 날을 눕히는 방향을 위로 하거나 아래로 할 때 나무에 파고 드는 정도가 다른 걸 파악하면서 날의 특성을 익힙니다. 무섭고 어렵게만 느껴지던 목공이 조금 쉽게 다가오기 시작하고, 예상치 못했던 실수를 하면서 직면한 문제를 해결하기 위해 다양한 궁리를 합니다.

'어떻게 하면 저 나무를 조금 더 편하게 자를 수 있을까?'

'내가 톱질을 곧게 직각으로 하려면 톱을 잡는 방법과 처음 시작을 어떻게 해야 할까?'
'재료가 한정된 상태에서 어떻게 하면 더 마음에 들게 만들 수 있을까?'

이렇게 여러 상황에 대해 따져 보고 시도하면 그 결과가 눈으로 나타나니 문제 해결 동기가 강하게 일어납니다.

그렇지만, 학교에서 아이들을 오랜 시간 기다려 줄 수는 없습니다. 스스로 발견하면 좋겠는데 옆에서 지켜보면 답답해서 자꾸 참견하고 싶습니다. 가르치는 처지에서 보면, 학생들이 만들기 시작한 주제는 꼭 마무리시켜야 마음이 편한데 그렇지 않고 학생의 작업이 더디면 마음이 초조해집니다. 이런 경우에는 시간과 공간이 허락한다면 학습 외의 다른 날 쉬는 시간이나 점심 시간을 이용하면 좋겠습니다. 또, 완성하지 못하면 어떻습니까? 아이가 성실하지 못해 미완성 상태로 끝났다면 '충분히 땀 흘리지 않으면 변변하게 완성하지 못하는구나'라고 깨닫는 기회도 될 것입니다.

학교에서의 목공 교육 목적이 목공 기술자를 만드는 데 있는 것이 아니라면, 부품이 조금 어긋나거나 마무리가 거친 것도 교사가 나서서 고쳐 주지 않아야 합니다. 교사 생각과 달리 어떤 학생들은 미완성 상태임에도 자기의 결과물에 만족하고 뿌듯해 합니다. 꼭 보기 좋고 반듯해야 완성한 거라는 어른들의 생각과는 다른 면이 있습니다.

귀한 호두나무로 소반을 만들려면 재료를 최대한 아끼면서 효과적인 작업 순서와 설계를 생각해야만 합니다.

책에서 본 장난감을 따라 만들려면 내가 가진 공구와 기능으로 해결 가능한 방법을 찾아내야 합니다.

| 예술 체험 |

'목공예'와 '목공'을 자주 섞어 사용합니다. 둘 다 필요한 물건을 만든다는 공통점이 있지만 전자는 '기능에 아름다움을 조화시킨 재주나 생산활동'의 뜻이 더 강한 낱말입니다.

활동 주제로 목공예품을 만들기도 합니다. 세상에 하나밖에 없는 나뭇결과 색을 느끼며 글자를 새기거나 모양을 파서 독특한 아름다움과 감동, 의미를 섞은 공예품을 만들고 종교적인 상징물처럼 매우 특별한 형태나 이야기가 담긴 목조각을 하기도 합니다.

공예품이라고 해서 비례와 색, 독창성에 초점을 두고 예술적으로 접근하지 않아도 됩니다. 과일이나 사탕 또는 다른 어떤 음식이 담길 정도의 그릇을 오목하게 파기만 해도 유일한 공예품이 됩니다. 투박하다거나 균형이 맞지 않는다거나 하는 등의 평가는 불필요합니다. 아이들은 목공을 하면서 각각의 나무가 가진 독특한 아름다움과, 형태가 바뀌면서 달라지는 느낌을 체험하며 미적 영감을 얻거나 표현의 기회를 얻습니다. 그건 예측 가능하기도 하고 때론 우연히 찾아오기도 합니다.

| 재미와 감동 |

목공 교육은 아이들에게 여러 면에서 참 유익하지만 가장 큰 유익함은 재미와 감동입니다.

생활에 필요한 물건을 만들거나 그 일을 생업으로 삼기 이전에 사람은 뭔가 만들고 싶어 하고 거기서 재미를 느낍니다. '손재주 좋은 사람', '손을 쓸 줄 아는 사람', '도구를 쓸 줄 아는 사람'을 뜻하는 화석인류 호모 하빌리스$^{Home\ Habilis}$가 약 200만 년 전부터 도구를 사용했던 게 어쩌면 우리 몸에 본능처럼 있는 듯합니다.

목공을 취미로 하시는 분들의 목적은 다양합니다. 가구나 그릇 등의 생활용품을 만들려고 하시는 분도 있고, 세상에서 하나밖에 없는 예술작품을 만들려는 분도 있으며, 어떤 분은 사람이 거주할 집을 짓습니다. 때론 그냥 생각 없이 나무가 주는 촉감과 무늬가 좋아 이리저리 나무를 깎거나 향기를 즐기는 이도 있습니다. 육체적으로 지치기도 하는 목공을 계속할 수 있게 하는 힘은 재미와 즐거움이 첫째일 겁니다.

대도시들이 생겨나기 전의 어린 아이들은 산에서 나무를 잘라 다듬어서 열매 따는 도구로 쓰거나 장난감을 만들었습니다. 적당한 작은 가지를 잘라 새총을 만들고 나뭇가지를 엮어서 산속 기지를 만들기도 했습니다. 우연히 얻은 사과 궤짝을 분해하여 톱으로 자르고 못을 박아 엑스칼리버 검이라며 하늘 높이 치켜 들고 산과 들로 뛰어 다녔습니다. 상태가 괜찮은 나무가 있으면 조각칼로 파고 붙여서 비행기와 배를 만들어 역할 놀이를 하기도 했습니다. 무엇 하나 벨 수 없는 칼이고 하늘이 송송 보이는 엉성한 나무 집이며 색칠

도 없는 거친 장난감이었지만 그땐 그게 동네 아이들의 비밀 장소였고 훌륭한 놀잇감이었습니다. 그렇게 나무로 재미있게 놀았습니다.

저는 목공이 즐겁습니다. 학교 뚝딱이방과 주말 나무풍경 공방에 들어설 때 풍겨 오는 나무 향기에 마음이 먼저 편해지며, 공구를 곁에 두고 작업을 하면 즐겁고 신이 났습니다. 공방에서는 다른 회원들이 만드는 걸 보면서 어깨 너머 배우기도 하고 돕기도 합니다. 내 대패와 끌에 깎여 나가는 나무와 쌓이는 나무 조각을 보면 작업이 진척되는 것 같아 기쁩니다. 가끔 일이 잘 되지 않거나 실수로 나무를 엉뚱하게 잘라 낸 경우에는 순간적으로 풀이 죽거나 허망해 하지만 곧 정신차리고 다시 신나게 만듭니다. 잘 풀리지 않는 일로 마음이 뒤숭숭해도 나무 작업을 할 때는 그런 걱정을 잊고 작업에만 몰두할 수 있습니다. 목공에 집중하고 나면 생각이 정리되고 흥분했던 마음이 누그러들 때도 있습니다.

논리적인 사고와 소근육 발달, 감성과 미적 안목을 신장시킬 수 있는 교육 활동이 있기는 하지만 목공처럼 많은 아이들에게 매력적인 과목은 드뭅니다. 그동안 가르친 학생들은 대부분 목공 시간을 기다리며 끝날 때는 다음을 기약하며 아쉬워했습니다.

어떤 아이들은 가끔 힘들어서 포기하고 싶어 하다가도 자기보다 조금 앞서서 만들고 있는 친구의 작품을 보며 자극받아 곧 마음을 바꿉니다. 교사가 보기에는 학생이 많이 힘들어해서 과연 마무리할 수 있을까 걱정돼 완성 가능 여부를 물어 보면 자기가 끝까지 해 보겠다고 의욕을 보이는 학생도 자주 눈에 띕니다. 아이들 마음이 움직인 것을 눈앞에서 확인할 수 있습니다.

톱질과 끌질이 서툴러 울퉁불퉁해도, 선을 너무 많이 그렸다 지워서 지저분해도 소중한 작품이라고 애정을 보입니다. 날을 잡은 손과 목재를 잡는 손의 위치가 알려준 것과 다르고 보조 도구를 쓸 줄 몰라 힘이 많이 들어도 부지런히 톱질을 합니다. 표정에는 당장 힘든 것보다 얼른 결과를 보고 싶은 욕구가 넘치기도 합니다. 날카로운 도구 때문에 다른 교과목에 비해 위험할 때가 있지만 아이들도 목공의 재미와 보람을 잘 압니다. 작업 과정과 결과에서 감동합니다.

제가 아주 좋아하는 사진입니다. 막힌 길에서 나뭇가지를 깎는 여유 있는 모습에 마음 편합니다.
(출처: 『The Little Book of Whittling』)

| 외국의 목공 교육. 슬로이드^{Sloyd} |

세계 교육 현장 탐사 보도 중에, 북유럽에서 보통 교육으로 이뤄지는 목공 교육이 자주 언급됩니다. 그 역사를 들여다보면, 19세기 후반 오토 살로몬^{Otto Salomon}이 스웨덴에서 학교를 설립하고 체계적으로 정립해 교육한 슬로이드 시스템이 크게 작용했습니다. 슬로이드는 '공작 기술' 정도로 해석해서 여러 분야가 있습니다만 살로몬의 슬로이드는 목공에 한정되어 있습니다.

그는 당시의 교육이 지나치게 지적 능력에만 치중되어 있고 실생활의 문제 해결에는 도움이 안 된다고 비판하며 슬로이드 교육을 주창했습니다. 손과 머리를 조화롭게 발달시키고, 살면서 겪는 어려움을 극복하는 과정을 제공해 결국 아이가 사회 공동체의 명예로운 구성원으로서 독립하는 방법으로 목공 교육을 강조했습니다.

그는 자신이 설립한 교육기관에서 직접 가르치고 실행한 내용을 『The teacher's handbook of sloyd』(Salomon, 1891)로 펴냈는데, 수준별로 자세한 그림과 설명이 상세하게 잘 나타나 있습니다. 그의 교육 활동은 호프만^{Hoffman}의 책 『The sloyd system of woodworking』(Hoffman, 1892)에도 자세히 소개돼 있습니다. 목공의 교육적인 효과, 작업실의 크기와 배치, 기술 지도 내용, 지도교사가 지켜야 할 규칙까지 자세한 설명이 담겨 있습니다. 현재 이 책들은 전자책으로 무료로 내려받을 수 있습니다.

오토 살로만은 슬로이드 교육을 위한 구체적인 사항을 이 책에 담았습니다.

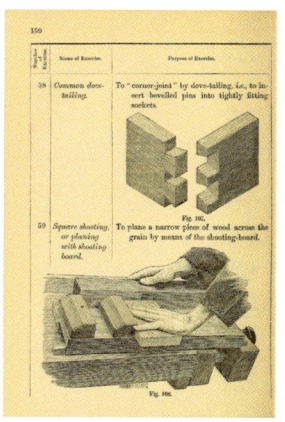

슬로이드 책 내용의 일부. 기술과 방법을 상세하게 설명합니다.

호프만은 여러 공작, 공예 교육을 다음의 기준으로 비교해 보았습니다.

- 아동의 능력에 적합한가?
- 동기를 자극하고 지속적으로 흥미를 끄는가?
- 비록 완벽하지 않아도 작품을 활용할 수 있는가?
- 거친 노동을 존중하는 태도를 기르는가?
- 질서와 정확함을 훈련하는 데 효과가 있는가?
- 청결과 정리 습관을 기르는가?
- 형태 구성 감각을 신장시키는가?
- 앉아만 있을 때의 신체적 부작용을 상쇄하고 건강에 도움이 되는가?
- 단계별로 난이도가 높아지면서 아이를 좌절시키지 않는가?
- 일반적인 손재주를 늘리는가?

그리고 이런 물음에 가장 만족스런 분야는 목공[1]이라고 답합니다.

당시 슬로이드는 유럽과 미국에서 상당히 유행한 것으로 보입니다. 하지만 요즘은 그때와 비교해 안전사고, 산업 발달에 따른 목공의 필요성 감소, 생활 변화 등의 여러 이유로 예전과 같은 비중으로 실행되지는 않습니다. 그렇지만 아직도 위에 열거한 목공 교육의 장점은 유효합니다.

슬로이드 시스템을 도입한 미국 North Bennet Street School의 목공 수업 장면

---

1) 목선반이나 목조각과 구별하여 나무를 자르고 맞추는 작업 위주의 목공(carpentry)을 말합니다.

흔히 목공은 남자들의 영역이라는 성적 고정관념이 있지만 여성 목수들도 많습니다. 아래의 사진에서도 슬로이드 교육으로 여학생들이 목공 전용 작업대에서 작품을 만드는 모습은 매우 인상적입니다. 설계를 하고 바이스^{vise}로 나무를 물리고 있는 모습, 긴 각재를 톱으로 자르거나 대패로 다듬는 이 장면은 여학교에서는 흔히 가사와 보건 과목을 가르친다는 생각을 깨뜨리는 멋진 모습입니다.

1890년대 미국 로이드 라이먼 스쿨(Lloyd Lyman School)의 목공 수업 장면
(출처: DIGITALCOMMONWEALTH.ORG)

목공 교육에 필요한
기본 수공구와 전동공구,
보조 도구

 **공구**

| 공구의 기초 |

이 장에 소개하는 공구들은 목공에 일반적으로 많이 사용하는 것들로, 목공 교육에 아주 기본적인 내용이므로 가볍게 한 번이라도 꼭 읽어 보시길 바랍니다. 낯설고 복잡하다 느끼면 이름과 사진만 보고 건너뛰셨다가 뒤에 다른 내용을 읽다가 관련된 공구가 무엇인지 궁금할 때 찾아 읽어도 괜찮습니다.

공구 이름에 영문 명칭도 나란히 썼습니다. 관련 자료를 인터넷에서 검색할 때 영문 이름을 쓰면 훨씬 더 많은 자료를 얻을 수 있으며 서로 연결된 다양한 자료들을 따라 읽으면서 지식의 폭을 넓힐 수 있습니다. 혹시 일본어나 기타 외국어를 하실 수 있다면 훨씬 더 많은 정보를 접할 수 있습니다.

목공구는 자습해서 사용할 수 있는 게 아닙니다. 톱과 칼을 사용하는 기초적인 방법은 그림과 동영상을 통해 정보를 얻고 익힐 수는 있지만 대부분의 수공구와 전동공구는 숙련자의 시범과 지도 아래 실습하며 배워야 합니다.

어설프게 공구를 혼자 배워서 사용하면 사고가 날 가능성이 커지므로 시간을 들여 배우고 써야 오랫동안 안전하게 즐거운 목공을 할 수 있습니다. 공구 이름이나 구조, 가장 기본적인 사용법은 몇 시간 만에 익힐 수 있겠지만 안전하고 효과적인 사용법은 다양한 제품을 만들면서 여러 경우를 겪으며 배울수록 좋습니다.

크게 전동공구, 수공구, 보조 도구로 나눠 설명하겠습니다. 공구마다 위험도와 학교에서의 활용도를 표시했으니 목공 교육 시설을 마련할 때 참고하실 수 있습니다. 학교마다 목공 교육 과정이 다르게 구성되겠지만 그동안의 여러 교육 경험에 바탕해서 구성한 초안이므로 대체적인 구매 목록은 이 제안에 따라 갖추면 될 것입니다.

책 앞의 머리말에서도 말씀드렸듯이 각 공구와 활용 기술에 대한 상세한 내용을 말씀드리지는 않습니다. 이 책은 어린이 목공 교육의 전반에 관한 것인데다 양에 제한이 있어 공구 소개와 필요성, 사용 시 유의할 점을 중심으로 설명했습니다. 꼭 목공이 아니어도 자주 사용되는 드라이버, 플라이어, 육각 렌치, 컴퍼스 등은 여기서 따로 설명하지 않습니다.

수공구와 전동공구 두 가지 중에 어떤 것을 먼저 사는 게 좋을지 묻는다면 저는 기본적인 수공구를 먼저 학생 수에 맞게 충분히 갖추고 전동공구를 구매할 것을 권장합니다.

기호 안내

위험도 (⚠) : 거의 위험이 없는 도구입니다.
위험도 (△) : 보통의 주의를 기울이면 안전한 작업이 가능합니다.
위험도 (△△) : 큰 상처를 입을 수 있으니 세심한 주의가 필요합니다.
위험도 (△△△) : 사용 교육을 충분히 받고 매우 집중해 사용해야 하며 숙련자와 동반하여 작업해야 합니다.
활용도 (✪✩✩) : 있으면 활용해 볼 만합니다. 교사가 많이 사용할 계획이 있거나 예산과 공간이 넉넉한 경우에 구입합니다.
활용도 (✪✪✩) : 응용 가능성이 높으나 지도교사의 기능이 뒷받침 될 때, 예산이 허락할 때 확충할 공구입니다.
활용도 (✪✪✪) : 활용도가 매우 높은 필수 공구입니다.

🔨 수공구 hand tool/unplugged tool

예전부터 사용하던 전통적인 공구이며 전기를 쓰지 않는 것을 일컫습니다. 대표적으로 톱saw, 대패plane, 끌chisel, 망치hammer/mallet가 이에 해당합니다. 그와 함께 이 책에서는 곧은자, 직각자, 줄자 등 여러 측정 공구들도 통틀어 수공구라고 하겠습니다.

수공구만 잘 갖춰도 목공의 기본적인 재미를 느낄 수 있습니다. 소음과 먼지도 전동공구보다 훨씬 적고 큰 실수를 할 확률도 적습니다. 비슷해 보이지만 값 차이가 나는 이유는 정밀도와 쇠의 내구성 때문입니다.

끌과 톱은 모두 국산 제품이 있습니다. 학생 교육용으로 품질이 괜찮은 게 시장에 있으니 그것으로 골라 쓰셔도 됩니다.

🔨 전동공구 power tool

전동공구의 대부분은 전동기 힘으로 날을 돌려 깎거나 축을 회전시켜 일을 합니다. 전동공구를 효과적으로 쓰면 수고를 훨씬 덜 수 있고 작업량과 시간을 많이 줄입니다. 그래서 여러 종류를 갖추고 싶은 욕심을 부리게 됩니다.

전동공구는 편리한 대신 갖추고 유지하는 비용이 들고 수공구보다 훨씬 위험하며 작은 실수 하나에도 작품에 큰 흠집을 만들게 되니 전동공구들은 구매 여부와 종류 선택을 신중히 해야 합니다.

전동공구는 전기 연결을 기준으로 유선 전동공구corded power tool와 무선 전동공구cordless power tool로 나눌 수 있습니다. 무선 전동공구는 충전지를 끼워 쓰므로 휴대와 사용이 간편하지만 사용 시간과 출력에 제약이 있습니다. 유선 전동공구는 휴대의 간편함은 떨어져도 전기를 충분히 쓸 수 있어 강한 힘을 낼 수 있습니다.

전동 드릴power drill/driver을 제외하면 거의 대부분의 유선 전동공구는 한자리에 고정 설치해 안정된 상태로 씁니다. 최근 충전지 기술이 발전하면서 무선 전동공구는 점점 더 다양하고 출력도 강화돼 목수들에게는 선택의 폭이 넓어지고 있습니다.

전동공구를 살 때 첨부된 설명서는 반드시 잘 읽고 안전과 유지보수에 필요한 중요 정보를 숙지하고 보관해야 합니다.

보조 도구

작업을 보조하거나 마무리할 때 사용하는 도구, 공구를 관리하는 데 필요한 도구를 말합니다. 대표적으로 조임 틀clamp이나 연마용 숫돌, 사포 등이 있습니다.

구매 전 고려 사항

- **유지 보수 가능 여부**: 비싸고 좋은 것들도 일정한 시간이 지나면 어딘가 망가질 확률이 높습니다. 가끔 무리한 행동으로 공구를 망가뜨리는 성인들도 있는데 아이들은 이보다 더 예측할 수 없는 방식으로 공구를 다룹니다. 무뎌진 날을 갈거나 교체하는 것은 물론, 톱날이 끊어지거나 전동공구가 갑자기 멈추고 제대로 작동하지 않을 때도 있습니다. 직접 수리하거나 교체하면 시간과 비용을 아낄 수 있지만 담당 교사가 그걸 다 해결하길 바라는 것은 무리입니다. 그래서 외부 기술자나 업체에 의뢰하는 경우가 많아지는데 이때도 어떤 상황인지 정확하게 파악하기 위해서는 학교 내의 누군가는 기초적인 지식과 경험이 있어야 수월하고 유익합니다.

- **충전지의 종류와 수량, 출력**: 충전해서 사용하는 무선 전동공구는 충전지의 종류가 매우 중요합니다. 아직 니켈 카드뮴Ni_Cd이 사용되고 있지만 요즘은 거의 리튬 이온Li_Ion충전지로 바뀌고 있습니다. 리튬 이온 충전지의 값이 조금 더 비싸지만 긴 수명과 짧은 충전 시간이라는 장점이 있고 무게도 가볍습니다. 간혹 값이 저렴한 전동공구 중에는 충전지 수량을 줄이거나 심지어는 충전지 없이 '베어 툴bare tool'이라고 본체만 파는 경우도 있으니 구입할 때 확인해야 합니다.

- **소음 방지와 대책**: 전동공구는 대체로 소음이 심하게 납니다. 카본브러시carbon_brush를 사용하는 제품은 특히 더 요란한 편입니다. 대형 재단톱은 사용하는 전동기와 동력 전달 계통이 다르고 무거워서 묵직한 낮은 소리가 나지만 작은 전동공구가 더 요란한 소리를 냅니다. 소음을 줄일 수 있는 흡음형 벽면 시공과 함께 작업자의 청각을 보호할 수 있는 방음 헤드폰이나 귀마개 또는 귀덮개가 필요합니다.

- **환기와 집진 장치**: 수공구로 작업을 하더라도 먼지가 제법 생깁니다. 그럴 때 언제든 쉽게 환기를 할 수 있게 넓은 창문이 있어야 하고 그렇지 않다면 외부로 먼지를 강제로 내뿜을 송풍기를 달아야 합니다. 대형 전동공구나 기계로 갈아 내는 작업을 한다면 집진 장치는 꼭 필요합니다. 학교 목공방에 원심력 집진 장치cyclone dust collector

를 둘 여건이 된다면 설치를 고려해 볼 수는 있지만 소음도 제법 크고 비용도 비싸며 부대 시공이 필요합니다. 대체품으로 진공청소기와 거의 비슷한 구조에, 바퀴가 달리고 공구와 전원이 연동되는 이동식 집진 장치도 있으니 그것을 갖춰 둬도 괜찮습니다.

- **배치와 보관**: 수공구는 예리한 날에 주의하여 서로 부딪치지 않게 걸거나 눕혀 아이 손이 닿지 않는 안전한 곳에 보관해야 합니다. 톱날이 큰 전동공구는 이동을 최소로 해야 합니다. 움직이는 게 위험한 데다 잦은 이동은 공구를 상하게 할 가능성을 높입니다. 장기 계획에 따라서 설치하되 작업별로 상호 간섭이 생기지 않도록 배치합니다. 목공방을 견학하거나 인터넷에 'woodworking workshop layout'으로 검색하면 다양한 예와 참고 자료를 얻을 수 있습니다. 소형 전동공구라도 아이들 손에서 안전한 장소에 보관해야 합니다. 제조사들마다 특화된 공구 보관 상자를 판매하고 있는데 각 공구별로 전용 보관함에 넣어 차곡차곡 쌓아 두거나 수납이 용이한 캐비닛에 두는 것도 좋습니다.
- **안전 지침 게시**: 각 공구별 안전 지침을 잘 보이는 곳에 게시합니다.
- **단계적 구입**: 한 번에 모든 공구를 마련하려는 계획은 욕심입니다. 해마다 지도 내용을 바꾸거나 확대하면서 공구도 새로 추가하거나 수량을 확충합니다.
- **추가 비용**: 공구는 쓰다 보면 고치고 교체하는 비용이 듭니다. 학교 예산에 공구 유지보수 비용을 넣어야 합니다.

수공구

칼
Knife / Craft knife / Utility knife

위험도(△△△) 활용도(★★★)

안전 칼은 어떤 학교든지 학생 기본 학습준비물로 갖춰져 있습니다. 안전하게 사용하는 방법을 배웠다면 나뭇가지를 깎는 활동을 바로 시작할 수 있습니다.

아래 사진의 가운데 있는 일반적인 안전 칼은 목공에 사용할 수 있습니다만 쇠가 얇아 무리한 힘을 주면 부러질 수 있습니다. 큰 힘을 주지 않으면 가는 나뭇가지를 다루는 데는 별 어려움이 없습니다. 사용 시 칼날 고정 장치가 작동하는지 꼭 확인합니다. 사진에서 제일 아래의 큰 안전 칼 또한 사용할 수 있습니다만 고학년에게 적합합니다.

사진에서 제일 위의 칼과 같은 공작 전용 칼을 따로 사도 좋습니다. 날이 예리하며 단단해 오래 쓸 수 있습니다. 보통의 문구용 안전 칼은 2~3천 원이면 살 수 있지만 공작용 칼은 수입품이라 그것보다 몇 배의 값을 줘야 합니다. 예산이 허락된다면 공작용 칼과 교체용 날 구입을 추천합니다. 목조각 전용으로 된 가늘고 긴 칼(소도)은 아이들이 사용하기에 매우 위험하므로 실습용으로 부적합합니다.

주의사항

- 안전 칼은 두 마디 정도, 공작 전용 칼은 칼날을 1.5~2㎝ 정도 내밀어 쓰면 됩니다.
- 안전 거리 지키기 등 수칙을 반드시 익히고 씁니다.

공구 25

수공구

톱
Hand saw

위험도(△△△) 활용도(★★★)

톱은 칼처럼 가장 기본적인 수공구로서 꼭 갖춰야 할 목공 도구입니다. 톱은 종류가 많은데, 힘을 주는 방향에 따라 우리가 쓰는 톱과 서양식의 톱 두 가지로 나눌 수 있습니다.

서양식 톱은 손잡이 모양이 권총 손잡이처럼 생겼고 힘을 줄 때 앞으로 밀면서 씁니다. 우리가 많이 쓰는 톱은 손잡이가 긴 자루 모양이고 몸 쪽으로 당기며 씁니다. 학교에서는 시범용이 아니라면 굳이 서양식 톱을 살 필요는 없습니다. 톱과 함께 팔리는 톱질 보조 도구가 있는데 효과가 많이 떨어지고 불편한 점도 있어 따로 구매하지 않아도 됩니다.

소형 접톱 folding hand saw

국산 라이노 접톱. 날이 살짝 약하지만 아이들 손에 잘 맞고 가늘어서 어린이 목공 교육에 유용합니다.

톱을 날 모양이나 크기로 구분했을 때, 소형 접톱은 톱날을 접어서 날 집에 넣을 수 있는 톱입니다. 접톱 중에서도 톱날 길이가 150㎜ 이내 정도가 아이들이 사용하기에 적합하며 보관과 이동이 쉽기 때문에 필요 품목으로 적극 추천합니다.

나뭇가지로 만들거나 연필꽂이나 작은 소품을 만드는 데 이 정도면 알맞습니다. 무리하게 쓰지 않으면 장기간 사용 가능합니다. 날이 가늘고 탄력이 크게 우수하지는 않아 톱날이 구부러지기도 하는데 아주 심하게 꺾인 게 아니라면 조심스럽게 펴서 다시 쓸 수 있습니다. 날이 예리하고 얇으니 미세한 가공도 할 수 있고 가격도 저렴해서 학생 수에 맞춰 충분히 갖추면 좋습니다.

접을 때는 손잡이 위쪽에 있는 안전 장치를 누르고 톱을 안쪽으로 기울입니다. 저학년 아이들은 장갑을 끼고 여러 번 연습할 필요가 있습니다. 가끔 날 집과 날이 접히는 부분의 나사 조임이 느슨해지는 경우가 있습니다. 그때는 십자 드라이버를 써서 돌려 탄탄하게 고정하면 됩니다.

외날톱은 말 그대로 한쪽에만 날이 있는 가장 평범한 톱입니다. 톱날 길이가 250㎜ 내외인 제품이 많은데 고학년 아이들이 쓰기에 적당합니다. 중학년 이하의 아이들에게는 앞서의 소형 접톱이 더 알맞습니다.

날이 얇고 톱니가 고울수록 세공이 가능합니다. 날이 상하거나 무뎌지면 예전에는 줄로 다시 날카롭게 세워서 썼지만 요즘은 낡은 것을 빼고 새 날로 바꿔 씁니다. 날을 다듬는 능력도 전수되지 않는 데다 경제적으로 봐도 그 편이 낫기 때문에 그렇게 된 듯합니다.

날을 바꿀 때는 톱날의 등으로 작업대를 약하게 쳐서 손잡이와 분리하면 됩니다. 처음엔 힘 조절이 어렵지만 몇 번 해 보면 금세 익숙하게 됩니다. 날 교환을 처음 익힐 때는 안전을 위해 사람이 없는 곳에서 장갑과 보안경을 착용한 후에 해 봅니다.

처음엔 자루와 날을 함께 사고 이후에 묶음으로 파는 교체용 톱날 묶음으로 보충하면 됩니다.

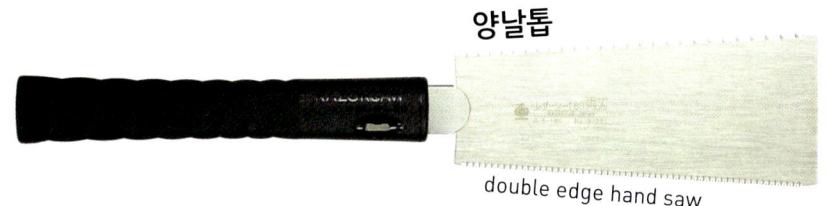

외날톱과 달리 날이 양쪽에 있는 톱입니다. 보통은 두 날의 용도가 다릅니다. 나뭇결을 따라 켜는 립 컷rip cut용, 자라는 방향과 수직으로 자르는 크로스 컷cross cut용 두 날을 구분해서 쓸 수 있어야 합니다.

외날톱으로도 작은 소품 크기 정도의 켜기 방향 가공은 가능하고, 학교에서 통나무나 큰 원목을 손으로 켜는 경우가 별로 없으니 그다지 필요하지 않은 공구입니다. 날도 비교적 고가이고 자주 쓰지 않으므로 구매 우선 순위에 들지 않습니다.

실톱은 얇은 판재를 곡선으로 자르거나 전동공구 없이 판재 내부에 구멍을 낼 때 유용합니다. 아이들이 자유롭게 곡선을 그린 다음 그 모양대로 오리듯이 자를 수 있습니다. 하지만 나무 두께와 곡선의 전체 길이에 따라 들이는 노동량 차이가 큽니다. 쉬워 보이지만 결코 쉽지 않은 톱질이라는 것을 곧 깨닫게 되는 공구 중 하나입니다.

일반 톱날을 가늘게 만든 것과 기타 줄처럼 둥글게 생긴 날을 쓰는 실톱이 있으니 지도 교사가 사용해 보고 적합한 것으로 고릅니다. 저는 티타늄 몸체와 장력 조절이 쉬운 실톱에 다양한 날을 바꿔 쓰고 있는데, 성능은 추천할 만하지만 비교적 고가라서 학교에서는 그런 제품까지는 필요 없어 보입니다.

요술톱, 만능톱이라는 품명으로 팔리기도 합니다만 가는 톱 모양을 따서 실톱이라고 하는 게 알맞습니다. 튼튼한 톱대와 손잡이가 있는 실톱을 학생 수에 맞춰 충분히 사고 톱날도 여유가 있어야 합니다. 무리한 곡선 가공, 지나친 힘 주기, 자연 마모 등으로 톱날 교체 주기가 외날 톱이나 양날 톱에 비해 아주 잦습니다.

등대기 톱 dovetail saw

등대기 톱은 톱날이 휘지 않게 날등에 곧은 받침을 댄 구조의 톱을 말합니다. 곧고 깨끗한 직선 세공에 탁월합니다. 대체로 톱날이 얇고 톱니는 매우 작고 촘촘합니다. 톱날 두께와 앞 부분의 모양, 등 받침의 길이가 조금씩 다른 제품들이 있습니다만 기본적인 구조는 똑같습니다. 톱날 앞 쪽에만 등 받침이 없는 등대기 톱도 있는데 이 톱은 판재나 각재를 관통해서 자를 때 유용합니다. 아이들이 쓸 등대기 톱은 길이가 짧은 게 좋습니다.

톱날이 비교적 비싼 데다 미세해서 운반과 사용에 주의가 많이 필요합니다. 학생 수만큼 준비하기보다는 몇 개 또는 조별로 한 개 정도 갖추면 됩니다.

플러그 톱 flush cut saw

플러그plug 톱으로 많이 부르고 있지만 '플러그 커터'를 비롯해 다른 여러 이름으로도 통합니다. 모두 정확하지 않은 이름입니다만 국내 인터넷 자료에는 이런 이름으로 대부분 등록되어 있습니다. 이 이름은, 나사못을 박고 그 위에 나무 못으로 마감하는 동그란 조각을 '플러그'라 말하는 데서 따온 걸로 보입니다. 나무 표면에 툭 튀어나와 있는 플러그 잔여 부분을 표면에서 도드라지지 않게 자르는 게 주요 용도입니다.

톱날에 탄성이 있고 살짝 휜 상태로 굽혀서 쓸 수 있습니다. 날 어긋남이 없어서 나무 평면에 볼록하게 나온 부분을 면과 수평으로 자를 때 표면에 상처를 내지 않습니다.

낭창거리는 톱날이지만 매우 정밀해서 깔끔한 부분적인 마감을 할 때도 쓸 수 있습니다. 아이들은 이 톱을 작은 양날톱으로 간주해서 뭔가를 열심히 자를 때 가져다 쓰기도 합니다만 용도에 맞지 않아 톱날이 일찍 상할 수 있습니다.

두세 개 정도에서 많으면 조별로 한 개 있으면 충분하며 날 교체식 제품이 좋습니다.

그 외에 흥부가 박 타는 장면에 나오는 탕개톱, 물고기 모양의 붕어톱, 짐승 꼬리를 닮아 가늘고 긴 꼬리톱 등 여러 가지가 있습니다만 위에 있는 톱만으로도 어린이들이 목공을 즐기기에 충분합니다.

수공구

끌
Chisel

위험도(△△△)   활용도(★★★)

끌을 쓰면 활동 주제 영역을 넓힐 수 있습니다. 하지만 사진처럼 끌을 잘 갈아 둬야 작업 효율이 높습니다.

날 끝 모양이 둥글고 세모진 것들을 비롯해 매우 다양한 끌들이 있습니다.

끌은 대표적인 수공구입니다. 사용 여부를 비롯해 관련된 내용을 아래와 같이 문답할 수 있겠습니다.

❓ 어린이 목공 교육에 끌을 꼭 써야 할까요?

그렇지 않습니다. 톱과 칼만으로도 할 수 있는 게 많습니다. 주요 활용 도구가 아니라면 교재용으로만 갖춰도 됩니다.

❓ 끌 사용이 어렵나요?

가장 기초적인 사용법은 1~2시간에 익힐 수 있습니다. 재미나고 매력적인 공구입니다만 다룰 때 소소한 차이로 결과에 큰 차이를 주는 강도 조절, 가공 방향 선택은 장기간 써야 알게 됩니다. 손과 팔의 힘으로만 끌을 써서 나무를 깎을 수도 있고 망치로 두들겨서 나무를 가공할 수도 있습니다.

ⓘ 어린이들에게 위험하지 않아요?

예리한 공구는 늘 위험합니다. 하지만 안전 수칙을 일러주고 장갑을 끼고 상호 거리를 잘 유지하면 다치는 경우는 드뭅니다.

ⓘ 끌을 쓰려면 어떤 조건이 필요한가요?

학교에서 지도할 수 있는 선생님, 무뎌진 날을 예리하게 다시 갈 수 있는 도구가 있는 환경에서만 비치하고 사용해야 할 공구입니다. 서울신은초등학교에서는 저와 학부모님들이 날을 갈았고 현재 테헤란한국학교에서는 양이 적어 제가 도맡아 하고 있습니다.

ⓘ 날을 갈려면 뭐가 필요하죠?

가장 기본적으로 숫돌이 있어야 합니다. 뒤의 '보조 도구' 부분에서 더 자세하게 설명하겠습니다.

ⓘ 어떤 종류로 갖추면 되나요?

끌도 종류가 워낙 많습니다. 특화된 목적에 따라 날 모양도 많이 다릅니다. 힘을 주는 방법에 따라서는 손으로 밀어서 쓰는 '손끌'과 망치로 쳐서 쓰는 '때림끌'이 있습니다. 학교에는 일반적으로 한 개에 2~3만 원 정도 하는 때림끌이 알맞습니다. 날은 평평한 모양의 평끌을 크기별로 몇 가지 준비하면 됩니다. 사진에서처럼 손잡이 끝에 '갱기'라는 둥근 쇠가 달린 때림끌은 망치로 치거나 손으로 밀어 쓸 수 있습니다. 그리고 활동 주제로 그릇이나 숟가락을 만들려고 한다면 구멍을 팔 수 있는 둥근끌도 필요합니다.

ⓘ 평끌은 어떤 걸로 사야 하나요?

날 폭이 10㎜ 이내, 10~20㎜, 20~30㎜ 사이의 세 종류를 여러 개씩 갖추면 됩니다. 더 작거나 큰 것은 특수한 경우를 대비해 한두 개 있으면 됩니다. 여러 종류를 한 벌로 구성한 제품도 있습니다. 보관에 용이하기는 해도 그중에는 사용 빈도가 떨어지는 게 생기기 마련입니다.

ⓘ 서양식과 동양식이 있다는데 무엇으로 골라야 할까요?

날 제조 방식은 관계 없습니다. 그리고 이중강이든 스테인레스강이든 소재도 학생 지도에 변수가 안 됩니다. 위에 말씀드린 대로 망치로 두들겨 쓰는 때림끌이라면 어떤 것을 사도 괜찮습니다. 또는 가르치는 분에게 익숙한 걸로 선택하십시오.

수공구

대패
Plane

위험도(△△△) 활용도(★★★)

전통 대패와 잘 깎여 나온 깔끔한 대팻밥

철제 서양식 대패의 윗모습과 전통 평대패의 옆 모습

대패는 수공구를 대표하는 공구 중 하나이며 종류도 많습니다. 대패를 짧은 시간에 익히는 건 무리입니다만 이 또한 아래와 같이 문답할 수 있습니다.

❓ 대패 사용이 어렵나요?

- 잘 준비된 대패를 사용하는 가장 기초적인 사용법은 1~2시간에 익힐 수 있습니다. 아이들이 나뭇결을 읽고 거친 나무를 평평하게 만들 일은 없습니다. 단지 모서리를 다듬거나 높낮이가 조금 차이 날 때 바로 잡는 정도로 한두 번 쓰는 수준이라면 아이들도 쓰게 할 수 있습니다.
- 관건은 날과 대팻집 관리 능력입니다. 날을 갈지 못하거나 대팻집의 바닥 평면을 잡지 못하면 결국 지속적으로 사용할 수 없어서 비싸게 마련한 대패를 버리게 됩니다.

? 어린이 목공 교육에 꼭 활용해야 할까요?

그렇지 않습니다. 톱과 칼만으로도 할 수 있는 게 많습니다. 크기나 용도별로 한두 개 있으면 됩니다. 그것도 학교에서 지도할 수 있는 선생님이 계시고, 무뎌진 대팻날을 예리하게 복원 가능한 환경에서만 비치하고 사용해야 할 공구입니다.

? 날을 갈려면 뭐가 필요하죠?

- 끌 관리와 마찬가지로 날을 갈 수 있는 교사가 있어야 합니다. 여러 종류의 숫돌을 사서 직접 손으로 갈거나 신뢰할 만한 기계적 연마 장치를 이용할 수도 있습니다. 저렴한 연마 장치로 날을 제대로 갈 수는 없습니다. 뒤에 '보조 도구' 부분을 참고하시기 바랍니다.
- 대패 관리에는 끌 연마와 관리보다 더 숙련된 기술이 필요합니다. 어미날과 덧날을 함께 맞춰 설정할 수 있어야 하고 대팻집도 평면을 잡아 줘야 합니다.

? 서양식과 동양식이 있다는데 무엇으로 골라야 할까요?

어떤 것을 사도 괜찮습니다. 가르치는 분에게 익숙한 걸로 선택하십시오.

대패는 수공구 목공에서 활용도가 매우 높고 멋진 공구입니다. 그렇지만 어린이 목공에서 대패 기능을 향상시키거나 그것을 주로 사용하는 작업은 재고의 여지가 많습니다. 아이들이 모두 대패를 하나씩 들고 쓰는 것은 작업실이 넓거나 인원이 열 명 이하일 때 시도해 볼 수 있습니다. 이마저도 그 수만큼의 대패를 관리하는 일이 늘어나니 지도교사의 노고는 부쩍 증가합니다.

왼쪽 - 김홍도의 〈기와 올리기〉 부분. 우리가 지금 흔하게 쓰는 평대패와 달리 양쪽에 손잡이가 달린 대패로 나무를 다듬고 있습니다. 목수 발 근처에 탕개톱도 보입니다. 오른쪽 - 민속박물관에 전시된 여러 가지 대패

수공구

자
Ruler

위험도(△△△) 활용도(★★★)

곧은자 stainless steel ruler

곧은자는 기본 측정과 선 긋기에 꼭 필요한 도구입니다. 목공용으로는 쇠로 된 자가 내구성과 정밀도 면에서 알맞습니다.

0.5㎜까지 표시된 정밀한 자가 사용하기 편리합니다. 길이가 300㎜인 것은 학생 수만큼 갖추고, 600㎜와 1,000㎜짜리 곧은자는 조별로 한 개 정도면 됩니다.

사진에 보면 자에 끼워 둔 작은 직사각형 물체를 볼 수 있습니다. 이를 흔히 스토퍼라고 하며 이 보조 도구를 자에 끼워 고정해 쓰면 반복적인 길이의 선을 긋는 데 편리합니다.

줄자 tape measure

줄자 또한 기본 품목이며 휴대하기 간편한 공구입니다.

길이는 3.5m가 크기도 작고 가벼워서 아이들이 쓰기에 편합니다. 자동 잠금 기능이 있는 것이 조금 더 편리하기는 해도 없어도 됩니다.

줄자는 지속적으로 자주 쓰는 자가 아니라서 5~6명에 하나씩 있어도 됩니다

연귀자 miter square

각재를 자르기 위한 선을 그릴 때처럼 수직인 두 면에 선을 그리기 편한 도구입니다. 보통 곧은자만 쓰다가 조금 낯선 모양의 연귀자를 손에 쥐면 이 자를 어떻게 써야 할지 고개를 갸우뚱거립니다.

아이들은 물론이고 어른들도 처음에 이 자를 대하고 어떤 쪽으로 바닥면을 대고 그려야 할지 몰라서 쩔쩔매는 모습을 종종 봅니다.

연귀자를 이용하면 평행한 수직선과 45도 각의 선을 그리기 편합니다.

초반에는 낯설어서 곧은자로만 선을 그으려고 하지만 손바닥 길이 정도의 선을 그을 때는 이 자가 매우 편리하다는 것을 쓸수록 느낍니다.

맞붙은 두 재료가 연귀 혹은 직각으로 잘 연결되었는지 확인할 때나, 재단 톱의 높이나 두 물체 사이의 거리 등을 잴 때 여러 모로 쓸모가 많습니다. 바닥에 받침으로 댄 쇠의 두께만큼 바닥면의 기준 높이가 일반적인 자와 차이 난다는 점을 고려하고 써야 합니다.

이동식 직각자 combination square

손잡이와 곧은자를 조합한 자로 마치 권총과 비슷한 모양입니다. 수평계와 45도 각, 90도 각이 금속제 손잡이에 포함되어 있고 곧은자에는 손잡이와 결합, 이동이 쉽도록 긴 홈이 패여 있습니다.

위의 연귀자처럼 연귀와 직각의 선을 그을 때, 일정한 길이의 선을 연속적으로 그릴 때, 홈의 깊이를 잴 때, 노출된 톱날의 높이를 측정할 때 등 용도가 아주 많습니다.

이동식 직각자. 손잡이 부분과 곧은자로 이뤄져 있습니다.

손잡이 부분을 움직일 수 있어서 연귀자보다 조금 더 융통성 있게 쓸 수 있습니다. 길이가 300㎜ 정도인 이동식 직각자는 크고 무거워서 아이들이 쓰기에 알맞지 않습니다. 사진처럼 150㎜ 정도의 작은 제품이 아이들이 사용하기에 편리합니다. 작은 것이라면 조별로

1~2개, 큰 것은 긴 길이를 쓸 때만 필요하므로 학급 전체에 1~2개면 됩니다. 연귀자가 많다면 굳이 이동식 직각자를 따로 많이 갖추지 않아도 됩니다.

곱자 carpenter square

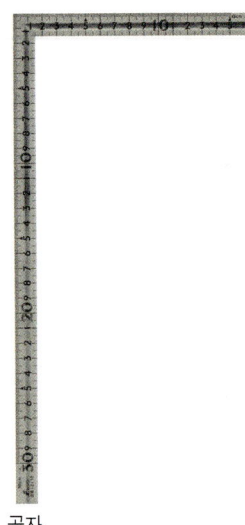
곱자

곡자, 직각자로 불리기도 합니다. 직각 여부를 확인하거나 선을 그을 때 씁니다. 자주 쓰는 게 아니라서 학급당 2~3개만 갖추면 됩니다.

그 밖에도 삼각자, 운형자, 모양자, 자유각도자 등 여러 자들이 많은데 필요에 맞게 추가하면 됩니다.

저는 따로 여러 가지 자를 갖고 있습니다. 각각 확실한 장점들이 있어서 쓸 때는 아주 편리해 감탄합니다. 그런데 따지고 보면 반드시 있어야 할 자들은 아닙니다. 조금 아쉬울 때도 있지만 위에 설명한 자들로 필요한 선을 어떻게든 그릴 수 있습니다.

왼쪽부터
짧은 부분이 두꺼운 직각자: 한쪽에 걸어서 직각을 재거나 세워 둘 수 있습니다.
등간격 긋기용 자: 일정 간격의 선을 긋거나 폭을 잴 때 아주 편리합니다. 흔히 케가키 게이지라고 합니다.
정밀 T 모양 자: 인크라의 제품으로 정밀한 구멍이 조밀하게 있고 평행선을 긋기에 편리합니다.
각도자: 일정 각을 그리거나 한 각을 옮길 때 요긴합니다.

수공구

망치
Hammer / Mallet

위험도(⚠ ⚠ ⚠)   활용도(★★★)

노루발 장도리 claw hammer

장도리라고도 부르는 가장 일반적인 망치입니다. 못을 박거나 뽑을 때 씁니다. 아이들 손에 알맞게 무게가 가볍고 쥐기 편한 것으로 고르면 됩니다. 손잡이에 구멍을 내서 벽에 걸어 두면 관리가 쉽습니다.

노루발 장도리

나무 망치 wood mallet

끌질과 대패 날을 조정할 때, 나무에 상처를 주지 않고 조심스럽게 때려 조정하는 용도로 씁니다.

둥글거나 네모나거나 상관없습니다. 저렴한 것은 나무가 무르고 가볍습니다. 단단한 나무로 된 고급형의 나무 망치가 끌질에도 쓸 만합니다.

끌질을 많이 한다면 학생 수에 맞게 충분히 갖춰야 하지만 그렇지 않다면 조별로 한 개 정도면 됩니다. 굵은 나뭇가지를 말렸다가 깎아서 쓰는 것도 좋습니다.

나무 망치

고무 망치 rubber mallet

조임 틀로 단단하게 고정했는데 서로 어긋난 면이 있을 때 나무에 상처를 주지 않고 부드럽게 치며 조정할 때 좋습니다. 검정 고무 망치는 나무에 검은 흔적을 남기므로 흰 고무 망치가 더 낫습니다. 아주 큰 것만 아니면 모두 괜찮습니다. 가끔 이 망치로 끌질을 하거나 나무를 세게 두드리는 학생들이 있으므로 사전에 용도를 설명해 줘야 합니다. 조별로 1~2개 정도면 됩니다.

왼쪽 - 고무 망치
오른쪽 - 두 재질의 우레탄 망치

공구

수공구
그무개
Marking gauge

위험도(△△△) 활용도(★★☆)

나무로 된 그무개
몸체에 끼워진 긴 자루에 뾰족한 날이 달려 있습니다.

호두나무에 홈을 만들려고 원형 그무개로 서로 대칭인 선을 긋고 있습니다. 끝에 달린 작은 것이 원형 칼날입니다. 이 그무개는 미세 조정이 쉽도록 눈금과 조절나사가 있는 제품입니다.

그무개는 반복적인 곧은 선을 긋거나 서로 대칭인 간격의 선을 정확하게 표시할 때 매우 편리합니다. 직접 만들어 쓰는 분도 있습니다.

그림에서처럼 금속으로 된 수입 제품과 전통적으로 된 나무 소재의 그무개가 있지만 몸통에 길이를 조절하는 자루가 끼워져 있는 구조는 같습니다.

자와 연필을 쓰는 대신 긴 자루에 달린 칼날로 나무에 가는 금을 바로 긋습니다. 이렇게 그은 선을 칼금이라고 합니다.

정확한 위치에 대고 힘을 주어 곧게 움직여야 하며 그렇지 않으면 나무에 불필요한 홈이 남습니다. 면에 몸통을 붙이면서 수평으로 움직이는 연습이 필요하고 칼날도 예리한 상태로 유지해야 합니다. 칼날이 무디면 나무가 뜯기고 선이 분명하지 않으므로 자루에서 칼날을 빼 예리하게 갈아 줍니다.

보다 정확한 칼금을 그리려면 칼날의 빗면과 방향을 염두에 두어야 합니다만 그런 수준까지 학생들에게 가르치기는 어렵습니다.

조별로 1~2개 혹은 교재용으로만 준비하면 됩니다.

수공구

목조각 전용 칼
Wood carving Knife

위험도(△△▲)　활용도(✱✱✱)

　학교에서 목조각을 할 수는 있습니다만 안전 거리를 충분히 유지해야 하고 장갑 착용은 필수입니다.

　이 칼은 날카롭기도 하지만 칼 끝이 매우 뾰족해서 안전에 더 신경 써야 합니다. 날카로운 날과 함께 뾰족한 칼 끝도 위험 요소입니다.

　학교에서 이를 활용해서 가르칠 선생님이 계시지 않다면 다듬기에 잠시 사용하는 정도에 그치게 되므로 이 칼을 대량으로 구매하는 것은 추천하지 않습니다. 끌이나 대패처럼 날을 숫돌로 자주 갈아서 예리하게 유지해야 하고 사용할 때 위험하기 때문입니다.

　저는 목조각용으로 위에 있는 플렉스컷Flexcut 칼을 가끔 씁니다만 날을 자주 연마해 줘야 하고 칼을 용도마다 바꿔 쥐며 작업하는 습관이 좀처럼 붙지 않습니다. 그리고 목조각 자체를 많이 하지 않아 제게는 활용도가 낮은 편입니다. 이 칼 대신 목공용 소도와 올파OLFA의 공작용 칼을 자주 씁니다. 칼집에 보관하는 소도는 정밀 가공에 적합합니다만 아주 예리해서 아이들 앞에서 절대 꺼내지 않습니다. 올파 공작용 칼은 칼날 길이를 조절할 수 있고 튼튼하게 날을 고정할 수 있기 때문에 애용합니다. 칼날 강도가 높아 장기간 사용해도 날이 예리한 상태를 오래 유지하는데 날이 무뎌지면 숫돌에 갈거나 바꿔 쓰면 됩니다.

목조각 전용 칼과 공작용 소형 칼. 다양한 칼날이 있어서 쓸모가 많아 보이지만 학교에서는 활용도가 그다지 높지 않습니다.

수공구

수동 드릴
Brace drill / Hand drill

위험도(△△△)　활용도(★★★)

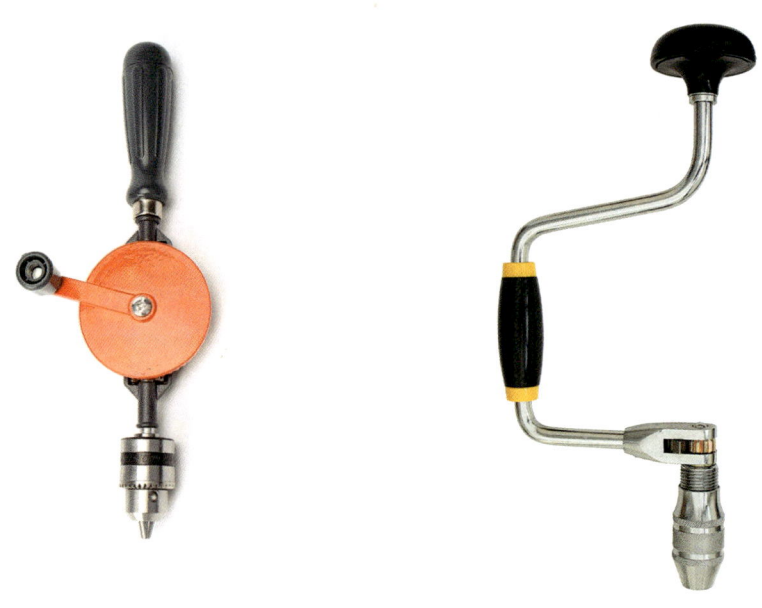

회전축 방향이 다른 두 가지 수동 드릴

공구 끝의 손잡이를 꼭 잡고 다른 한 손으로 회전용 손잡이를 돌려서 구멍을 냅니다. 아래쪽에 있는 척chuck에 날을 끼워 조여야 하며 구멍을 뚫으려는 곳에 미리 작은 구멍을 살짝 내 주고 전용 드릴 날을 사용합니다.

정확한 곳에 힘을 집중해서 손잡이를 지그시 누르며 회전용 손잡이를 돌려야 하는데 생각처럼 쉽지는 않습니다. 공구 전체가 흔들리며 구멍이 똑바로 뚫리지 않고 점점 넓어지기도 합니다.

이 공구 중에는 필요에 따라 날 회전을 고정해 주는 래칫ratchat 기능이 있는 제품도 있습니다. 일반 목공 날brad drill bit 혹은 오거 날auger drill bit을 끼워 작업하면 됩니다.

처음에 1~2개 마련해 사용하다 활동 주제와 맞아 활용 가능성이 많다고 판단할 때 확충하는 게 바람직합니다.

수공구
목공용 줄
Rasp / File

위험도(▲▲▲) 활용도(✦✦✦)

목공용 줄 모음(출처: AMAZON.COM)

위 – 금속 세공용 줄
아래 – 금속용 줄로 나무를 다듬기도 합니다.

   줄은 보통 금속을 다듬을 때 쓴다고 알고 있지만 목재 가공용으로도 이용할 수 있습니다. 금속용 줄^{file}은 표면의 이가 교차식으로 되어 있으며 폭도 훨씬 가늘어서 미세한 가공이 가능합니다. 목공용 줄^{rasp}은 금속용 줄보다 이가 더 굵고 크며 위 사진의 원 안에 있는 것처럼 이의 배치도 일자형입니다.

   목공용 줄로 나무 모서리를 매우 빠르게 다듬을 수 있고 곡선 모양으로도 만들 수 있습니다. 많은 양을 갈아 내야 할 곳에 사포를 쓰기보다는 목공용 줄로 먼저 작업하고 사포로 곱게 만들면 작업 효율이 높을 때가 있습니다. 금속용 줄도 목재를 다듬을 때 이용 가능하지만 나무가 잘 엉겨붙어 특별한 경우에만 쓰는 게 좋습니다.

   자주 많이 쓰이는 공구가 아니므로 1~2조를 마련해도 됩니다.

전동공구

각도 절단톱(각도 절단기)
Miter saw / Sliding miter saw / Radial arm saw

위험도(⚠⚠⚠) 활용도(★★★)

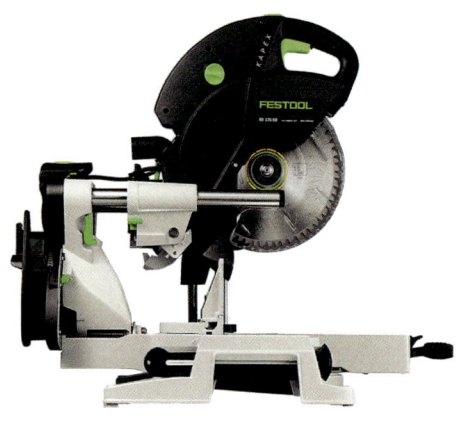

페스툴의 각도 절단톱
슬라이딩 기능이 있는 페스툴의 제품으로 소음이 비교적 적고 집진이 잘되며 정교한 작업이 가능한 고가의 제품입니다.

메타보의 각도 절단톱
슬라이딩 기능과 레이저 조준 장치가 있어서 사용하기 편한 메타보 제품입니다. 가격이 비교적 저렴하고 집진 장치도 달 수 있습니다. 학교에서 쓰기에 예산 부담이 적습니다.

 톱날과 직각을 이루는 펜스를 기준으로 지면의 절단선이 45도 각의 연귀^{miter} 맞춤 가공을 할 수 있는 전동공구입니다. 물론 45도로만 바꿀 수 있는 게 아니라 손잡이를 원하는 각도로 다양하게 조정할 수 있습니다. 또 지면과 수직으로 되어 있는 톱날 자체를 지면에 대해 임의의 각도로 기울이는 것도 가능합니다.

 제조사마다 먼지 발생과 집진 성능, 소음, 정밀도가 조금씩 차이 납니다만 집진 장치를 불포함하고 10~12인치 지름의 톱날, 슬라이딩^{sliding} 기능, 목재 고정 장치를 기본으로 갖춘 제품이면 됩니다. 추가적으로 레이저 조준 장치도 달려 있으면 편리합니다.

 소형의 작품을 만들 때, 초벌로 재단한 비교적 큰 나무판을 다시 작게 자를 때 매우 유용합니다. 슬라이딩 레일이 있는 제품은, 폭이 약 500㎜인 나무판도 자를 수 있으며 자르는 각도도 조절할 수 있어 사용 빈도가 높습니다.

안전장치가 있어서 톱날이 가려져 있고 비교적 조작하기 쉬운 장비입니다. 교사가 옆에서 지도하면 고학년 아이들도 조작할 수 있습니다. 고급 제품은 몸체 움직임과 조정 장치가 정교하고 레이저 조준 장치도 달려 있어서 홈이나 조립용 턱맞춤 가공을 할 때 편리합니다. 집진도 잘되도록 설계돼 있어서 호환되는 직경의 플라스틱 관을 끼우고 집진 장치와 연동이 되도록 설정한 다음 작업하면 한결 쾌적하고 수월합니다.

학교에서 부품 조립 형태의 목공을 벗어나 활동 주제를 확대하고 싶으면 꼭 갖춰야 할 우선 순위의 품목입니다.

주의사항

- 단단하고 안정된 작업대에 올려 두고 쓰되, 작업대에 움직임 방지 기능이 있는 바퀴를 달아 두면 필요할 때 이동해 쓸 수 있어 편리합니다.
- 나무를 자를 때 바닥, 지면과 수직을 이루는 펜스에 잘 고정해야 합니다. 불안정하게 고정하고 목재를 자르면, 톱날의 회전력 때문에 목재가 튀어서 작업자가 다칠 수도 있습니다. 톱에 달린 목재 고정 장치를 최대한 잘 활용하고, 필요한 경우에는 추가적으로 조임 틀을 이용합니다. 안전한 작업을 할 수 있게 설계된 공구임에도 방심해서 목재를 대충 잡거나 톱날의 회전력이 충분하지 않을 때 급히 구동부를 내리면 톱날이 휘거나 파편이 튈 수도 있으니 조심해야 합니다.
- 톱날의 왼쪽 면을 보고 작업하므로, 예외적인 경우가 아니라면 잘랐을 때의 결과물이 톱날의 왼쪽에 오도록 목재를 고정하고 작업해야 오차를 줄일 수 있습니다.
- 톱날은 신뢰할 수 있는 회사의 제품으로 자르기$^{cross-cut}$용 또는, 자르기와 켜기$^{rip-cut}$ 겸용으로 장착해서 쓰면 됩니다.
- 오른손으로 손잡이를 잡은 다음, 엄지 손가락으로 전기를 넣고 검지 손가락으로 안전 장치를 해제해야 구동부가 아래로 내려가므로 비교적 안전합니다. 큰 나무가 아니라면 나무를 붙잡아 고정하고 손잡이를 내리는 작업은 작업자가 단독으로 하는 게 바람직합니다.
- 정비와 부품 교환은 반드시 전원선을 분리하고 합니다.
- 반드시 장갑을 벗고 사용해야 하며, 소매가 헐렁한 옷은 금물입니다. 고속 회전하는 날에 장갑이나 옷이 말려들어 가면 큰 부상으로 이어질 수 있습니다.

전동공구
띠톱
Band saw

위험도(△△△) 활용도(★★★)

파워매틱의 1마력 띠톱
크고 힘이 충분해 지그를 이용하면 통나무도 켤 수 있을 만큼 안정감 있는 제품입니다. 고가이며 전문 목공방용입니다.

띠톱용 날
띠톱 크기에 맞는 길이를 고르되 용도에 따라 톱날 폭, 톱날 수가 다르므로 주요 용도에 맞는 날을 구입합니다.

    매우 단순한 구조로서, 위와 아래에 있는 두 개의 큰 바퀴에 '○' 모양의 동그란 날이 달려서 띠톱, 밴드소[1]라고 부릅니다. 곡선으로 자를 때 특히 유용한데, 재단톱으로 가공하기 곤란한 원목과 둥근 통나무를 켜거나 자를 때도 훌륭한 도구입니다.

    필요에 따라 마이터 게이지miter gauge와 펜스guide/fence[2]를 쓰면 대략적인 직선 가공을

---

1) 읽을 때는 보통 'saw'를 된소리 '쏘'로 소리 내지만 외래어표기규정에 따라 '소'로 표기하겠습니다.
2) 펜스는 테이블 소table saw에도 있는 중요한 부품의 하나로 '조기대'라고도 말합니다. 그런데 이 말은 '정규대じょうぎだい'라는 일본말 발음에서 왔습니다. 영어로는 '펜스fence', '가이드guide'를 모두 씁니다만 우리말로 정해진 것은 없습니다. 기준대, 규준대라고 쓰기도 하지만 이 또한 표준어가 아니라서 영어를 그대로 쓰겠습니다.

할 수 있는 제품입니다. 그래서 짜맞춤[3] 조립을 할 때 장부촉이나 주먹장처럼 짧은 촉으로 도려 내는 용도로 쓸 수 있습니다.

가격이 저렴한 제품도 띠톱에 폭이 넓은 톱날로 바꾸고 받침(정반)과 톱날을 직각으로 정확히 설정하면 제법 만족스러운 가공 결과를 얻을 수 있습니다.

또 톱니의 숫자에 따라 잘랐을 때의 상태도 차이가 나는데 처음 제품을 살 때 함께 제공되는 몇 개의 톱날 중에 학교 활동에 적합한 것으로 골라 쓰면 됩니다. 한 번 날을 끼우면 교체가 번거로워 웬만하면 날을 바꾸지 않게 됩니다. 그동안 학교에서 직선과 곡선 가공 겸용으로 날의 폭이 6~13㎜, 1인치에 톱날이 대여섯 개인 톱날을 주로 썼습니다.

곡선으로 자를 때 힘을 많이 줘서 나무를 비틀다가 톱날이 빠지거나 끊어지기도 하는데 이럴 때는 안전 덮개를 열어 두 회전축의 거리를 조절 장치로 장력을 증감시키며 날을 새로 끼워 넣으면 됩니다. 자세한 방법은 판매자의 설명을 숙지하고, 잊었더라도 제조사 설명서를 따라 하면 어렵지 않습니다.

주의사항

- 비교적 안전하지만 서둘러서 무리한 힘을 주다 보면 톱에 손가락을 크게 다칠 수 있습니다. 나무는 꽉 잡되 어깨 힘을 빼고 천천히 나무를 밀어야 합니다.
- 반드시 장갑을 벗고 사용해야 하고, 소매가 헐렁한 옷은 금물입니다.

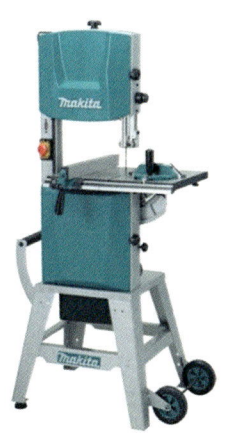

왼쪽 - 마끼다 띠톱
위 - 띠톱 날 접는 방법
학교 교육 활동에 적합한 모델입니다. 집진과 이동 모두 가능합니다. 띠톱 날을 접는 방법을 익혀야 하며 펼 때 매우 조심해야 합니다.
(출처:《WOOD》)

---

[3] '짜맞춤'이라는 표준어 낱말은 없으나 통상적으로 전통 기법에 따라 암수로 짝을 맞춰 끼워 조립하는 방식을 일컫습니다.

전동공구

무선(충전) 드릴 / 드라이버
Cordless power driver /screwdriver / drill

위험도(△△△) 활용도(★★★)

　나사돌리개라는 순화어가 있으나 거의 사용되는 경우가 없어서 드릴drill, 드라이버driver로 그대로 쓰겠습니다. 전동 드라이버power driver/screwdriver는 유선cord과 무선cordless 제품이 있습니다. 무선은 전기선 대신 충전지를 끼워 작업하므로 운반과 사용에 유선보다 제한이 비교적 적습니다. 그렇지만 사용 시간에 제한이 따르고 충전지 성능에 따라 효율이 달라집니다. 비슷하게 생긴 전동공구일지라도 충전지의 종류, 고속회전 또는 타격hammer 기능의 유무에 따라 가격 차이가 많이 납니다. 학교 목공에 사용할 때는 리튬 이온 충전지로 된 것 중에 비교적 작은 것, 기본 기능이 있는 것으로 갖춰도 괜찮습니다. 높은 전압이 아니어도 되므로 10~14.4V 제품으로 선택합니다.

　드릴 날은 교체해 사용할 수 있는데 드릴 날drill bit이나 드라이버를 끼우는 부분인 척chuck의 지름을 확인해야 합니다. 척의 직경이 작으면 굵은 날을 끼워 사용할 수가 없기 때문입니다.

　권총의 방아쇠처럼 생긴 스위치를 당겨 작동시키며 당기는 정도에 따라 출력을 미세하게 조절할 수 있습니다. 날의 회전 방향을 바꾸는 단추가 본체에 달렸으며 토크torque를 조절하는 회전판이 척 뒤에 있습니다. 보통은 토크를 중간 정도에 두고 쓰다 필요에 따라 힘의 세기를 조절하며 씁니다.

　조작할 때는 기계가 도는 힘에만 의지해서는 작업이 안 됩니다. 적절히 팔과 어깨 힘, 몸을 이용해 앞으로 밀며 구멍을 내거나 나사못을 박아야 효율적입니다.

전동공구

유선 드릴 / 드라이버
Corded power drill / driver

위험도(⚠⚠⚠) 활용도(★★★)

　유선은 이동에 제약이 있으나 충분한 전력이 있으므로 늘 강한 출력을 낼 수 있습니다. 그래서 고속 혹은 강력한 회전과 타격으로 구멍을 낼 때 쓰입니다. 강한 힘이 지속적으로 필요할 때나 나무에 구멍을 많이 뚫어야 할 때도 유선 드릴이 알맞습니다.

　어린이 목공에 사용할 때는 유선과 무선 공구 모두를 기본 기능이 있는 국산 전동공구로 갖춰도 좋습니다. 단 드릴 날drill bit이나 드라이버를 끼우는 부분인 척의 지름 확인은 필수입니다. 척에 날을 끼울 때 위 가운데 사진처럼 톱니바퀴가 달린 작은 부품이 있는데 이것을 척 키chuck key라 합니다. 척 키를 척 둘레에 있는 구멍에 끼워 돌려 이를 조이거나 풀 수 있습니다. 오른쪽 보쉬 제품처럼 척 키 없이 손으로 붙잡아 조정할 수 있는 척을 키레스 척keyless chuck이라고 합니다. 척 키가 없는 것이 사용하기에 편리하기는 하지만 날을 단단하게 고정하는 데는 한계가 있으므로 키로 잠그는 형태로 갖추면 좋습니다. 보통의 둥근 드릴 날을 끼워서 구멍을 내거나 드라이버로 바꿔 끼워 나사못을 박을 때도 씁니다. 드라이버는 위 사진의 척 키 옆에 있는 육각 머리 드라이버hex head drive를 쓰면 됩니다. 전용 육각 머리 드라이버를 써서 따로 조일 필요 없이 바로 끼워서 쓸 수 있는 척도 있으므로 공구를 구입할 때 쓰고자 하는 제품이 호환되는지 확인합니다.

　무선은 충전지 교체가 주기적으로 필요해서 추가 비용 부담이 생긴다는 단점이 있습니다만 유선 드릴은 저렴해서 경제적 부담이 적습니다. 어린이들이 쓰기에 작은 척의 경량 제품을 추천하며 한두 개는 고성능으로 따로 사는 것도 고려할 만합니다.

전동공구

재단톱 / 테이블 톱 / 테이블 소
Table saw

위험도(△△△) 활용도(★★★)

사고 방지 장치가 달린 캐비닛 재단톱
3~5마력 전동기가 튼튼한 캐비닛 안에 있습니다. 힘이 좋고 비교적 조용합니다. 집진기와 연결해 씁니다.

소형 이동식 보쉬 재단톱 GTS1031
작은 공방에 적합하고 쉽게 이동이 가능합니다. 실내 사용 시 집진기를 연결해 씁니다.

　전문 공방이나 직업 학교에서 볼 수 있는 톱입니다. 강력한 힘과 튼튼한 받침으로 매우 안정적이고 정확한 재단을 할 수 있는 도구입니다. 비교적 큰 제품을 만들 때 매우 유용하고 쓸모가 많습니다. 하지만 고속으로 회전하는 톱날이 매우 위험하고 크기도 상당해서 초등학교 목공실에서 대형 제품을 꼭 갖출 필요는 없습니다.

　아이들 책상 두 개 정도 크기의 소형 재단톱이 시중에 많습니다. 학교에서 쓸 수 있다면 외부 공방이나 업체에만 의존하지 않아도 학교에서 필요한 재단을 비교적 쉽게 할 수 있어서 활동 주제를 더 다양하게 할 수 있습니다.

　쇠 또는 알루미늄 금속으로 된 정반table 위로 나무 두께에 맞춰 톱날 높이를 상하로 조절합니다. 펜스를 좌우로 옮겨 재단할 길이를 맞춥니다. 가이드miter gauge 받침에 나무를 잘 받치고 톱날쪽으로 밀어 가공합니다. 이때 가이드의 각을 톱날을 기준으로 직각이 아닌 다른 각으로 바꿔서 자를 수도 있으나 그렇게 잘 쓰지는 않습니다.

　서울신은초등학교에서는 소형인 보쉬BOSCH GTS1031을 쓰고 있습니다. 작아서 자리를 덜 차지하고 필요에 따라서는 정반 폭을 늘였다 줄였다 할 수 있어서 웬만한 소품의 재단도 가능합니다. 건강을 위해 집진기 연결이 꼭 필요합니다.

재단톱은 판재와 각재를 정확한 크기로 재단하는 것뿐만 아니라 장부나 홈을 만들 수도 있어서 활용도가 매우 높지만 다른 공구에 비해 매우 위험한 도구이므로 반드시 숙련자가 다루어야 합니다. 학교에 이를 사용할 수 있는 분이 없는데 단지 예산이 충분하다고 해서 구입하는 것은 낭비이며 사고 위험을 높이는 일이므로 무조건 구입은 금물입니다.

기능 보유자가 있을 때라도 아래와 같이 부가적인 밀대나 가공 보조 도구를 추가로 갖춰야 합니다. 시중에는 GRR-RIPPER 같은 전용 도구들이 많아 선택의 폭이 넓습니다.

보조 도구 GRR-RIPPER

좁은 폭으로 가공할 때 편한 밀대

손잡이가 달린 밀대

재단톱용 썰매 table saw sled
반복 작업과 안전을 위해 만든 재단톱용 썰매의 한 예입니다. 사용자가 필요에 따라 설정하기 쉽고 목재를 잡기 편한 보조 도구입니다.
(출처: Mattias Wandel)

공방장이 대형 재단톱을 다루는 모습
부드럽고 안정적인 슬라이딩 기능에, 정확하며 미세 조정이 쉬운 펠더 FELDER 재단톱으로 나무를 자르고 있습니다. 안전을 위해 얼굴은 톱날과 빗겨나 있어야 하고 마스크를 씁니다.

유의사항

- 숙련자에게 충분히 교육을 받고 사용합니다.
- 톱날도 종류가 다양한데 두께가 2㎜ 정도의 톱날을 장착하면 나무에 저항이 적고 부드럽게 잘립니다.
- 켜기와 자르기 모두 가능한 톱날인지 확인합니다. 표면이나 상자에 그림이 있습니다.
- 사용할수록 톱날에 나무 진이 엉겨 붙어 때가 낍니다. 그러면 이가 무뎌진 것처럼 절단면이 깔끔하지 않고 작업 효율이 떨어집니다. 날을 본체에서 분리해 전용 세제로 닦습니다.
- 손가락 보호를 위한 안전 장치가 있으므로 별도 구매도 고려합니다.
- 설명서를 꼭 읽습니다.
- 재단톱 주변 바닥에 미끄럼 방지 테이프를 붙이면 안전에 더 좋습니다.

주의사항

- 초보인 경우 단독 작업은 금지합니다.
- 반드시 장갑을 벗고 사용하며 소매가 헐렁한 옷은 금물입니다.
- 피곤한 상태에서는 작업하지 않습니다.
- 시간을 충분히 두고 작업합니다.

전동공구

탁상 드릴
Drill press

위험도(⚠ ⚠ ⚠)   활용도(★ ★ ★)

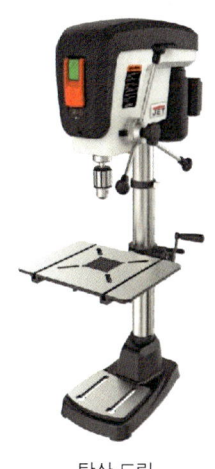
탁상 드릴

각끌기

포스너 비트로 구멍을 판 모습
(출처: AXKALIBER
FORSTNETR BIT)

전동공구를 갖춘다면 탁상 드릴은 학교에 꼭 있어야 할 기본 품목입니다.

탁상 드릴drill press은 전동 드릴처럼 척에 날을 끼워 나무에 구멍을 뚫거나 모양을 낼 때 씁니다. 안정된 정반에 나무를 올려 놓고 몸체에 달린 손잡이를 돌려서 날을 내리며 작업하므로 힘이 적게 들고 직각으로 정확한 폭과 깊이로 구멍을 만들 수 있습니다.

각끌기mortise machine는 탁상 드릴에 사각형 날을 덧붙여서 사각형 구멍을 내는 용도의 특화된 공구입니다. 장부 구멍을 만들어 짜맞춤을 할 때 유용합니다. 생활 목공을 많이 한다면 구매를 고려할만하지만 어린이 목공에서는 그다지 필요하지 않습니다.

정반이 좁기 때문에 금속 정반 위에 적절한 넓이의 나무판을 덧붙여 쓰면 편리합니다. 조임 틀로 가공할 나무를 정반에 고정하거나 용도에 맞는 지그를 이용하면 효율을 높일 수 있습니다. 다양한 탁상 드릴용 지그가 있으니 작업에 맞게 만들어 쓰면 됩니다.

경우에 따라서는 정반 자체를 기울일 수 있어서 어슷하게 구멍을 낼 수 있습니다. 그러나 이 또한 한번 고정했던 것을 풀고 다시 조이는 게 여간 귀찮은 게 아니라서 경사용 지그를 만들어 쓰는 게 더 효과적입니다.

탁상 드릴에는 사진처럼 여러 종류의 회전 날을 사용할 수 있으니 용도에 따라 척에 바꿔 끼면 됩니다. 탁상 드릴의 척도 톱니바퀴 모양의 키로 조이는 형태와 손으로 바로 조일 수 있는 것 두 가지가 있습니다. 그리고 척에 끼울 수 있는 삽입축shank의 지름을 확인해야 합니다. 보통 10㎜의 직경이면 학교에서 필요한 웬만한 날은 거의 끼워 쓸 수 있습니다.

포스너 날forstner bit은 정반과 평행인 날이 가운데 있어 파낸 구멍의 바닥면이 깔끔합니다. 구멍용 톱날hole saw은 크고 작은 지름의 구멍을 제법 빠르게 가공할 수 있습니다.

각끌 날은 탁상 드릴에 고정용 부품을 써서 달 수 있습니다. 학교에 공간과 예산이 있다면 탁상 드릴을 추가로 구입해 각끌 날 가공 용도로 비치해도 됩니다.

목공용 드릴 날brad point bit
목공용은 금속용과 앞 날의 모양이 다릅니다. 이와 비슷한 여러 날이 있습니다.

포스너 날forstner bit
구멍을 내기보다는 일정 깊이로 바닥면이 깨끗하게 원형으로 팔 때 사용합니다. 창 모양의 얇은 포스터 날도 있습니다.

목심용 날plug cutter

구멍용 톱날hole saw

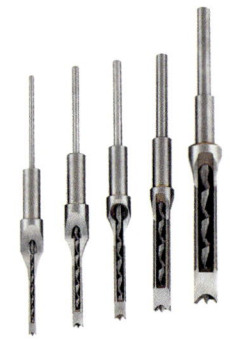

각끌 날square hole drill bit

유의사항

- 정반 높이 조절 기능이 있는 제품을 권장합니다. 이런 제품은 기둥에 톱니와 돌려주는 손잡이가 있습니다.
- 회전 속도 조절 방식은 벨트 이동식이 일반적입니다. 간편한 전자식도 있지만 가격이 다소 비쌉니다.
- 날을 끼워 작동시켰을 때 회전하는 날이 정반과 수직이 되는지 확인하고 부정확하다면 정반 각을 바르게 조정합니다. 정반 위에 직각자나 연귀자를 두고, 척에 날을 끼워 손으로 천천히 돌려 보면서 정반을 조정합니다.
- 척은 탈부착이 가능하고 고급형으로 바꿀 수도 있습니다.
- 설명서를 꼭 읽고 설치한 후 사용합니다.

주의사항

- 특별한 경우가 아니라면 조작은 반드시 혼자 합니다. 보통은 왼손으로 나무를 잡고 오른손으로 손잡이를 돌려 날을 내립니다. 나무를 잡고 조작하기 힘들다면 조임 틀이나 기타 보조 도구로 나무를 고정합니다.
- 정비와 교체는 전원선을 완전히 분리한 다음에 합니다.
- 반드시 장갑을 벗고 조작하며 소매가 헐렁한 옷은 금물입니다.

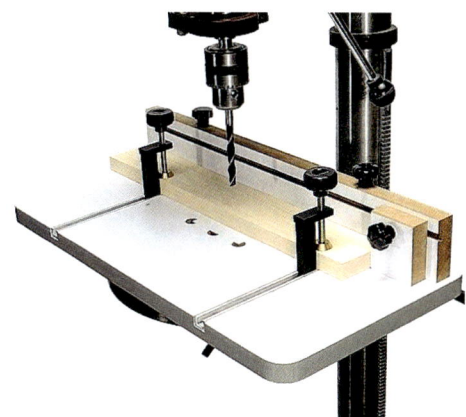

정반 위에 단단히 고정하고 편하게 설치한 지그의 한 예
정반 위에 판재를 덧대서 작업 영역을 넓히고 반듯한 각재와 조임 틀을 이용하면 효율적인 지그가 됩니다.

정반의 각을 바꾸는 것보다 편리하게 경사각을 설정할 수 있는 지그의 한 예
경사진 의자 다리에 연결 구멍을 낼 때 편리합니다.
(출처: WOODSMITHTIPS.COM)

전동공구

원형톱 / 플런지 톱
Circular saw / Plunge cut saw / Track saw

위험도(⚠⚠⚠) 활용도(★★★)

교사 목공 동아리 회원들이 페스툴FESTOOL 원형톱에 진공청소기로 집진을 하며 판재를 켜고 있는 모습

페스툴과 같은 기능의 원형톱

계양전기의 충전 원형톱

큰 판재를 켜거나 자를 때 종종 쓰는 제품입니다. 고속으로 회전하는 톱날로 자르는 것은 재단톱과 같지만 사진에서처럼 목재를 작업대 상판에 고정하고 그 위에서 톱을 움직이며 재단하는 게 차이점입니다.

원형톱은 톱날 덮개가 움직이는 기본적인 구조, 톱날과 동력장치가 위아래로 움직이는 형태 두 가지가 있습니다. 후자를 '플런지 톱plunge cut saw'이라고 합니다. 이 톱이 재단톱보다 안전한 이유는, 회전하는 톱날이 틀 안으로 들어가서 외부에 노출되지 않는 데다 갑작스런 상황에서 톱이 가이드를 이탈할 때조차 덮개가 자동으로 톱날을 가려 주기 때문입니다. 그리고 덮개와 전원 스위치 조작 단추를 차례대로 조작해야 작동하는 안전장치도 달려 있어 보기와 달리 비교적 안전한 편입니다.

일직선으로 바르게 자르려면 부속으로 판매되는 알루미늄 가이드guide/track 혹은 레일rail을 재단선에 맞게 잘 고정하고 그 위에 톱을 올려 놓고 서서히 직진하며 마름질합니다.

가이드를 설치하고 톱을 옮기며 자르는 거라 이 과정에서 1~2㎜ 정도의 오차가 생기는 일이 흔하고 재단톱처럼 정밀하지 않습니다. 하지만 학교에서 만드는 제품은 대체로 이 정도 오차는 허용 범위라서 대형 판재를 재단할 때는 매우 쓸 만한 공구입니다.

주의사항

- 톱날의 이가 나갔을 때, 목재를 자르거나 켜는 작업 목적에 따라 톱날을 교체합니다. 날은 제품 규격에 맞아야 하며 반드시 전원선을 뽑고 교체해야 합니다.
- 각도 절단톱을 쓸 때처럼, 안전장치를 풀고 전원을 켜서 톱날이 충분히 회전하면 손잡이를 천천히 내려야 합니다. 서둘러 톱날을 내리면 나무를 튕겨내서 나무와 기계뿐 아니라 조작하는 사람까지 다칠 수 있습니다.
- 자를 목재를 작업대 위에 올리기 전에 반드시 작업대와 자를 나무 사이에 틈을 띄울 허드레 나무를 일정한 간격으로 끼워 둡니다. 그리고 자를 나무 두께, 허드레 나무의 굵기를 계산해서 톱날이 내려올 높이를 계산해서 톱을 조정합니다. 그래야 톱날이 지나가면서 작업대를 자르는 일이 없습니다. 사진에 두 선생님이 협력 작업을 하고 있는 것은, 그렇게 하는 편이 집진기를 옮기거나 선을 정리하는 등의 보조자가 필요하기도 하고 사고 대응에도 바람직하기 때문입니다.
- 반드시 장갑을 벗고 사용하며 소매가 헐렁한 옷은 금물입니다.

기타사항

- 이 톱은 보관할 때 공간을 덜 차지합니다. 사과 상자 정도 크기의 보관함에 톱 본체와 전원 연결선과 부속 도구를 한꺼번에 넣었다 필요할 때 다시 꺼내 간단하게 설치할 수 있-습니다. 제품을 살 때 보관용 플라스틱 상자도 함께 구입하는 게 좋습니다.
- 재단톱, 각도 절단톱을 쓸 때처럼 집진을 해 줘야 합니다. 집진이 어렵다면 반드시 환기가 잘 되는 상태에서 작업을 해야 합니다. 집진 장치를 꼭 연결해서 사용하길 권장합니다.
- 톱날 깊이 조절 등에 대해 설명서를 꼭 읽고 사용합니다.

전동공구

지그소
Jig saw

위험도(△△△) 활용도(★★★)

집진 장치가 있는 페스툴의 지그소   계양전기의 충전식 지그소와 여러 용도의 톱날

    지그jig는 반복된 작업을 안정되게 할 수 있는 보조 장치입니다. 위키백과에 의하면 스위스의 기술자가 재봉틀에 착안해 바늘 대신 톱날을 끼워 발명했다고 합니다. 재봉틀에서 바늘이 상하 왕복하는 것처럼 톱날이 움직이며 나무를 자르는 공구를 '지그소'라고 합니다.

    재단톱, 각도 절단톱, 원형톱이 모두 회전하는 원형 톱날을 이용하는 것과 달리 위 오른쪽 사진에 있는 것처럼 손가락 크기의 막대 모양 톱을 끼워 씁니다. 톱날의 재질, 크기, 톱니의 모양이 다른 것을 끼워 가며 다양한 소재를 곡선 또는 직선으로 가르거나 켤 수 있습니다. 정밀하지는 않지만 보조 도구를 쓰면 대략적인 직선으로도 자를 수 있습니다.

    전원을 넣고 2~3초 정도 기다려 정상 작동을 확인하고 가공할 선을 따라 천천히 앞으로 밀어 주면서 자릅니다. 나무 재질과 두께에 따라 적절히 힘을 주어야 합니다.

이 공구는 곡선 가공이 쉽고 큰 위험 부담 없이 쓸 수 있으며 가격대에 따라 다양한 제품이 있어서 선택의 폭이 넓습니다. 고가의 제품들은 충분한 출력과 신뢰할 만한 직선 가공 능력, 출력 미세 조정, 집진관 연결 기능을 갖추고 있습니다.

처음에는 많이 쓸 것처럼 생각되기도 하지만 곧이어 보관대에서 먼지에 덮이는 경우도 자주 있습니다. 저가 제품은 큰 소음에 비해 출력은 약하고 톱날도 단단하게 지탱해 주지 못해서 일차 작업을 하고 나서 다시 손을 많이 봐줘야 합니다. 동영상 광고에는 마치 만능에 매우 쉽게 곡선을 자르는 도구인 것처럼 나오지만 사실은 그렇지 않습니다. 정밀하게 다시 다듬는 것을 전제로 한 거친 초벌 가공을 주요 용도로 한다면 괜찮지만 인터넷 동영상이나 광고만 보고 사면 실망합니다.

유의사항

- 쉬워 보이는 조작에 현혹되지 말고 구매 여부 결정은 신중하게 합니다. 만약 1~2개를 구입한다면 힘이 충분하고 집진 기능이 있는 고급 제품을 추천합니다.
- 날 고정 방식이 다를 수 있으니 제품과 호환되는 규격의 날을 구입합니다.
- 날 교체와 정비는 반드시 전원선을 뽑고 합니다.
- 톱날 교체 방법과 기능에 대해 설명서를 꼭 읽고 씁니다.

주의사항

- 나무 두께와 재질에 따라 절단 속력이 달라집니다. 작업 중에 톱날이 지나가는 나무 상태를 살피며 미는 힘을 조절합니다.

전동공구

루터(라우터)
Woodworking router

위험도(⚠⚠⚠) 활용도(★★★)

가이드를 덧붙인 계양전기의 루터 　　　　트리톤의 루터

　　루터router는 '라우터'로도 발음합니다. 날을 바꿔 가며 사용하고 목재 마감면에 다양한 모양을 내거나 홈파기, 평면 잡기 등 응용 분야가 대단히 넓습니다. 이 공구의 응용법에 대해서만 정리한 책도 많고 계속 새롭고 더 편리한 기능의 여러 보조 도구들과 지그들이 소개되고 있습니다. 그렇지만 어린이 목공 교육에서는 활용도가 낮습니다.

　　루터에 날을 끼우는 부분을 콜렛collet이라 합니다. 루터용 콜렛의 내경과 날 삽입축의 직경은 12㎜입니다. 콜렛에 날을 넣거나 뺄 때 육각 볼트를 조이거나 풀어서 합니다. 고급 제품일수록 날을 교체하기 쉽고 날 높이의 미세 조정도 용이합니다. 가끔 루터 날 중에 삽입축이 1/2인치(12.7㎜)의 미국 표준으로 판매되는 게 있으니 콜렛과 규격을 꼭 확인합니다.

　　루터는 보통 전용 작업대에 날을 위쪽으로 향하게 고정해서 많이 사용합니다. 활동 주제로 생활 목공을 자주 한다면 루터와 전용 작업대를 갖출 만합니다. 작업대에 설치한 루터는 교사가 지켜 보는 가운데 아이들도 보조 도구를 이용해 사용해 볼 수 있습니다.

각 회사마다 설정 방법이 조금씩 다르므로 설명서를 읽고 공구를 익히는 시간을 충분히 가져야 안전하게 쓸 수 있습니다.

주의사항

- 반드시 장갑을 벗고 조작하며 소매가 헐렁한 옷은 금물입니다.
- 날 교체와 정비 시에는 반드시 전원선을 뽑고 합니다.
- 날 삽입축은 반드시 본체 콜렛collet에 2/3 이상을 넣어 단단하게 고정합니다.
- 작동 후 2~3초 동안 회전을 확인하고 작업하며 가공 방향을 반드시 지킵니다. 목재 외곽 가공은 반시계 방향, 내부 가공 시에는 시계 방향으로 움직입니다.
- 루터 바닥면을 나무 표면에 완전히 붙여서 안정된 상태로 작업합니다.
- 밀폐형 받침대에 넣고 쓰면 먼지 날림이 덜하며 집진 장치 연결을 권장합니다.
- 받침대에 올려 놓고 가공할 때는 가공할 목재를 오른쪽에서 왼쪽으로, 목재는 가이드에 바짝 붙여서 보조 도구로 미는 것이 안전합니다.
- 눈과 귀 보호를 위해 보안경과 귀마개 사용이 필요합니다.
- 날 교체 방법과 기능에 대해 설명서를 꼭 읽고 씁니다.

루터를 받침대 아래에 뒤집어 설치할 수 있는 전원 스위치와 날 높이 조절을 위한 편의 장치가 달려 있습니다.

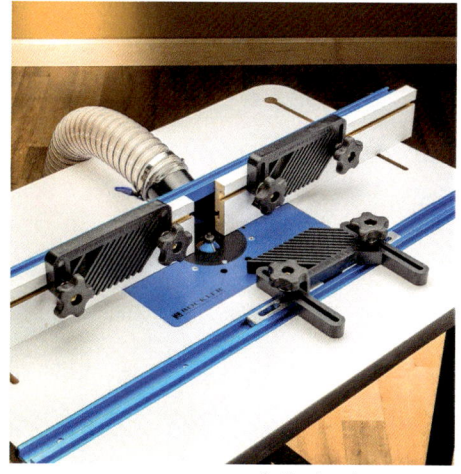

목재 반발을 막아주는 페더보드feather board를 덧붙인 루터 작업대 상판의 한 예

전동공구

트리머 / 콤팩트 루터 / 트림 루터
Compact router / Trim router

위험도(⚠⚠⚠)   활용도(★★★)

디월트 충전 트리머

계양전기의 트리머

다양한 트리머 날 모음

앞에 설명한 루터보다 크기와 힘이 작아 한 손에 들고 쓸 수 있는 공구입니다. 흔히 트리머라고 하지만 정확한 명칭은 콤팩트 루터 또는 트림 루터입니다. 트리머라는 낱말이 여러 분야에서 폭넓게 사용되고 다른 제품군 공구에도 이 명칭이 많이 쓰이므로 통용하는 이름을 바꿀 필요도 있습니다.

본체 콜렛의 내경과 삽입축 지름이 6㎜입니다. 고급 제품일수록 날을 교체하기 쉽고 미세 조정도 용이하며 집진이 가능한 구조로 되어 있습니다. 다양한 부속을 함께 갖추면 생활 목공을 할 때 쓸모가 많습니다. 어린이가 쓸 때는 교사가 반드시 지켜 보아야 합니다.

주의사항

- 설명서를 꼭 읽고 날 교체와 정비 시에는 반드시 전원선을 뽑고 합니다.
- 날 삽입축은 반드시 본체 콜렛collet에 2/3 이상을 넣어 단단하게 고정합니다.
- 작동 후 2~3초 동안 회전을 확인하고 작업하며 가공 방향을 반드시 지킵니다. 목재 외곽 가공은 반시계 방향, 내부 가공에는 시계 방향으로 트리머를 움직입니다.

전동공구

전동 손 사포기 / 전동 사포기
Orbital sander

위험도(⚠⚠⚠) 활용도(★★★)

출력 조절기와 집진 장치가 달린 페스툴의 전동 사포기

먼지 모음통이 달린 보쉬의 전동 사포기

　전동 사포기는 바닥판에 사포를 붙인 판이 미세하게 떨면서 고속 회전하며 표면을 매끄럽게 합니다. 사각형으로 된 것도 있지만 보통은 원형 전동 사포기가 소음이 적고 작업 결과도 좋습니다. 본체와 사포 중간에 집진용 구멍이 있는 스폰지 완충판이 있는데 전용 사포에 있는 집진용 구멍을 여기에 잘 맞춰 붙이면 집진도 잘됩니다.

　교실 크기의 공간에서 두 대만 작동해도 소음이 꽤 크므로 대량 구매를 하거나 자주 사용하는 것은 추천하지 않습니다. 목공 동아리를 운영하고 생활 목공으로 큰 작품들을 자주 만든다면 이 공구를 1~2개 갖추는 것은 괜찮습니다. 단, 먼지가 많이 날리므로 이 또한 집진 기능이 있는 제품을 추천합니다.

유의사항

- 자주 또는 긴 시간 사용할 때는 청력 보호를 위해 귀마개를 착용할 것을 권장합니다.
- 방진 마스크를 쓰고 작업합니다.

전동공구
그 밖의 전동공구

그동안 저는 다양한 종류의 공구를 여러 회사 제품으로 써 보았습니다. 작업을 매우 쉽게 해 주고 훌륭한 결과를 내는 특별한 공구들이 있지만 학교 교육에는 사용 빈도가 떨어질 수밖에 없는 공구들도 있습니다. 게다가 요즘은 어린이 목공 교육에 굳이 전동공구를 많이 사용해야 할까라는 의문이 생겨서 전동공구에 대한 욕심은 점점 줄고 있습니다.

학교에서 목공 교육용으로 구매를 고려하는 기타 전동공구들에 대한 의견을 제 개인 경험에 비추어 말씀드리겠습니다. 그렇지만 각 학교마다 지도교사의 흥미와 기능, 활동 방향에 따라 공구를 재량껏 선택하길 바랍니다.

로터리 툴 rotary tool
(위험도: △△△, 활용도: ★☆☆)

소형 절삭 공구로서 한 손에 잡은 채 작은 곳을 연마할 때 씁니다. 여러 종류의 연마 부품을 쉽게 갈아 끼울 수 있고 유선과 무선 두 종류가 다 있습니다.

손으로 하기 어려운 곳, 미세한 연마가 더 필요한 부분을 손쉽게 갈 수 있고 무뎌진 날을 다듬을 때도 쓸모가 있습니다. 하지만 부속의 사용 시간이 짧아 소모품을 자주 구입해야 합니다.

드레멜의 로터리 툴
여러 가지 부속으로 쉽게 갈아 끼워 나무, 금속 등을 연마할 수 있습니다.

전동 손 대패 electric hand planer
(위험도: △△△, 활용도: 매우 낮음)

어린이 목공 교육에서는 거의 쓸모가 없습니다. 엄청난 소음과 나무 찌꺼기가 발생하기 때문

원통형의 고속 회전날로 평면을 잡는 자동 손 대패
매우 거친 나무를 다듬을 때 효율적입니다.

에 학교의 실내에서는 사용하기 어렵고 아이들이 쓸 수 있는 공구가 아닙니다.

자동 대패 thickness planer
(위험도: ⚠︎△△, 활용도: ✪✩✩)

일반 성인 목공에서는 매우 유용한 도구로서 원목을 다루고 예산이 충분하다면 구입할 만합니다. 가공되지 않은 판재 상태의 원목 표면을 원하는 두께로 매끄럽게 가공할 수 있습니다. 앞에서 목재를 밀어 넣으면 나무가 안쪽으로 들어가면서 조정한 두께만큼 면이 깎이며 대패의 뒤로 배출됩니다. 다만 한 번에 원하는 두께로 줄이기는 어렵고 여러 번에 걸쳐 조금씩 나눠 작업해야 합니다.

톱밥과 먼지가 많고 소리가 크다는 단점이 있어 집진과 청력 보호에 신경 써야 하며 사용 교육을 따로 받아야 합니다.

디월트의 자동 대패
목재의 두께를 줄이거나 평면 가공할 때 매우 편리합니다.

수압 대패 jointer
(위험도: ⚠︎⚠︎⚠︎, 활용도: 매우 낮음)

간혹 공방에서 사용한 적이 있습니다만 공방장은 경험 많은 회원들이 사용할 때조차도 옆에서 지켜보고 있었을 정도로 위험한 공구입니다. 원통 모양의 날이 고속 회전하는 데다가 손이 그 위를 지나야 하기 때문입니다. 항상 덮개를 달고 써야 하며 작업할 때 작업자를 매우 긴장시키는 공구입니다.

연수원 규모 정도에서 교사 교육용으로 활용할 수 있는 공구입니다. 학교에서는 규격이 불규칙한 원목의 기초 작업을 할 일이 거의 없으므로 굳이 갖출 필요가 없습니다.

제트의 수압 대패
거친 목재를 다듬을 때 쓸모 있으나 사용할 때는 상당한 주의가 필요합니다.

공구　63

목선반 lathe
(위험도: △△△, 활용도: ★★★)

목선반을 조작할 수 있고 목선반용 칼을 갈 수 있는 교사가 있다면 구입을 고려할 만합니다.

목선반은 회전축에 목재를 고정하고 전용 칼로 깎아 회전체를 만드는 공구입니다. 나무를 다루는 방향에 따라서 원목의 아름다운 나뭇결을 살릴 수 있는 가공 방법입니다. 목재와 상태에 따라 회전 속력을 조절하고 제품 크기에 따라서 가공할 수 있는 목재도 달라집니다. 학교에서 목공 동아리 아이들에게 실습하는 것을 가르쳐 준 적이 있지만 상당한 시간과 노력이 들어갑니다.

목선반을 하려면 전용 칼을 갖춰야 합니다. 이 또한 크기가 다양하므로 사용할 목적에 맞게 사면 됩니다.

작업할 때는 보안경과 방진 마스크가 필요합니다.

제트 JET의 소형 목선반
확장 레일을 달면 의자 다리 정도는 깎을 수 있습니다.

목선반에 나무를 걸어 그릇을 깎은 모습

스크롤 소 scroll saw
(위험도: △△△, 활용도: ★★★)

얇은 판재를 곡선 가공할 때 쓸모가 있는데 보기와 달리 떨림이 있어 다루기 쉽지 않습니다. 큰 위험은 없으므로 한 대 정도 두면 아이들이 잘라 보는 재미를 체험할 수 있습니다. 톱날이 가늘고 약하므로 굵은 나무는 피하고 무리한 힘으로 밀지 말아야 합니다.

지그소와 비슷하게 상하로 왕복 운동하는 톱날로 작은 물건의 곡선 가공에 적합한 스크롤 소

보조 도구

사포(연마포) / 손 사포판
Sandpaper(Abrasive paper) / Hand sander

위험도(△△△)　활용도(★★★)

대패로 마감을 아주 잘한 목재가 아니라면 사포로 곱게 갈아 작품 표면을 갈아 줘야 쓰기에 좋습니다. 조심스럽게 재료를 다루고 칠을 해도 어딘가에 흠이 남아 있기 마련이고 나무 모서리가 날카로워 손에 닿는 느낌이 부담스럽습니다. 사포는 그런 흠을 없애고 모서리를 부드럽게 하는 마지막 처리에 매우 유용한 도구입니다.

종류가 많지만 목공에는 대체로 80번부터 400번까지 쓰입니다. 높은 번호일수록 고밀도로 고운 마감용입니다. 처음에 낮은 번호로 거친 면을 갈아 주고 마무리할 때 높은 번호로 비교적 짧은 시간 동안 작업했으면 합니다. 처음부터 높은 번호로 작업하면 사포만 많이 쓰고 효과는 낮습니다. 종이와 천으로 된 것 중에서 천으로 된 것이 내구성이 좋아서 학생들 목공에 적합하며 쓰레기도 적게 나옵니다. 목공 교육용으로는 80, 120, 220번 정도의 세 종류를 갖추면 됩니다.

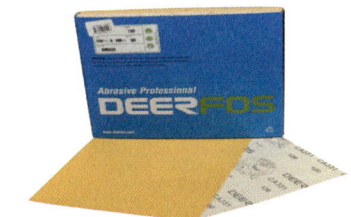

다양한 곱기와 모양의 사포

손 사포판으로 작업을 할 때는, 사포판의 면에 알맞은 크기로 자른 사포를 고정 장치로 붙여 이용합니다. 쓰면서 연마지에 나무 진이 묻는 정도를 확인하고 많이 엉겨 붙어 있으면 새 사포로 갈아 끼웁니다. 손 사포판이 없으면 작은 나무판에 사포를 붙여서 써도 됩니다.

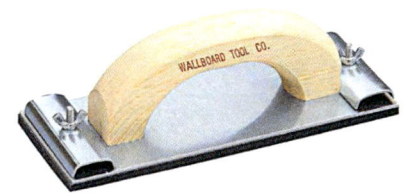

손잡이와 고정장치가 달린 손 사포판

보조 도구

숫돌 / 연마 보조 도구
Sharpening stone / Honing guide

위험도(⚠⚠⚠) 활용도(★★★)

입자의 곱기에 따라서 800~1000번, 3000~6000번, 8000~12000번으로 하나씩 준비하면 됩니다. 처음에는 거친 1000번 정도의 숫돌로 갈아 주고 나중에 높은 번호인 6000번, 10000번 정도의 고운 숫돌로 바꿔 주며 마무리합니다. 숫돌 하나에 번호가 다른 두 면을 가진 양면 숫돌도 있습니다.

날을 제대로 갈려면 많은 연습이 필요합니다. 한 번 잡혀진 끝날의 각도를 유지하면서 그대로 팔을 왕복운동해야 하는데, 팔이 흔들리거나 잡은 각이 맞지 않으면 볼록하게 배부른 날이 되거나 끌 양끝이 무뎌집니다. 아래의 사진에서처럼 이를 도와주는 여러 보조 도구들이 있는데 써볼 만합니다.

기계로만 날을 간다면 신뢰할 만한 품질의 연마 장치와 보조 도구를 함께 사면 됩니다. 인터넷에서 'blade sharpening, honing guide'로 검색하면 많은 정보를 얻을 수 있습니다. 날이 심하게 무뎌져 있을 때는 탁상 연마기^{bench grinder}로 빠르게 갈 수도 있습니다.

1000번과 6000번 양면으로 된 물숫돌

금속으로 된 숫돌
흔히 다이아몬드 숫돌이라고 부릅니다.

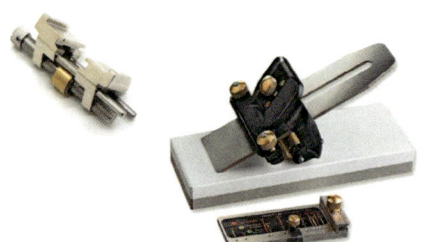

날을 갈아 주는 여러 가지 보조 도구들
왼쪽 - 날을 끼워 일정한 각을 유지해 주는 두 가지 호닝 가이드
오른쪽 - 숫돌 받침대

보조 도구

조임 틀(클램프)
Clamp

위험도(⚠ ⚠ ⚠)   활용도(✪ ✪ ✪)

　보통은 클램프라고 부릅니다만 순화어인 '조임 틀'은 용도를 잘 나타내는 쉬운 말이라 아이들에게 알려주기에 적합하다고 생각해 이 명칭으로 쓰겠습니다.

　자르거나 깎을 때, 조립할 때 소재를 단단하게 잡아 주어 편리하며 매우 자주 쓰는 공구라서 꼭 갖춰야 합니다. 크기와 조임 방식 종류도 여러 가지가 있습니다.

　조임 틀은 최대폭을 기준으로 크기를 표시합니다. 한 뼘 정도의 아주 작은 것부터 아이들 키 정도까지 있습니다. 더 긴 것은 쇠로 된 둥근 관을 길게 잘라 양 끝에 나선을 만들고 부품을 끼워 만드는 파이프형 조임 틀을 이용합니다.

　300㎜ 정도를 소형, 600㎜ 정도를 중형, 1000㎜를 대형으로 나눌 때 학생들의 주요 활동 주제에 따라 달라지겠으나 구매 비율을 대체로 소형을 5할, 중형을 3할, 대형을 2할 정도로 구성하면 됩니다. 대형일수록 무겁고 가격이 비쌉니다. 떨어뜨리면 발을 다칠 수도 있으니 운반과 이용에 주의가 필요합니다.

　조임 틀 앞 부품을 빼 방향을 바꿔 달면 벌려 주는 기능도 합니다.

가장 보편적으로 사용되는 여러 조임 틀
어윈, 베세이, 조르겐센 제품의 모양과 기능이 비슷합니다. 중대형은 왼쪽의 모양, 소형은 오른쪽 모양의 조임 틀을 많이 씁니다. 오른쪽 아래는 큰 제품을 만들 때 쓰는 파이프형 조임 틀입니다.

공구

보조 도구
목공용 바이스
Vise

위험도(△△△)　활용도(★★★)

바이스^{vise}는 조임 틀처럼 목재를 꽉 물어 주는 기능은 같지만 작업대에 고정해 사용하는 점이 다릅니다. 생김새와 고정 방식이 조금씩 다르기는 하지만 작업대 위나 아래에 영구 부착하거나 임시 부착해서 쓸 수 있습니다.

목용 전용 작업대에는 바이스가 달려 있습니다만 그렇지 않은 경우에는 따로 달 수 있습니다. 왼쪽 사진은 인터넷 자료를 보고 단단한 참나무로 직접 만든 기계식 바이스입니다. 고안자의 이름을 따서 목슨 바이스^{moxon vise}로 불리는데 양쪽의 두 바퀴를 돌려 큰 판 사이에 끼워둔 재료를 물거나 풉니다. 모양은 단순하지만 매우 견고합니다.

많이 쓰이는 포니^{Pony}의 바이스입니다. 작업대 아래에 달거나 이동식 소형 작업대에 따로 붙여 둘 수도 있습니다. 이와 유사한 바이스는 매우 흔하며 가격에 따라 견고함과 크기가 달라집니다. 금속으로 된 두 판에 목재 보호를 위해 나무판을 덧대 씁니다.

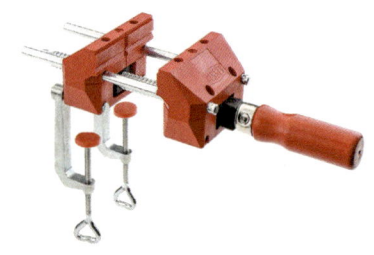

베세이^{Bessey}의 소형 바이스인 S10-ST 바이스입니다. 이 바이스를 쓰려면 부속으로 딸린 작은 조임 틀 두 개로 작업대에 고정해 주어야 합니다. 두 몸체 판이 플라스틱 소재라서 따로 나무를 덧붙일 필요가 없고 간편해서 쓰기 쉽습니다. 조이는 힘은 약하지만 아이들 공작 활동에는 충분합니다.

나무의 종류와 관련 용어 등
목재에 대한 기초 지식

 나무

| 나무와 목재 tree, wood, timber, lumber |

국립국어원의 『표준국어대사전』에서 '나무'를 찾아 보면 아래의 뜻풀이가 나옵니다.

> 나무01 「명사」
> 「1」 줄기나 가지가 목질로 된 여러해살이 식물.
> 「2」 집을 짓거나 가구, 그릇 따위를 만들 때 재료로 사용하는 재목.

「1」은 줄기와 가지에 푸른 잎을 달고 성장하는 생물로서의 나무 tree, wood 입니다. 「2」는 공작과 건축에서 쓰이는 목재로서의 나무 wood, timber, lumber 입니다. 그런데 위 두 가지 뜻과 관계 없이 일상 생활에서는 한 낱말로 사용하고 있으므로 이 책에서도 구분 짓지 않고 쓰겠습니다.

영어에서는 낱말 뜻이 분명하게 다르므로 인터넷에서 검색할 때는 각각의 영어 낱말을 써야 더 정확한 검색 결과를 얻을 수 있습니다.

인테리어 목재상에 있는 여러 가지 규격의 구조재
(출처: LOWES.COM)

교육용으로 쓸 나무를 목재 전문 상점에서 구매해야 합니다. 주변에서 다양한 규모의 목재 상점을 볼 수 있습니다. 수도권에서는 대표적으로 인천항 주변에 도소매를 겸하는 목재상들이 많습니다. 판매하는 업체를 조사해 현장에 직접 가서 상담도 하고 물건을 대량으로 주문해 화물차로 받아 본 적도 있습니다. 일정액 이상이면 서울까지는 용달비가 무료라서 미리 계획을 세워 구매하면 예산을 조금이라도 아낄 수 있습니다.

그런데 학교 차원에서 목공 교육을 본격적으로 도입해 학기 혹은 연간 수요량을 산정해 구매하는 게 아니라면 인근 소규모 목재상을 이용하는 것도 괜찮습니다. 품종이 적고 가격은 약간 비싸지만 재료 준비에 드는 시간과 노력을 줄일 수 있는 장점이 있습니다.

소규모 목재 판매점에서는 주로 인테리어용 목재를 다룹니다. 톱밥이나 폐목에 접착제를 섞어 강한 압력으로 눌러 만든 엠디에프$^{\text{MDF; medium density fiberboard}}$, 비교적 큰 나무 알갱이를 뭉쳐 만든 파티클보드$^{\text{particle board}}$, 통나무를 돌려 깎아 나온 얇은 나무판을 여러 장 수직으로 겹쳐 붙인 합판^{plywood}을 팝니다. 그리고 여러 종류의 구조재(구조목)$^{\text{construction/framing lumber}}$ 또는 각재(각목)를 원목으로는 보유하고 있습니다. 구조재는 명칭으로도 알 수 있듯이 건물의 뼈대로 주로 쓰이는데 모델 하우스 건설 현장에서 사용되는 것을 종종 볼 수 있습니다.

드물게 소나무^{pine}, 홍송$^{\text{red pine/fir}}$, 가문비나무^{spruce}, 삼나무^{cedar}를 파는 목재상이 주택 지역 인근에 있습니다. 만약 학교나 집 근처에서 이런 곳을 찾았다면 운이 아주 좋은 편입니다. 몇 가지 종류의 나무를 적정한 예산 범위에서 구입할 수 있는지 서로 협의하여 공급받을 수 있다면 최고의 조건입니다.

목재에 대해 공부하다 보면 뉴송, 미송, 칠레송 등 여러 낯선 말을 듣고 보게 됩니다. 정확한 어원을 찾기 어렵고 명칭 또한 정확하지 않습니다만 판매자와 소비자 사이의 의사소통용이므로 명칭에 얽매일 필요는 없습니다. 보통 뉴송은 뉴질랜드산 소나무, 칠레송은 칠레산 소나무, 미송은 미국산 소나무(침엽수)를 칭합니다. 그럼 소송은 원산지가 어디일까요? 러시아입니다.

| 관련 용어 |

목공을 하면서 목재 관련 용어를 잘 모르면 목재상에서 의사소통이 어려울 때가 있습니다. 운이 좋아 친절한 분을 만나면 상세한 설명을 들을 수 있지만 귀찮다는 듯이 면박을 들을 수도 있습니다. 화물차와 장비가 드나들고 분주한 곳에 낯선 사람이 왔다갔다 하는 게 위험한 데다 많이 사지도 않을 손님이라 여겨 그렇습니다.

원목(천연 목재)

원목solid wood은 벌목한 나무에서 켜거나 자른 나무를 뜻합니다. 앞에서 말한 여러 종류의 구조재와 각재, 소나무와 가문비나무 등이 비교적 쉽게 볼 수 있는 원목들입니다.

나무를 제재해서 나오는 나뭇결 방향의 길쭉하고 두꺼운 널빤지wood slab를 '빵재' 또는 '떡판'이라고 말합니다만 표준말은 아닙니다. 빵재는 켠 나무를 말리고 난 후 대패로 다듬지 않은 상태의 나무 판을 말합니다. 떡판은 빵재와 비슷하지만 일정 두께 이상이고 넓이 또한 거실 탁자 이상을 만들 수 있을 정도로 큰 원목 판입니다.

집성목은 자연 상태 나무의 성질을 최대한 유지한 상태에서 작은 나무를 모아 붙여 넓고 굵게 만든 목재입니다. 목재상에 있는 소나무와 삼나무 등의 판재가 대부분 집성목입니다. 주변의 많은 '원목 가구'는 이런 집성목을 재료로 만듭니다. 엄밀히 말하면 이런 제품은 원목 가구가 아니라 할 수 있습니다. 그렇지만 나무 성질의 큰 변화가 없는 공정만 거쳤으므로 넓은 범위에서 원목(천연 목재) 가구라고 용인합니다.

우리 생활 주변에서 많이 쓰이는 공학 목재들
(출처: LOWES.COM)

소품용으로 쌓아 놓은 단풍나무 원목
마구리에 나이테가 보입니다.

공학 목재

원목(천연 목재)에 상대되는 말은 공학 목재engineered wood입니다. 앞에서 말한 엠디에프나 파티클보드, 합판 등이 이에 속합니다. 그 자체로는 가구 재료로 쓰기 어려운 나무를 여러 기술을 복합해 용도에 맞게 만든 목재입니다. 습도나 온도, 자외선 등 자연환경에 영향을 덜 받도록 처리하고 작업이 쉽도록 규격화한 상품으로, 원목보다 대체로 값도 저렴하고 구하기도 쉽습니다.

버려지는 나무, 쓸모가 떨어지는 작은 나무를 자원으로서 최대한 활용했다는 면에서 공학 목재가 환경 친화적이라는 평가도 있습니다. 그렇지만 제조 공정의 오염물 발생 문제, 접착제과 착색제 사용, 부패 방지를 위해 첨가한 화학 물질의 독성 등이 논란거리라서 친환경적이지 못하다는 평도 동시에 받습니다.

유절과 무절

나무는 자라면서 가지가 있던 자리에 옹이wood knot가 생깁니다. 옹이는 자연스런 무늬가 되기도 하지만 다루기에는 성가십니다. 이런 옹이가 목재에 있으면 유절(有節) 목재, 없으면 무절(無節) 목재라고 합니다. 당연히 무절 목재의 무늬가 자연스럽고 잡티가 적은 데다 제재할 때 나오는 생산량이 많지 않아 값도 더 비쌉니다.

목재 치수

나무 길이를 말할 때 '밀리미터(㎜)'단위로 값을 표시합니다. 길이가 1.2미터인 제품은 1,200㎜라고 써야 합니다.

나무 두께는 'Thickness'의 머리글자를 따서 '티(T)'를 씁니다. 18T는 목재 두께가 18㎜라는 뜻입니다.

재(사이)

목재 부피 단위는 '재'입니다. 판재나 각재를 소량으로 살 때는 잘 쓰지 않지만 특수한 나무의 부피를 계산하고 가격을 매길 때 '재(사이)당 단가는 얼마인가?'라는 표현이 많이 쓰입니다. 한자 '才'로 표기하는데 '사이'는 이 글자의 일본어 발음입니다. 목재를 다루는 곳에서는 아직도 많이 사용되지만 '재'로 쓰는 게 맞습니다.

1재=1치(가로)×1치(세로)×12치(길이)이고, 미터법으로 바꾸면 1재=3.03㎝(가로)×3.03㎝(세로)×363.6㎝(길이)=약3,338㎤입니다.

판재, 각재(각목), 구조재(구조목)

판재^{board}는 넓게 가공된 목재입니다.

각재^{lumber}는 정사각형 혹은 직사각형 단면의 폭이 좁은 긴 목재를 말합니다. 구조재 규격은 잘랐을 때 생기는 단면의 크기로 말합니다. 투바이포, 투바이식스라는 명칭은 그 단면의 가로와 세로 길이를 인치 단위로 붙여 사용하던 말이 굳어진 것입니다.

구조재 'SPF'라는 낱말을 자주 볼 수 있는데 각각 Spruce, Pine, Fir의 머리글자입니다. 대표적인 구조재 명칭과 실재 길이는 다음과 같습니다.

- 투바이포: 2×4, 단면 실제 크기 38×89㎜
- 투바이식스: 2×6, 단면 실제 크기 38×140㎜
- 투바이에잇: 2×8, 단면 실제 크기 38×184㎜

연재, 경재

연재^{softwood}는 소나무처럼 부드러운 나무로서 대부분의 침엽수가 이에 해당합니다. 편백나무, 삼나무가 연재에 속합니다.

경재^{hardwood}는 호두나무^{walnut}, 단풍나무^{maple}, 참나무^{oak}, 물푸레나무^{ash}, 오리나무^{alder}, 벗나무^{cherry} 같은 단단한 나무를 말합니다. 비중이 아주 큰 흑단^{ebony}, 우리 조상들이 귀하게 썼다는 느티나무^{zelkova}, 전통 가구에 많이 쓰인 참죽나무(가죽나무) 등이 모두 경재에 속합니다.

생물학적으로 연재와 경재는 겉씨 식물이냐 속씨 식물이냐에 따라 구분합니다. 그래서 오동나무는 경재로 구분되지만 아주 부드럽고 가벼워 성질은 연재에 더 가깝습니다. 손으로 꾹 누르면 자국이 날 정도로 약합니다. 브라질에서 생산되는 발사^{balsa} 목재도 활엽수라서 경재로 구분되지만 매우 가볍고 부드러운 데다 가공하기 쉬워 항공기나 항공기 모형, 미술 재료로 쓰입니다. 편백나무는 식물학적 구분으로는 연재이지만 경재인 오동나무나 발사나무보다는 단단한 편입니다. 따라서 학술적인 엄격한 구분보다는 나무를 다루는 처지에서 경험적으로 실재의 느낌에 따라 이 용어를 사용해도 된다고 생각합니다.

연재와 경재에 관련하여 주제에서 살짝 벗어난 이야기를 하나 말씀드리겠습니다.

가공의 용이성에 대해 얼핏 떠올려 보면 연재는 부드워서 톱으로 자르거나 켜기 쉬울 거라고 예상합니다. 이 생각은 반은 맞고 반은 틀린 생각입니다. 침엽수들은 부드러워 쉽게 잘리기는 하지만 결이 질겨서 끌질을 할 때는 날이 더 예리해야 마무리를 정교하게 할 수 있습니다. 건조가 덜 된 연재를 끌로 가공하면 섬유질의 결에 따라 찢어지기도 합니다. 소나무나 편백나무는 옹이가 많아서 맞춤 가공을 할 때 신경이 쓰이기도 합니다. 반면에 경재는 가공할 때 힘이 더 들기는 합니다만 끌질을 하거나 드릴로 구멍을 내면 결과가 깔끔해서 뒷손질 시간이 적게 듭니다.

🔨 목재 원장

목재 '원장'이란 공장에서 관습적으로 혹은 공업 규격으로 생산, 유통하는 2차 가공 이전의 제품을 말합니다. 보통의 합판은 1,220㎜(폭)×2,440㎜(길이)의 크기로 생산되지만 물푸레 집성목 같은 무거운 나무는 그보다 더 작은 규격으로 만들어집니다. 이런 제품을 '원장'이라고 부르며 필요한 크기대로 자르거나 켜서 사용합니다

| 목재 보관 |

예산과 공간이 충분하다면 목재 보관대를 원장이 들어갈 정도의 크기로 만들어 수종별로 보관하고 쓰면 됩니다. 하지만 장소가 좁다면 어쩔 수 없이 다양한 생각을 짜낼 수밖에 없습니다. 원장은 벽면에 밀착시켜 겹쳐 세워 놓고 자투리 나무는 플라스틱통에 담아 보관합니다. 작업대 아래 빈 공간의 크기에 맞게 나무를 쌓는 방법도 있습니다. 학교마다 예산과 상황을 보아 결정하면 됩니다. 인터넷에서 'lumber storage'를 검색하면 많은 사진 자료가 있으므로 참고하시기 바랍니다.

공간이 부족한 두 뚝딱이방에서는 긴 구조재는 벽에 붙여 쌓아 두거나 거치대를 만들어 세워 놓고 있습니다. 판재나 각재 모두 벽에 기대 장기 보관하면 시간이 지날수록 나무가 휘기도 하므로 상태를 보면서 위치를 바꿔 주거나 먼저 사용합니다.

나무에 직사광선이 바로 닿는 창가를 피하고 바닥에 바로 닿게 세우거나 눕혀서는 안 됩니다. 짧은 각재 받침목을 일정 간격으로 넣어서 청소 때 오염되는 것을 막고 공기가 통

하도록 해 주어야 합니다.

그리고 활동을 할수록 많아지는 자투리 목재scrap wood는 적절한 활용법을 찾아 되도록 쌓이지 않도록 해야 합니다. 이런 자투리 나무를 이용한 활동scrap wood activity은 뒤의 '활동 주제' 부분에 있습니다.

벽에 튼튼한 선반을 설치해서 비교적 폭이 좁은 목재를 수납할 수 있습니다.
(출처: LEEVALLEY.COM)

목재를 보관하고 운반하기 편한 이런 선반은 좁은 공간에 효율적입니다.
(출처: AMAZON.COM)

| 그 밖의 것 |

공원이나 아파트 단지 구석에 버려진 나무들도 교육용으로 좋은 목재가 될 수 있습니다.

합판이나 원목 모두 목재에 등급이 있습니다. 옹이의 유무, 나무 상태별로 다양한 등급이 있어서 비슷해 보이는 나무에도 값 차이가 납니다. 목재 끝 단면에 인쇄되어 있습니다.

위에서 설명한 집성목도 다양합니다. 얼핏 보기에 비슷해 보이지만 조각의 간격과 폭, 핑거 조인트finger joint, 솔리드 집성이냐에 따라 값이 달라집니다. 핑거조인트는 나무를 이어 붙인 모양이 손깍지 같다 해서 붙여진 이름이고 솔리드 집성은 나무의 길이 방향으로는 접합 자국이 없는 집성 방식

나무 75

을 말합니다. 예전에 한창 유행하던 동남아산 고무나무가 핑거 조인트 방식의 집성목으로 만들어졌습니다. 겉보기에는 솔리드 집성으로 보이지만 나무를 다른 단면을 보면 핑거조인트 집성목 목재도 있으니 항상 꼼꼼하게 살피면 좋은 공부가 됩니다.

목재를 꼭 구입하지 않더라도 주변에서 목재를 얻을 수 있는 기회가 있습니다. 아파트 단지나 공원은 정기적으로 수목 가지치기 작업을 합니다. 감나무, 벚나무, 느티나무 등 색과 무늬가 예쁜 나무를 얻을 수도 있습니다. 산에도 다양한 굵기의 가지가 떨어져 있는데 목공 교육용으로 쓸 만한 것이 있습니다.

챙겨 둘 여력이 있고 학교에 공간이 있다면 가져다 보관해 말려 둡니다. 자잘한 재미를 느낄 수 있는 재료가 될 수 있는데 관련 내용은 '활동 주제' 부분의 나뭇가지를 이용한 공작 활동을 참고하시면 됩니다.

아이들은 공원과 산으로 가서 자기들이 쓸 나무를 구하는 일에 즐겁게 참여합니다. 그동안 별다른 관심 없이 지나쳤던 나뭇가지의 새로운 쓸모에 대해 대단한 발견이라도 한듯이 좋아합니다. 그렇지만 이런 작업은 번거로울 수 있으니 너무 애쓰지 마십시오. 목공을 처음 접하는 학교에서 힘들게 목재를 얻으면서 시작하는 것은 목공의 즐거움을 떨어뜨릴 수 있기 때문에 바람직하지 않습니다.

생각한 것을
목제품으로 만들어 가는
일반 목공 과정

 # 일반 목공 과정

목공 교육을 위한 기초로 공구와 나무에 대해 알아 보았으니 이제 목제품을 만드는 일반적인 흐름을 알아볼 차례입니다.

구상, 설계	마름질(재단)	가공, 조립	마무리	칠
• 생각한 것을 그림으로 그리기(재료, 나무 특성, 모양, 튼튼함을 고려하여 디자인하기) • 컴퓨터로 정확하게 그리기	• 설계도를 보며 재단표 만들기 • 부품 수량 확인하기 • 목재 마름질하기 • 조립하기 전에 맞춰보며 확인하기	• 가공할 부분에 선 긋기 • 필요한 부분에 구멍을 뚫거나 잘라내기 • 부품을 못이나 나사못, 철물 등으로 조립하기 • 필요한 장신과 부품 달기	• 사포로 모서리와 귀퉁이, 평면을 곱게 다듬기 • 홈을 메꾸고 흠을 없애기	• 적절한 재료와 방법으로 칠하기 • 필요하면 고운 사포 작업을 다시 하고 덧칠하기

| 구상, 설계하기(디자인) |

내가 필요한 것, 만들고 싶은 것을 간략하게 그립니다. 정확하지는 않지만 크기와 두께 등 머릿속에 있는 모양을 최대한 표현합니다. 종이와 연필, 지우개만 있다면 머릿속의 생각을 그림으로 표현할 수 있습니다. 그 그림을 바탕으로 크기와 모양을 확정하고 정확한 도면으로 다시 자세하게 그립니다. 전체 형태를 볼 수 있는 한 시점의 투시도 한 장만으로도 알 수 있는 간단한 작품이 있는가 하면, 내부나 뒷면, 아랫면의 자세한 설계도가 필요한 주제도 있습니다.

거칠었던 초안을 거쳐 정확한 설계도로 그리는 도구는 각자 가장 익숙한 방식대로 하면 됩니다. 저는 스케치업SketchUp을 이용합니다. 이 프로그램에 대해서는 '지도 실제' 부분을 참고해 주십시오. 아래 그림과 사진은 스케치업으로 설계도를 그려 이에 바탕해서 만든 물푸레나무 팔걸이 의자입니다. 실제 작업 과정에서는 미세하게 상황과 형편에 따라 소재와 나무의 굵기 등이 달라지기도 하는데 이 의자도 도면과 작품을 비교해 보면 팔걸이와 깔판 부분이 조금 다릅니다.

아직까지 우리나라에서는, DIY 공방에서 손수 가구를 만드는 것의 경제적 매력이 별로 없습니다. 개인 또는 작은 공방이 대형 공장의 자재 공급 능력을 따라잡을 수 없어 재료비가 생각보다 비쌉니다. 또, 만드는 시간과 노력이라는 무형 비용까지 고려해 보면 가격 면에서는 경쟁할 수 없기 때문입니다.

왼쪽 - 스케치업으로 그린 팔걸이 의자 설계도

오른쪽 - 설계도에 기초해 만든 실제 작품. 제작과정에서 깔판과 팔걸이 모양을 바꿨습니다.

그럼에도 불구하고 개인이 손수 가구를 만드는 이유는, 독특한 모양과 특별한 필요에 충족할 수 있는 '디자인'을 구현할 수 있으며 그 과정에서 만드는 '보람'과 '즐거움'이라는 다른 가치를 얻기 때문입니다.

생활 목공 제품을 설계할 때는 기본적인 것만 염두에 두고 디자인하면 됩니다. 어려운 공학 계산이 필요하지 않습니다. 그보다는 결의 연결에 따라 강도가 달라지는 나무의 물리적 특성에 바탕을 둔 튼튼한 구조가 중요합니다. 거기에 사용자의 편의와 처지를 배려한 인간미와 재미를 곁들인 디자인이라면 더욱 좋겠습니다. 가능하다면, 아름다운 고전 가구처럼 나무 무늬가 상하좌우로 대칭되거나 자연스럽게 흘러 연결되도록 하면 완성도는 훨씬 높아집니다.

설계할 때는 작업자의 기술 수준을 전제로 아래 사항을 고려해야 합니다.

튼튼한 구조

- 재료를 적게 쓰면서도 하중을 충분히 버틸 수 있는 구조인가?
- 시각적 아름다움과 튼튼함의 조화를 위해 어떤 연결 방법을 쓸 것인가?
- 의자와 탁자에서 다리를 탄탄하게 고정할 수 있는 방법과 보조재의 위치

사람을 생각하는 크기

여러 조사와 통계에 의해 인체 평균에 적합한 가구 규격을 제시하는 자료가 있습니다. 그에 따르면 책상과 의자의 높이와 간격, 소파나 낮은 탁자의 치수, 옷장과 선반 등의 일반적 크기를 알 수 있는데, 이를 바탕으로 사용자의 신체 조건에 맞춰 치수를 조금씩 조정하면 사용하기 편한 제품이 됩니다.

목재의 변형

원목 가구 제작과 관리에서 주요 변수 중 하나는 수축과 팽창입니다. 주변 습도에 따라 수분을 흡수, 방출하면서 크기가 수시로 바뀝니다. 갓 자른 나무는 많은 수분을 품고 있어서 가공한 후에 뒤틀림이 많이 생기므로 벌목을 한 다음 충분하게 건조시킨 후 가구 제작에 사용합니다. 수년에 걸쳐 충분히 마른 나무일수록 만든 뒤에 뒤틀릴 가능성이 적기 때문에 목재로서의 가치는 더 커지기 마련입니다. 요즘은 건조 시간을 줄이기 위해 인공적인 방법으로 나무를 말리기도 합니다만 오랜 시간 충분히 잘 마른 나무의 가치가 더욱 높

습니다.

　단단한 나무일수록 수축 팽창에 따른 변형률이 적기는 하나, 반면에 뒤틀리는 힘도 연재에 비해 훨씬 더 강합니다. 나무의 이런 특성 때문에 각 부분을 연결할 때 독특한 기법을 쓰거나 수축과 팽창을 고려한 연결 철물을 쓰기도 합니다. 그렇게 하면 수축과 팽창 과정에 철물이 나무의 움직임을 방해하지 않아 갈라지거나 비틀리는 이상이 덜 생깁니다.

🔨 소재 정하기

작품을 설계할 때 사용할 재료에 대해 다음 사항을 고려합니다.

- 재료 준비는 쉬운가?
- 소재는 어떤 규격으로 유통되는가?
- 설계한 크기로 목재를 가공할 수 있는 시설과 공구를 보유했는가?
- 비용과 시간을 고려할 때 경제성은 있는가?
- 목적에 맞는 강도를 지녔는가?
- 미적 아름다움과 목재의 특징, 경제성 중 어디에 초점을 둘 것인가?
- 작업자가 다룰 수 있는 소재인가?

| 마름질(재단) |

나무를 잘라 필요한 부품을 만드는 것을 '마름질(재단)'이라고 하며 이를 위해 여러 부품의 규격과 수량을 정리한 표를 흔히 '재단표'라고 부릅니다. 설계도를 보고 재단표로 정리할 수 있다면 기초 작업을 완료한 것입니다. 가끔 치수 계산의 오차로 재단표를 잘못 작성하면 나무를 쓸모 없게 할 수도 있으니 여러 번 확인하는 습관을 가져야 합니다. 꽂임촉과 같이 아주 작거나, 나중에 크기가 바뀔 가능성이 있는 부품은 미리 자르지 않거나 크기에 여유 치수를 감안하고 잘라둡니다.

마름질 할 때는 주로 재단톱, 띠톱, 톱, 지그소 등을 씁니다. 필요와 요구되는 정밀도, 공구 보유 상황에 따라 적절한 도구를 사용하면 됩니다.

연필꽂이 재료로 선생님들과 직접 마름질한 삼나무

🔨 맞춰 보기

나무를 재단한 다음에는 평평한 바닥이나 작업대 위에 나무판들을 펼쳐 놓고 이상 유무를 확인합니다. 부품 수량을 확인하고 설계도대로 맞대 보면서 모양을 만들어 봅니다. 그러면서 부품의 어느 면을 겉면으로 할지, 아랫면과 윗면, 앞면과 뒷면을 결정합니다. 즉, 잘 보이는 면과 가려지는 면을 골라 외관에 반영하는 것입니다.

완성품의 외부는 옹이가 적고 무늬가 아름다운 쪽으로 합니다. 톱질이 깨끗한 쪽을 앞면이나 앞판으로 하면 뒷마무리 작업을 줄일 수 있습니다. 그런 다음, 각각의 나무에 연필로 부재의 이름과 조립 방향을 옅게 표시합니다. 기호나 글자로 쓰면 되는데 표시를 너무 진하게 하면 나중에 지울 때 곤란합니다. 그리고 가공이나 톱질로 없어질 부분에 하면 소용이 없으니 가공 후에도 사라지지 않되 완성되었을 때는 보이지 않는 곳에 표시합니다.

마름질한 부품을 맞춰 이상 유무를 확인하고 겉과 속을 결정합니다.

| 가공, 조립하기 |

선 긋기

잘라낼 곳, 뚫을 곳, 붙일 부분, 못 박을 자리 등에 맞게 치수선을 미리 그어야 합니다. 치수선을 그을 때 곧은자 stainless ruler, 넣었다 뺐다 할 수 있는 줄자 measure tape, 직각자, 연귀자 miter square, 이동식 직각자 combination square 를 적절히 사용하십시오. 선을 그을 때 연필 끝을 늘 날카롭게 해주십시오. 세심하고 정확하게 선을 그은 만큼 완성도는 더 높아집니다.

자르거나 깎을 곳, 구멍을 팔 곳에 연귀자로 선을 긋습니다.

보통은 일반적인 곧은자와 연필을 씁니다만 몇 가지 특화된 공구가 있다면 더 쉽게 할 수 있습니다. 그무개 marking gauge 는 그중 하나로 일정한 폭의 선을 뾰족한 날로 표시하는 도구입니다('공구' 부분 참고). 너무 강하게 그으면 자국이 남아 나중에 보기 싫은 결과가 나오기도 합니다. 따라서 그어야 할 부분에만 힘을 주어 긋는 연습이 필요합니다. 그무개를 쓰지 않고도 일반 곧은자와 연귀자로 선을 그을 수 있으니 꼭 써야 하는 공구는 아닙니다.

가공

- **톱으로 자르기**: 표시 선에 맞게 세부적인 톱질을 합니다. 부품을 만드는 순서에 대한 규칙은 없으니 작품 제작 과정에서 상호 간섭과 영향을 생각하면서 작업하면 됩니다. 초보자일수록 눈에 자주 뜨이는 곳보다는 안쪽이나 뒤쪽의 부품을 먼저 잘라 보면 좋습니다. 톱질은 할수록 익숙해지기 마련이니 겉으로 드러날 곳은 조금이라도 나중에 하는 게 낫습니다.

선을 따라 조심스럽게 톱으로 자릅니다. 필요하면 보조 도구를 활용합니다.

끌을 쓸 수 있다면 훨씬 다양한 디자인의 작품을 만들 수 있습니다.

지그$^{jig1)}$를 쓰지 않는 톱질을 할 때는 자르는 톱을 든 반대 손 엄지손가락 손톱으로 톱 길을 잡아 주면 좋습니다. 톱날을 살살 앞쪽으로 밀어서 길을 낸 다음 자르되 서두르지 말고, 톱날이 지면과 수직을 이룬 상태인지 확인하며 조금씩 선에 맞게 자릅니다.

- **곡선 가공**: 띠톱과 실톱, 지그소 등으로 곡선 가공을 합니다.
- **구멍과 축, 홈 만들기**: 끼워 맞출 장부와 장붓구멍을 만들고 미닫이문, 서랍 등을 위한 홈을 수공구나 전동공구로 만듭니다.

조립하기

아주 가볍고 작은 것은 접착제만으로도 조립이 끝납니다. 하지만 대체로 못이나 나사못을 쓰는 간단한 체결 방법과 전통적인 짜맞춤 가공법으로 조립합니다. 조임 틀이 있으면 다른 사람의 도움을 받지 않아도 미리 형태를 만들어 두고 나사못을 박는 작업을 할 수 있습니다. 특히 부품을 정확한 위치에 연결해야 할 때 꼭 필요한 보조 도구입니다.

부품들을 못이나 나사못을 박아 조립합니다. 짜맞춤 가공을 제대로 하고 접착제를 적절히 바르고 조립했다면 내구성은 충분히 보장됩니다. 그렇지만 내구성을 강화하기 위해서 나사못을 추가로 박을 수 있습니다.

---

1) 지그^{jig}: '공구' 부분 지그소의 설명에서처럼 반복된 작업을 보조하는 도구의 통칭입니다. 톱질이나 끌질을 할 때 똑바르게 자르려고 댄 나무, 테이블 톱에 안전하게 작업하려고 특수하게 만든 나무 썰매 등이 모두 지그에 해당됩니다.

조임 틀을 써서 조립하면 작업이 훨씬 쉽고 정확합니다. 아주 강한 힘이 필요한 곳엔 쇠 관으로 된 조임 틀이 제격입니다.

나사못은 목재용을 씁니다. 나사 끝이 뾰족하지 않고 넓적한 날이 달린 것은 경금속용으로서 나무에 쓰면 체결하는 힘을 낮추니 꼭 목공용 나사못을 써야 합니다. 길이는 나무 두께를 고려해서 고릅니다. 대체로 38㎜, 50㎜, 70㎜ 크기의 나사못을 사용합니다.

나사못을 박을 때는 먼저 못의 직경에 맞는 이중 비트(또는 접시 비트 countersink bit)로 미리 예비 구멍 pilot hole을 내야 합니다. 이 공구에는 두 개의 날이 있습니다. 앞에 꽂힌 가는 날이 회전하며 예비 구멍을 내면서 나무판 속으로 들어갑니다. 그리고 뒤쪽의 굵은 부분이 나사 머리가 들어갈 구멍을 내 줍니다. 이중 비트 앞부분의 날 길이는 사용할 나사못 길이의 2/3 정도가 적당합니다.

이중 비트와 여러 가지 목공용 나사못

일반 목공 과정

이 구멍에 나사못을 전동 드라이버로 박습니다. 나사못 머리에 충전 드라이버의 '+' 자 모양을 정확히 맞춥니다. 처음부터 강한 출력으로 작업하지 말고 대략 중간 정도의 힘으로 시작합니다. 처음부터 강한 힘으로 충전 드라이버를 쓰면, 갑작스럽게 튕겨져 나가거나 나사못 머리의 '+' 자 모양이 마모되어서 넣지도 빼지도 못하는 일이 생길 수도 있습니다. 그리고 충전 드라이버를 조금씩 멈춰 가며 작동시켜서 못이 들어가는 상태를 확인하면서 작업하면 실수를 줄일 수 있습니다.

못 외에도 도웰dowel이라는 나무못이나 비스킷biscuit이라는 타원형 과자 모양의 나무 연결촉, 도미노domino라는 사각형 모양의 촉을 조립에 많이 쓰고 있습니다. 이런 기법은 맞춤 가공법의 변형으로, 관련된 전용 전동공구들이 다양하게 있습니다.

끝으로 경첩이나 고리 등을 달아서 기능과 장식을 더합니다.

| 마무리 |

🔨 홈 메꾸기, 흠 지우기

나사못으로 가구 제작을 하면 못의 머리 부분이 보여서 제품의 아름다움을 깎아 내리는 경우가 있습니다. 눈에 보이지 않는 곳까지 목이 박힌 구멍을 메꿀 필요는 없지만 잘 보이는 면이라면 티가 나지 않게 메꿔 주는 게 좋습니다. 이 작업에 보통 '플러그plug'라 불리는 작은 원통형 나무 조각을 이용합니다. 나사못을 박은 구멍에 나뭇결을 맞춰 플러그를 밀어 넣고 망치로 살짝 두드린 다음 남은 부분은 면에 맞게 잘라 냅니다. 만들다 생긴 작은 홈들도 메꿈용 재료나 나무 조각을 활용해 최대한 없애 완성도를 높입니다.

🔨 사포로 다듬기

나무는 촉감이 중요합니다. 표면이 매끄럽게 잘 다듬어진 가구는 보기에도 좋고 손 끝에 전해지는 느낌이 아주 좋습니다. 나뭇결 방향을 살펴 그 흐름에 따라 사포 작업을 하면 나무에 흠이 생기지 않고 고운 촉감의 마무리를 할 수 있습니다. 사포질 방법을 과소평가해서 방향을 무시하고 작업하면 겉에 흠이 많이 생기므로 꼭 주의해야 합니다.

마무리 사포를 마친 후에는 손으로 구석구석 만져 봅니다. 때로는 시각보다 촉각이 더 믿을 만합니다. 색과 빛 때문에 잘 보이지 않는 홈을 손끝으로 느낄 수도 있습니다.

사포 작업은 대개 마무리할 때 하지만 필요하다면 재단한 나무를 다듬을 때나 조립 후 연마 작업이 곤란한 곳에 미리 할 수도 있습니다.

사포질은 전동 사포기나 손으로 할 수 있습니다. 크기가 작거나 세심한 작업이 필요한 경우에는 손으로 하는 게 알맞고 넓고 큰 작품에는 전동 사포기를 쓰는 게 유리합니다. '공구' 부분에 있는 내용을 참고해 주십시오.

| 칠 |

🔨 애벌칠하기

감촉 확인을 거듭하며 사포가 끝나면 칠을 합니다. 애벌칠은 조립 과정에서 미리 부분적으로 할 수도 있습니다. 조립 후에 손이 잘 닿지 않을 곳이나, 접착제로 붙일 곳 주변의 오염 방지 등을 위해 미리 칠을 하면 작업 효율을 높이면서 더 깔끔한 작품을 만들 수 있습니다.

나무에는 수성과 유성 칠을 모두 할 수 있습니다. 수성 칠은 작업이 쉽고 다양한 색을 낼 수 있다는 장점이 있습니다만 광택과 내구성을 위해서는 여러 번 칠을 하거나 합성수지인 우레탄 등으로 마감을 해야 습기와 오염으로부터 안전합니다. 유성 칠은 냄새가 더 강하고 고르게 펴 바르기가 어렵지만 방수성의 두터운 막을 씌워 줍니다. 써 보면서 자기에게 맞는 것을 고르거나 경험자의 조언에 따라 사용할 것을 권합니다.

칠을 할 때는 재료에 맞게 붓, 롤러, 헝겊이나 스펀지를 사용하여 바르고 작업 중 환기와 피부 접촉 등에 유의합니다.

🔨 덧칠하기와 마지막 사포하기

애벌칠만으로 사용에 지장이 없다면 그대로 마쳐도 됩니다.

하지만 부주의 등으로 목재 표면에 칠이 덜 된 곳, 페인트가 굳는 과정에서 먼지가 묻은 곳, 물질의 인장력 등으로 칠이 고르지 못한 곳이 생길 수 있습니다. 이럴 때는 칠이 다 마른 후에 400번보다 고운 사포로 표면을 살짝 문지르고 덧칠을 합니다.

덧칠은 더 두꺼운 막으로 나무를 덮어 목제품 보호를 강화하려는 목적도 있습니다. 최종 상태를 확인해서 필요하다면 위 과정을 반복하면 됩니다.

서울신은초등학교와
테헤란한국학교에서
뚝딱이방을 만들고 가꾼 이야기

 뚝딱이방 이야기

| 시작 |

 2011년 7월, 개교를 준비하며 미리 발령받으신 선생님들께서 여름 방학 동안 학교에 미리 모여 건물 내부를 점검했습니다. 새로 지은 건물이어서 몇 가지 문제를 빼고는 전체적인 배치와 실내 마무리도 좋았습니다. 각 특별실 옆에 교실 반 칸 넓이의 준비실을 붙여 둔 것도 마음에 드는 구성이었습니다. 건물 답사를 마친 후에 팀을 나눠 장소마다 어떤 기자재를 갖춰야 할지, 교육 활동을 위해서 마무리 공사나 시공 변경으로 무엇을 요청할지 자료를 조사하고 발표한 후 차례대로 의논하고 결정했습니다.

 제가 속한 팀에서 맡은 특별실 중 하나가 2층에 있던 실과실이었습니다. 그 교실 옆에도 준비실이 있었습니다. 실과실로 예정된 교실은 그 자체만으로도 충분히 넓었기 때문에 교실 안에 실습 도구 수납장을 충분히 둘 수 있어 준비실이 따로 필요하지 않을 것 같았습니다.

저는 목공 교육을 하고 싶다는 뜻을 다른 선생님들께 내비쳤는데 마침 호응하시는 여러 선생님 덕분에 교원회의 안건으로 상정했고 논의 끝에 결국 실과 준비실의 용도를 목공실로 바꾸기로 했습니다.

그동안 일반 학교에서 이뤄지던 실과 목공에 부족함을 느껴 왔거나 혁신학교의 교육 방향과 내용에서 목공 교육을 고려하던 선생님들과 생각이 맞아떨어져서 가능했습니다.

바로 직전에 근무하던 학교에서는 옥상 출입구 옆의 쪽방 같은 공간에 몇 가지 공구를 두고 목공을 했었습니다. 실과 시간에는 인근 목공방에 나무 재단을 의뢰해 아이들이 전동 드라이버로 나사못을 박고 풀을 칠해 완성품을 만드는 간단한 활동밖에 할 수 없었습니다. 제가 가진 공구와 공방에서 빌린 것, 학생들이 집에서 가져온 전동 드라이버 등을 사용해 필통을 조립했는데 학생들이 아주 좋아하는 걸 보면서 아이들과 목공을 계속할 만하다는 생각을 가졌습니다.

그러다가 비로소 온전하게 공구를 설치할 수 있는 방이 생기니 참 기뻤습니다. 장소가 결정된 이후에 이전 학교 창고 공방에서 쓰던 공구를 가져 오고, 주말 목공을 하던 공방에 두었던 개인 장비를 챙겨 와 설치했습니다. 스물다섯 명 학생들이 작업하기에는 부족한 공간이지만 바로 옆 실과실로 연결되는 문도 있어서 경우에 따라서는 두 공간을 함께 이용하면 편리하겠다는 생각에 본격적으로 뚝딱이방을 만들기 시작했습니다.

작업대 workbench를 만들다

시중에 판매되는 목공 작업대의 종류는 많지 않습니다. 독일이나 북유럽에서 수입한 전문 목공인에 맞춘 고급스런 제품은, 너도밤나무 같은 단단한 나무 소재에 바이스 vise를 포함해 품질이 좋았지만 가격이 최소 2~3백만 원이라 예산도 적고 설치할 공간도 부족한 현실을 고려했을 때 살 엄두가 나지 않았습니다.

다행히 최근에 목공에 대한 관심이 많아지면서 저렴한 제품들이 소개되고는 있습니다. 한번은 인터넷 광고를 보고 전시장에 직접 찾아가서 본 적도 있는데 부실한 철물 다리, 빈약한 상판, 투박한 마무리, 약한 바이스 때문에 실망스러웠습니다.

그래서 주말 공방에서 이용하고 있는 작업대와 인터넷의 여러 작업대를 참고해 직접 만들기로 했습니다. 갖고 있던 각도 절단톱과 여러 전동공구가 아주 유용했습니다. 학교 예산으로 몇 개의 조임 틀을 비롯한 보조 도구와 목재를 조금 샀습니다. 목재는 주로 인천의 목재상, 학교 근처 인테리어용 목재 판재상, 인천 서구의 복합 자재 상점에서 구입했습니다.

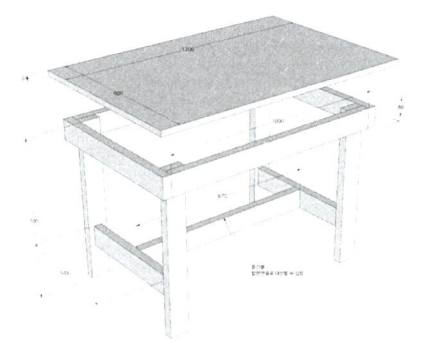

스케치업으로 그린 작업대 얼개
투바이포 구조재와 24T 코어합판을 염두에 두고 그렸습니다.

초기 콘크리트로 된 벽에는 게시판 외에 별다른 시설이 없었습니다.

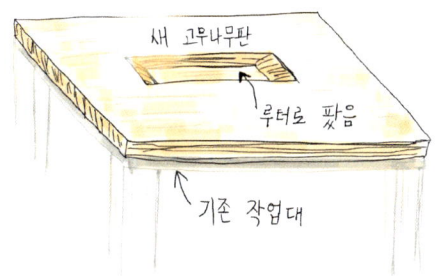

시간이 조금 흘러 뚝딱이방 안쪽에서 본 모습입니다. 작업자 옆에 실과실로 연결된 문이 있습니다.

한참 사용한 작업대를 보강하려고 위에 계단용 고무나무 집성목을 덧붙였습니다.

벽에 미송 합판을 붙이고 선반과 걸이를 만들었습니다. 공구와 소모품 보관이 훨씬 수월했습니다.

얼개와 제작품은 사진과 같습니다. 상판을 처음에는 코어 합판 core plywood 으로 했는데 시간이 지나면서 네 귀퉁이가 마모되고 쪼개져서 어쩔 수 없이 수리를 했습니다. 두꺼운 고무나무 집성목을 위에 덧붙이고 윗면의 가운데에 직사각형 모양의 홈을 루터와 끌로 파서 작은 공구나 필기구를 보관할 수 있게 만들었습니다. 그렇게 만들고 나니 작업대가 훨씬 보기에도 고급스러워졌고 내구성도 나아졌습니다. 고무나무 같은 단단하고 무거운 나무를 작업대 상판으로 쓰면 묵직하게 내리누르면서 작업대를 지탱해 주기 때문입니다.

따라서 예산과 가공 환경이 가능하다면 처음부터 가격 대비 품질이 뛰어난 고무나무, 자작나무 합판을 상판으로 쓰는 것도 좋겠습니다. 그리고 물푸레나무 혹은 단풍나무 각재를 다리로 쓰면 모양과 내구성 모두 좋아지므로 이 또한 고려할 만합니다.

바이스는 따로 구매해 상판 위에 올렸다 내렸다 하며 쓸 수 있게 탈부착식으로 만들어 두었습니다. 그리고 공방에서 제가 쓰던 목슨 바이스moxon vise도 학교로 가져와 보조용으로 썼습니다. 인터넷에는 작업대 관련 설계도와 제작 방법 자료가 아주 많습니다. 'building workbench'로 검색해 보십시오.

🔨 벽 꾸미기

서울신은초등학교 교실 벽은 실내용 붉은 벽돌입니다. 시멘트 위에 수성 페인트로 마감한 대다수 학교의 벽과 달리 소리를 더 흡수하는 편이라 소음이 적고 눈이 편안하며 습도 조절에도 좋습니다. 복도 또한 벽돌로 마감을 했는데 무엇 때문인지 특별실로 예정된 곳은 일반 시멘트로 마감한 벽입니다. 뚝딱이방은 이런 시멘트 벽에 넓지 않은 곳이라 흡음을 할 수 있는 시설이 필요했고 공구 수납용 선반도 매달 필요가 있어서 벽에 합판을 붙이기로 했습니다.

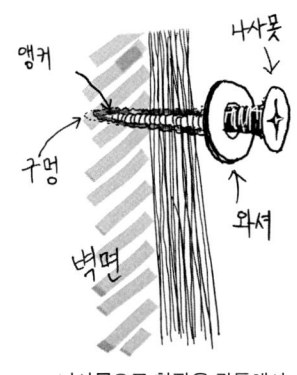

나사못으로 합판을 관통해서 벽에 고정합니다.

벽을 나무로 하면 좋은 점이 몇 가지 있습니다. 목공방 분위기를 확연하게 하며 따뜻한 느낌을 줍니다. 목공 작업하는 소리도 줄여 주어서 이런 작업실에서 일하면 귀의 피로도 적습니다.

17.5T 두께의 미송 합판은 1,220㎜×2,440㎜ 크기로 장당 가격은 비교적 저렴합니다. 합판도 원목처럼 목재 종류와 품질별로 값 차이가 나는데 벽 부착용이라서 굳이 무늬를 따지지 않고 경제적인 제품을 골랐습니다.

벽에 합판을 기대 세워 둔 채, 콘크리트 시공용 날을 끼운 해머 드릴을 이용해 직경 8㎜, 깊이 40㎜로 나무와 벽에 구멍을 한꺼번에 뚫습니다. 그리고 플라스틱 앵커anchor를 박고 와셔washer를 끼운 다음 38㎜ 나사못으로 고정했습니다. 훗날 공간의 용도 변경을 위해 벽과 나무 사이에 접착제를 바르지 않고 나사못으로만 고정했습니다.

이 작업은 성인 남자가 최소 두 명이 있어야 가능한 작업입니다. 동료 선생님과 작업을 할 때 전용 공구를 갖고 계신 학교 주무관도 힘을 보태 주어 더 쉽게 끝났습니다.

주의할 점 하나가 있습니다. 내력벽의 경우에는 벽에 철근이 들어 있으므로 이를 피해서 작업해야 합니다. 탐지기가 없는 상태에서 구멍 뚫는 일은 어려울 수밖에 없습니다. 만약 내력벽이라면 전문가의 도움을 얻거나 다른 곳에 시공하는 걸 고려해봄직 합니다. 그리고 벽 내부의 전기 배선도 신경 써야 합니다. 구멍을 뚫을 때 벽에 숨은 전기선을 피하려 벽면 콘센트와 수평, 수직으로는 못을 박지 않았습니다.

준비할 시간이 적고 예산은 부족한 상태에서 어려움이 있었지만 우리들이 꾸며 가는 목공방을 만들어 가는 보람이 있어서 작업이 힘들지만은 않았습니다. 하지만 이런 벽면 공사를 학교 선생님과 주무관이 직접 다 하는 것은 시간과 체력 등 여러 면에서 아주 어려운 일입니다. 큰일은 외부 전문가에게 시공 요청을 하고, 세부적인 일만 직접 하는 게 더 효율적일 수도 있습니다.

공구 수납 방법

'공구 갖추기' 부분에 소개한 대로 벽면에 선반과 나무 거치대, 슬래트 월 패널slat wall panel을 만들어 여러 공구를 걸어 보관했고 전용 가방과 상자에 넣어 둔 것도 있습니다.

공구 수레 사용

뚝딱이방에서만 작업을 하는 게 아니라서 전체 반 학생과 수업할 때에는 옆 실과실 또

비교적 고가인 공구 전용 수레

일반 주방용 수레 이 제품도 공구 운반용으로 쓸 만합니다.

는 교실로도 공구를 옮겨야 할 때가 있습니다. 상자나 통에 담아 아이들이 직접 들고 옮기는 것은 여러 모로 피해야 할 일입니다. 여러 개를 한데 넣으면 무게가 제법 되고 날카로운 공구도 있으니 안전하게 옮기는 게 제일 중요합니다. 이런 때 공구 수레가 쓸모 있습니다.

공업사에서 사용하는 부식 방지 처리된 철제 공구 수레가 좋기는 하지만 역시 예산 문제가 있으니 식당에서 사용하는 스테인리스나 플라스틱 수레 중에 튼튼한 것으로 골라도 됩니다.

학교에 승강기가 설치되어 있다면 공구를 수레에 담아 한 번에 승강기로 운반하는 게 손에 들고 다니는 것보다 편하고 안전합니다. 이 수레 위에 상자나 통을 두고 망치, 톱, 장갑, 자 등을 모두 넣고 다니면 이동과 보관이 모두 편리합니다.

이름과 명패 달기

목공실 이름은 '뚝딱이방'입니다. 서울신은초등학교 목공실도, 테헤란한국학교 목공실도 모두 '뚝딱이방'이라고 붙였습니다. 망치 소리를 흉내 낸 의성어가 목공방의 특성을 잘 살리는 예쁜 이름이라고 생각합니다.

목공을 배우던 초기에 산 콤팩트 루터로 삼나무에 양각으로 새겼습니다.

투박하게 양각한 뚝딱이방 명패
어설픈 기술로 처음 만든 것을 계속 쓰고 있습니다.

지금 보면 참 어설프기 그지없습니다. 새로 만들 만도 한데 무엇보다 정이 많이 들어 계속 사용하고 있습니다.

상징물 설치

여느 교실처럼 숫자나 글자로 된 이름표만으로는 목공방을 알리기에 부족한 느낌인 데다, 신나고 따뜻한 공간이라는 것을 아이들에게 알리고 싶어 뚝딱이방 이름표와 어울릴 특별한 상징물을 만들기로 했습니다.

무엇으로 만들까 고민하다 예전에 본 장난감 마을 풍경에 착안해 기차 모양 상징물을 만들었습니다. 나무 장난감으로 세계적인 명성을 얻고 있는 독일 자이펜에 대한 다큐멘터리를 굉장히 인상 깊게 본 적이 있는데 그곳의 한 장난감 가게 앞에 있던 나무 기차가 눈에 쏙 들었던 참이었습니다. 그 모양과 비슷하게 스케치업으로 도안하고 나무풍경 공방에서 얻어 온 24T 두께의 소나무 자투리를 가공해 맞춰 보았습니다. 소나무를 결 방향으로 길게 켜고 치수에 맞게 자르는 일은 뚝딱이방 초기에 구입한 띠톱으로 쉽게 마쳤습니다. 재단톱으로 가공한 것보다 마감면이 정교하지는 않지만 상징물에 알맞은 완성도는 얻을 수 있었습니다.

바퀴는 목봉(원통형 가공목)을 잘라서 붙였습니다. 가지치기된 나무를 이용했다면 나이테가 있어서 더 자연스러웠을 거라는 아쉬움이 남아 있습니다.

그리고 공방에서 나무와 함께 얻어온 셸락shelloc 칠로 마감했습니다. 셸락은 아주 빨리 말라 칠 결과를 바로 알 수 있는 도료입니다. 게다가 반투명으로 칠해지면서 나뭇결이 드러나기 때문에 나무 특유의 무늬를 느낄 수 있게 합니다. 여러 번 칠할수록 색이 점점 진해져 원하는 농도에 맞춰 작업할 수 있습니다.

뚝딱이방 상징물을 스케치업으로 설계한 모양
전체적인 균형에 맞춰 각 부분을 조정하며 치수와 수량을 구했습니다.

위 설계도대로 만들어 셸락으로 칠해 출입문 위에 설치했습니다.

활용

서울신은초등학교 뚝딱이방은 학교 목공 교육으로 매우 활발한 곳입니다. 동아리 활동, 연수, 목공 교육 지원, 학생 복지 프로그램, 공구와 재료 보관 및 공급 등으로 분주합니다.

학생들은 학기마다 정규 교육 과정으로 편성돼 있는 5, 6학년 문화예술체육교육(이하 문예체 교육)의 목공 교육 시간에 뚝딱이방을 이용합니다. 학부모 동아리는 이곳에서 매주 1회 이상의 정기 모임을 하며 학교 공용 목제품을 만들며 회원 교육도 병행합니다.

뚝딱이방은 규모가 작습니다. 동아리나 소집단 연수에는 뚝딱이방만 단독으로 써도 활동이 가능하지만 정규 교육이나 특별 프로그램을 운영할 때는 옆에 있는 실과실을 함께 이용합니다. 실과실은 평소 조리 실습과 방과 후 교실 등 여러 교육 활동을 하는 다목적실입니다. 그래서 실습대 위에 덮개형 목공용 작업대를 올려 놓고 목공 작업을 합니다. 학생들은 뚝딱이방에서는 전동공구 사용 작업을 하고 실과실에서는 대부분 조립이나 자르기 등의 여러 작업을 합니다.

지금 저는 서울신은초등학교에 없지만 목공에 관심 있는 선생님께서 계속 관리·운영하시고 학부모 동아리도 탄탄하게 지속적인 활동 중입니다. 저도 방학이면 찾아가 뵙고 정보를 나누고 있는데, 학부모 동아리가 맥을 이어 가는 모습이 매우 뿌듯합니다.

양천구청에서 지원한 예산으로 가족 목공 교실을 뚝딱이방과 실과실에서 주기적으로 열었습니다.

뚝딱이방에서 학부모 동아리 회원들이 정기 모임을 하며 기능을 익히고 서로 나눕니다.

| 테헤란한국학교 뚝딱이방 |

2017년 새 학기부터는 이란에 있는 테헤란한국학교에서 파견교사로 아이들을 가르치기 시작했습니다. 근무지를 옮기면서도 목공을 할 수 있을지 여부도 모른 채 항공 우편으로 끌과 톱, 대패 등 수공구 위주의 개인 공구를 부쳐 두었습니다.

전교생이 여섯에서 열다섯 명 사이를 유지하는 학교로, 교육 과정 중에 마지막 7교시에는 교사가 학생들의 특기 신장을 위해 방과 후 교실을 운영해야 합니다. 이 시간에 목공을 하면 알맞겠다는 생각에 공간과 시설 구성을 고민했습니다.

여덟 가구가 거주할 수 있는 4층 주거형의 낡은 건물을 빌려 쓰는 테헤란한국학교에는 작은 공간들이 제법 있습니다. 하지만 이미 여러 용도로 사용되고 있었고 여유 교실이 있어도 주말(이란은 목요일과 금요일) 오전에는 이곳 교포 자녀를 위한 한글 학교, 평일 저녁에는 이란인들에게 한글을 보급하는 세종학당과 겸해 사용하기 때문에 제 마음대로 쓸 수는 없었습니다.

첫해 학기 초에는 쓰던 교실이 제법 넓어 그곳에서 목공과 관련된 기초적인 개념을 알려주고 칼로 나무를 잘라 보는 실습을 해 보았습니다만 부족함이 많았습니다. 교실에서 목공을 하면 늘 쉽게 접근할 수 있다는 장점이 있지만 건강과 직결되는 먼지를 거르기가 어렵고 교실에 공구를 보관하거나 작업용 나무를 둘 자리도 확보하기 어렵다는 단점이 있었습니다.

장소를 마련하기 위해 건물 구석구석을 둘러보다 쓸 만한 곳을 발견했습니다. 교실로 쓰는 방들 사이에 작은 창고가 층마다 두 개씩 있었는데 그곳들에 방치된 물건들을 버리거나 정리하면 4층에 있는 창고 하나를 확보할 수 있을 것 같았습니다.

학생들이 쉬는 이란 현지 설날('노루즈'라고 합니다)을 맞이하여 선생님들과 이란인 직원 두 분이 힘을 합쳐 대청소를 시작했습니다. 4층 꼭대기 창고에 있던 고장난 악기 등을 버리고 쓸 만한 것을 선별하며 정리했습니다.

오랜 시간 쌓인 먼지와 쓰레기를 다 치웠더라도 아이들 작업실로 쓰기에는 너무 낡은 부엌 가구가 그대로 있고 칙칙하여 어두운 분위기를 바꿔야 했습니다.

우선 벽과 녹슨 수납장에 칠을 하니 분위기가 달라졌고 나무판을 얹으니 나무색으로 인해 전체적인 느낌이 따뜻해졌습니다.

그리고 새롭게 칠한 벽면 한쪽에 실용성과 미관을 위해 나무판을 붙였습니다. 합판을 올려 붙이고 20㎜ 각재로 테두리를 둘러 장식해 주니 보기에도 훨씬 좋아졌고 작업대 모서리의 마모 방지 효과도 생겼습니다.

모두 수공구로만 자르고 깎으며 작업하려니 시간이 많이 걸렸습니다. 그래도 슬슬 모양이 갖춰지는 변화에 힘든 걸 잊고 작업을 계속 했고 일단락을 지으니 정말 뿌듯했습니다.

진열할 벽면을 만들고 나서 물건을 올려 둘 선반을 만들었습니다. 나무를 직접 깎아 나무못을 만들어 진열용 벽에 박아 망치나 안전 칼을 걸었습니다. 한국에서라면 '도웰'이라는 여러 크기의 나무못 중에 알맞은 것을 찾아 구멍에 끼우면 됐겠지만 테헤란에서는 하나씩 칼로 깎아 만들었습니다. 분명히 인터넷이나 부품 상점을 돌아다니면 있었겠지만 찾지 못하여 급한 대로 몸이 고생할 수밖에 없습니다.

① 오랜 시간 방치되어 더러웠던 폐자재 창고를 정리해 장소를 마련하고 칠을 시작했습니다.

② 칠과 작업대 정리를 마치니 제법 그럴듯한 공간으로 보입니다.

③ 작업대를 완성한 후 아이들이 설계도를 떼었다 붙일 수 있는 자석을 달았습니다. 수납장을 손본 다음 문에는 옷걸이를 만들어 걸었습니다.

④ 벽에는 자주 쓰는 수공구를 걸어 두어 아이들이 쉽게 쓸 수 있게 꾸몄습니다. 장소가 좁아 안전을 위해 큰 톱과 끌은 따로 공구함에 넣어 보관합니다.

테헤란에서 나무 사기

도구와 장소는 준비가 되어 가니 본격적으로 재료를 준비하기로 했습니다.

이란에서 어려운 것 중에 하나가 한국처럼 신속하고 정확한 물건 구매입니다. 의사소통 문제로 매우 제한된 정보에 의지해 제품을 살 수밖에 없는 것도 답답한데 판매자나 직원의 태도 또한 한국과 다릅니다. 한국에서는 주문한 물건이 부족할 때 판매자가 물건을 확보하려 노력하고, 이후의 관련 일정과 계획에 대해 구매자와 충분하게 의사소통을 합니다. 하지만 이란은 한국과는 다르며 처음부터 급하게 생각하면 안 된다는 것을 여러 번의 경험 끝에 알게 되었습니다.

이란 미술 선생님의 도움으로 목재 판매상 밀집 지역을 알아내고 이란인 직원과 함께 시장 조사를 하러 나갔습니다. 한국에서는 주로 인테리어 자재로 사용되는 러시아재 침엽수 목재나 MDF, 칩보드를 판매하는 상점들이 많았고 가구용으로 쓸 만한 목재를 파는 곳은 찾지 못했습니다.

이곳 저곳에 물어 아이들 실습 재료로 쓸 만한 소나무 목재를 파는 곳을 발견했습니다. 품목과 수량을 상점 직원과 다 확인하고 온 다음 날, 학교 이란인 직원이 목재 상점에 전화해서 주문하려고 하니 그곳 점원이 무슨 나무를 원하는지 모르겠다고 합니다. 우리 학교 이란인 직원도 정말 황당하다는 반응을 보였습니다. 어제 함께 목재 규격을 확인하며 명칭과 가격을 조율했었는데 뭘 말하는지 모르겠다면서 납품할 수 없다고 하니 어이가 없

이란 테헤란 시내의 공구 상점이 밀집된 이맘 호메이니 거리 풍경 간판 그림이 친숙합니다.

가장 유용한 탁상 드릴과 각도 절단톱을 갖추니 마음이 아주 든든합니다.

었습니다. 현장에서 물건 종류와 가격, 수량도 확인하고 내일 주문하겠다고 이야기를 한 뒤 학교로 돌아와 행정 절차까지 끝냈는데 못 판다고 하니 허탈하게도 결국 구매하지 못했습니다.

며칠 후 그 목재상을 혼자서 다시 찾아갔고 마침 다른 직원과 의사소통이 잘돼 목재를 학교에 들였습니다. 우여곡절 끝에 교재 보관 창고에 여러 목재가 쌓인 걸 보니 마음 든든하고 기뻤습니다. 그 이후에도 학교 물품을 구매하면서 비슷한 상황을 여러 번 겪다 보니, 한 번에 일이 잘 끝날 거라는 기대는 접고 느긋한 마음으로 '인샬라'를 읊조립니다.

공구

서울로 치면 용산역 위치인 테헤란의 이맘호메이니역 근처에는 다양한 공구상이 있습니다. 서울의 고척동이나 구로 공구 상가와는 비교할 수 없지만 목공에 필요한 공구는 작은 골목들을 찾아 보면 거의 다 얻을 수 있습니다.

여러 매장을 돌아다니며 필요한 물품의 보유 여부와 가격을 확인하고 구매 결정 과정을 거쳤습니다. 물건을 받는 과정에 작은 사건들이 빠지지 않았습니다. 분명히 물건을 주문할 때 배송비를 포함해서 산다고 해도 물건을 배달하는 사람이 운송비를 따로 요구했습니다. 큰 돈은 아니지만 회계 처리를 다시 해야 하는 번거로움 때문에 납품 업체에 전화해서 해결했습니다. 역시 이란에서는 한 번에 쉽게 잘 끝나는 경우는 드뭅니다.

목공 교육 시작

새로운 배움터이자 놀이터가 생긴 것은 기쁜 일이라 테헤란한국학교 뚝딱이방을 여는

테헤란한국학교 뚝딱이방 명패입니다. 오른쪽에 이란어와 영어로 병기했습니다.

저학년 아이들은 주로 작은 톱과 칼로 장난감을 만듭니다.

날은 아이들, 선생님, 이란 현지 선생님께 뚝딱이방을 공개하고 아이스크림을 나눠 먹었습니다.

차근차근 뚝딱이방을 마련하고 나무와 공구를 갖췄으니 아이들과 본격적으로 목공 교육을 시작했습니다. 장소가 좁고 장비가 충분하지 않아 한국에서처럼 큰 것을 만들 수는 없지만 갖고 있는 나무를 이용할 수 있으면서 아이들이 좋아할 만한 주제를 찾아 활동하고 있습니다.

작은 나뭇가지를 이용한 칼질, 설계하는 방법, 전동공구로 구멍을 파고 칼로 깎은 부품 끼워 맞추기 등을 1학년부터 6학년까지 모두 매주 1~2시간씩 하고 있는데 같은 주제를 하더라도 저학년과 고학년에게 어떻게 다르게 접근해야 할지 늘 고민됩니다.

아무래도 저학년은 근력과 지구력이 부족하고 작업 과정에 대한 이해가 느려서 고학년 학생보다는 만드는 작품 수가 적습니다. 고학년에게는 조금 더 다양하고 자세한 설계를 요구하고 깔끔한 마무리를 하도록 요구하며 목공에 대한 기초적인 감각을 기르도록 하고 있습니다.

해가 갈수록 아이들도 기능이 늘어나고 안전한 작업 태도가 습관이 되면 실생활에 필요한 소품들을 만드는 생활 목공 영역으로 넓혀 보려고 합니다.

테헤란한국학교 학부모 목공 교실

한국에서처럼 이곳에서도 학교 교육 이해와 학부모와의 소통을 위해 목공 교실을 학기별로 1회씩 했습니다. 1학기에는 전동공구가 없어 끌과 톱만을 이용한 냄비 받침을 만들었

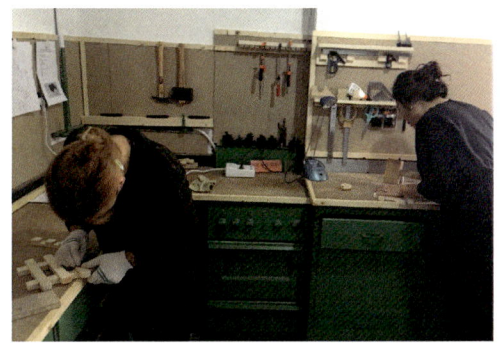
테헤란 학부모 교실 1기
몇 개의 수공구로 냄비 받침을 만드는 중입니다.

테헤란 학부모 교실 2기
어머니들이 어린이용 사각 스툴을 조립하고 있습니다.

습니다. 2학기에는 각도 절단톱과 탁상 드릴을 갖춰서 장부 기법을 이용해 아이들용 사각 스툴을 만들었습니다.

충분한 시간을 갖고 천천히 하나씩 기능을 익혀야 하는데 정해진 시간에 비해 다소 빡빡한 내용으로 학부모 교육 내용을 짰습니다. 1회당 두 분의 학부모가 참여하므로 교사가 직접 보조하고 작업을 거들면 여러 가지를 압축해서 가르칠 수 있겠다는 욕심을 냈습니다. 완성된 의자를 자세히 살펴보면 여러 군데 틈이 있고 직각이 맞지 않은 곳도 있습니다만 무사히 잘 끝났고 아이들이 쓰고 있습니다.

서울신은초등학교처럼 학부모 목공 동아리를 구성할 수 있을지는 불확실합니다만 이후에는 학부모들의 의견을 수렴하여 동아리 개설 여부를 결정하려고 합니다.

앗, 호두나무다!

이란에는 흔히 척박한 땅만 있다고 생각하지만 이란 북부에는 우리에게 친숙한 카스피해가 있으며 한국과 비슷한 푸른 숲도 많습니다. 눈 덮인 산과 수량 많은 계곡, 커다란 아몬드나무와 호두나무도 곳곳에 우거져 있습니다.

이란 중부 지역의 어비어네^{Abyaneh}라는 민속 마을의 전통공예품 가게에서 눈에 번쩍 뜨이는 호두나무를 만났습니다. 썩은 부분이 있기는 했지만 대패질과 끌질로 작은 물건을 하나 만들 수 있을 정도의 목재를 샀습니다. 학교로 돌아와서 톱으로 자르고 대패질을 했습니다. 중간에 자주 직각자로 세밀하게 측정하면서 각재를 만들어 보았습니다. 고학년 아이들에게는 대패질 실습을 시켜 보기도 했는데 대패 지나간 자리가 아주 매끄러운 것을 만져 보더니 감탄을 연발했습니다. 그래도 아이들과 함께 새로운 나무를 다루는 게 참 재미있습니다.

길에서 마주친 나무는 힘들어도 들고 와서 잘라 놓습니다.

이란 중부의 전통 마을을 구경하다 우연히 호두나무를 발견했습니다.

어비어네에서 구입한 호두나무 중 하나
버릴 곳을 계산하고 자른 다음 거친 면을 없애야 합니다.

켜는 톱이 없어 외날톱으로 애를 먹으며 두 쪽으로 가른 다음, 대패질을 계속해서 각재로 만들었습니다.

어비어네 Abyaneh

뚝딱이방 이야기

| 교사 동아리 |

서울신은초등학교에 뚝딱이방을 꾸린 후 중요한 과제는 목공 교육을 위해 선생님들과 재능을 나누는 것이었습니다.

그래서 먼저 교사 연수를 실시했습니다. 개교 직후에 몇 차례 연수를 했고 요구가 있으면 지원자를 대상으로 해마다 평균 1회의 연수를 했습니다. 교재는 각종 목공 서적의 자료를 발췌하고 나무풍경 공방의 회원 교육용 자료를 협찬받아 이용했습니다.

연수를 마치고 교사 목공 동아리도 만들었습니다. 참여한 분들과 각종 공구들의 기본 사용법을 배우고 목공에 필요한 이론과 기술을 익혀 나갔습니다. 이때 필요한 실습 재료는 동아리 지원금으로 편성된 예산으로 구입했습니다. 첫해 연수에서는 개인 독서대를 만들었는데 일부는 도서실에 학생용으로 기증했습니다.

목공에 관심은 있으나 미처 시작하지는 못했던 선생님들의 높은 호응 덕에 선생님들과 정기적으로 모여서 학생들이 쓸 의자, 책상 등의 작품을 만들면서 생활 목공 기능을 집중적으로 익혔습니다. 이를 통해 선생님들이 공구에 대해 갖고 있던 막연한 두려움을 없애고 목공의 재미, 교육적 효과를 함께 나눴습니다.

그러나, 시간이 흐르면서 교사 목공 동아리는 자연스럽게 해산되었습니다. 혁신학교 운영에 따른 여러 업무로 인해 동아리 활동 시간이 부족해졌다는 점이 가장 큰 원인이었다고 생각합니다. 담당 교사인 저조차 교사, 학생, 학부모 동아리 세 조직 모두를 책임지고 운영하기는 어려웠습니다. 그리고 또 하나는, 교사들 스스로 목공에 대한 생소함이 많이 사라졌고 초등학생을 지도할 수 있는 정도의 능력은 습득되었기 때문입니다.

길게 유지되지 못한 것에 대하 아쉬움이 있지만, 교사 동아리 활동을 통해 학교 전체적으로 목공 경험을 하신 분들이 늘었다는 것, 목공 노작 활동에 대한 이해를 높인 것, 만드는 재미와 보람을 여러 선생님과 나눈 것은 큰 소득입니다.

학생용 가구 제작을 의논하는 교사 목공 동아리 회원

원형톱으로 마름질을 하는 교사 목공 동아리 회원

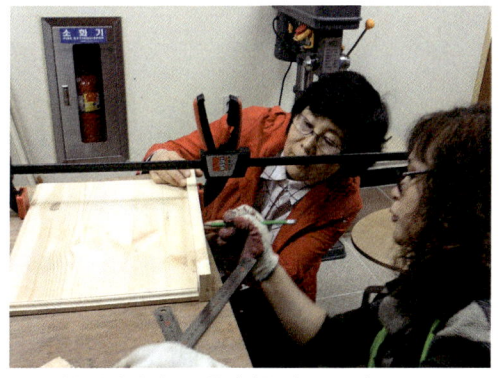
교사 연수에서 협업으로 독서대를 만드는 모습

위와 똑같은 구조의 독서대를 소나무로 만들어 도서실에 두었습니다.

교사가 만든 탁자와 의자

넓은 복도에 아이들이 쓸 긴 의자도 만들었습니다.

| 학생 동아리 |

서울신은초등학교에서는 혁신 학교 운영 방향에 따라 문화 예술적 감성 교육의 비중을 높이고 학생 자치 활동을 늘리고자 했습니다. 그 한 실천으로 교사들이 학생 동아리 조직에 자발적으로 나서는 가운데 저도 학생 목공 동아리를 시작했습니다. 대여섯 명의 아이가 참여한 학생 목공 동아리에서는 목공에 대한 기본적인 지식을 배우고 작품의 완성을 목표로 하기보다는 나무로 노는 활동을 주로 했습니다.

2013년에는 학생과 학부모 목공 동아리를 혼자서 지도했지만 2014년에는 교사 동아리 활동으로 기능을 익힌 다른 교사가 학생 동아리를 담당했습니다. 지도교사와 목공 동아리 학생들이 방과 후에 정기적으로 모여 뚝딱이방에서 활동을 이어 나갔지만 아쉽게도 그다음 해에는 더 이상 맥을 잇지 못했습니다. 그 원인을 먼저 교사 측면에서 찾는다면, 지도자가 한정된 상황에서 다양한 업무를 하며 동아리 지도를 계속하기는 부담이 컸습니다. 아이들 처지에서 보면 동아리 활동이 즐겁기는 하지만 학원 공부와 또래와의 놀이가 더 우선이 될 수밖에 없었습니다. 뚝딱이방에서 활동하는 특별한 동아리라고 자랑을 하지만, 공부도 해야 하고 놀기도 빠질 수 없으니 꾸준하게 정기 모임에 참석하기는 어려웠을 겁니다.

학생들이 능동적으로 함께 배우는 공동체를 만들어 가는 풍토를 조성하자는 취지는 교사에게 훨씬 더 많은 준비와 노력을 요구합니다. 동아리 활동을 학교의 핵심 사업 중 하나로 선택하려면 당위성만으로는 부족하고 교사들의 협의와 합의가 선행되어야 합니다. 거기에 다른 업무를 통합하거나 줄이고 학교 교육 과정에 공식적으로 학생 동아리 지도를 넣어 관련한 지원 사항을 명시해야 합니다.

교사가 주도적으로 운영할 수 없디면 학부모 동아리에 먼저 집중해서 구성원의 역량을 늘린 다음, 학부모 동아리에서 학생 동아리 지도를 맡는 것도 한 방법이 될 수 있습니다.

뚝딱이방 초기에 목공 동아리 학생은 특별히 만들 게 없어도 공부가 끝나고 와서 노는 걸 좋아했습니다.

| 학부모 동아리 |

선생님들은 학교 공동체의 한 구성원인 학부모 참여에 대해 많이 고민했습니다. 학부모에게 학교의 문예체 교육을 소개하면서 학교 교육에 대한 이해의 폭을 넓히는 것도 필요했습니다. 그런 배경에서 혁신학교 교육의 동반자로서 연대할 수 있는 학부모 동아리 운영 제안이 교원회의에서 나왔습니다. 초기에 교사가 장소와 내용을 지원하면 학부모 동아리는 자생력과 추진력을 얻어 지속될 수도 있다는 여러 사례를 참고해 바로 행동으로 옮겼습니다. 학부모 목공 동아리를 비롯해 학교에서 개설하려는 여러 학부모 동아리에 대한 가정통신문을 통한 신청을 받아 첫발을 내디뎠습니다.

설명회

장소가 좁기 때문에 최대 인원 10명으로 계획했습니다. 첫해에는 신청자가 적어 별도의 선발 절차가 없었지만 이듬해부터는 지원자가 많아 시청각실에서 사전 설명회를 했습니다. 학부모 목공 동아리의 성격과 활동 방향에 대해 정확한 정보를 제공해 참여 가능 여부를 판단하시는 데 도움이 되도록 했습니다. 아래는 매년 학기 초에 학부모 동아리 운영 설명회 때 드린 말씀의 주요 내용입니다.

- 학교 목공 교육 소개
- 학부모 목공 동아리 취지(학부모와의 소통과 연대, 평생 교육, 새로운 자기 발견)
- 학부모 동아리 운영 시간과 방법
- 과제 안내(나뭇가지로 소박한 작품 만들기: 작품 예시, 만든 결과로 우열을 가리는 게 아니라 동기와 과정을 발표하시는 게 더 중요하다고 거듭 말씀 드림)
- 목공에 대한 오해(경제적 측면의 이익이 적음)와 노작 활동의 힘겨움(우아하지 않으며 부상도 당할 수 있다는 약간의 안전 교육)에 대한 이해
- 합격자가 많을 경우 반을 나눌 가능성

🔨 과제 확인과 동아리 구성

설명회를 마치고 일주일 후에 다시 만나 각자 수행한 과제를 참가자들 앞에서 발표하는 자리를 가졌습니다. 나뭇가지로 그네, 자동차 모형, 인형과 작은 생활용품 등을 만들어 오셨습니다.

이날 진행은 아래와 같았습니다.

- 참가 작품 관람(이후에 일정 기간 전시하고 학교 축제 때나 동아리 홍보에도 이용했습니다)
- 한 분씩 작품의 의도와 제작 과정 설명

부끄러워서 내밀지 못하시는 분도 계셨지만 그 작품들을 만든 사연이나 과정이 더 인상적인 경우도 여럿 있었습니다.

합격자가 많아서 처음에 두 반으로 편성한 적도 있었지만 직장, 이사, 학생 졸업 등의 이유로 줄기도 해서 평균 열 분 내외의 회원으로 유지되고 있습니다.

🔨 초기 교육

집중적으로 목공 기능 교육을 시작했습니다. 교사 목공 동아리와 같은 교재를 바탕으로 뚝딱이방 이용 시 지켜야 할 사항과 더불어 기초적인 기술 내용부터 단계별로 교육을 시작했습니다.

〈뚝딱이방 이용 시 지켜야 할 사항〉

- 학부모 동아리 운영 취지를 염두에 두기(지속하기 위한 학부모들의 협조 사항)
- 회원 상호 예절 지키기(학교는 공적 공간이므로 호칭 주의)
- 뚝딱이방 이용은 학생 교육이 최우선, 사용 시간 유의 요망
- 안전 수칙 준수: 사고 방지를 위해 사설 공방과 달리 조금 더 엄격하게 함
- 정리와 청소 습관: 공용 장소와 공구이므로 사용 후에는 공구를 제자리에 정리하고 톱밥을 비롯한 쓰레기는 바로 치우고 청소기로 마무리해야 함
- 목재 사용: 학교 목재는 공용이므로 사적 용도로 사용할 수 없고 학생용품 제작과 연수에만 사용함. 남은 목재는 종류별로 분류하여 정해진 장소에 보관

<기초 교육 내용>
- 생활 목공 기능: 가구 얼개 분석하기, 목재의 종류와 구조, 소재와 내구성
- 설계도에 다른 부품 산정과 마름질
- 작품 설계도 그리기: 학교 컴퓨실에서 설계 프로그램 '스케치업' 사용법 교육
- 학생용 가구 제작 1: 나사못으로 조립하는 여러 가지 학생용 탁자 만들기 실습
- 학생용 가구 제작 2: 장부를 이용한 긴 의자 만들기, 등받이 의자 등
- 마무리와 칠 방법: 사포 방법과 칠의 종류
- 개인 작품 제작 협조: 이후 학부모 개인의 작품을 만들 수 있는 시간과 공구 활용 등에 대한 안내

대물림 교육

해가 바뀌면 학부모 동아리 선배가 신입 회원 신청자에게 과제를 안내하고 회원을 받아들입니다. 신입 회원 교육도 교사와 학부모가 역할을 나눠 함께 합니다. 선배 회원 한두 명이 도맡아 하는 게 아니라 모든 인원이 분야별로 내용을 나눠서 교육자로 조금씩이라도 참가합니다. 가르치면서 기능이 향상되기도 하고 자기 기량을 확인하는 기회가 될 수도 있으니 신입 회원 교육자로 참가하기를 독려합니다.

이론 교육은 교재를 바탕으로 최대한 실습을 많이 했습니다. 학교 이곳저곳에 필요한 학생용 가구 제작 실습을 하면서 교육을 하니 효과가 높았습니다.

제가 담임 교사를 할 때는 교육 시간을 교과 시간에 맞추고, 교과 담당 교사이면서 업무팀 보직 교사를 할 때는 빈 시간으로 동아리 교육 시간을 바꿨습니다. 시간이 흐르고 모임이 안정되면서 회원들이 자발적으로 동아리 대표자도 뽑고 교육에 적극 참여하는 등 스스로 움직이는 힘이 생겼습니다.

발전

한 학기의 집중적인 교육 후에는 학부모들 스스로 작업 진행이 가능하게 되어서 오랜 시간 뚝딱이방에서 지켜보지 않아도 될 정도가 되었습니다. 작업 방법을 설명하면 빠르게 이해하고 안전 수칙을 지키며 제작 활동을 했습니다. 정기 모임일에는 당일 활동에 대한 안내를 하고 자리를 비우는 것도 가능했습니다. 제 역할은 나사못이 부러지거나 장부 구멍 크기가 안 맞을 때, 조립할 부품이 어긋나는 등의 문제가 생길 때 도움을 드리는 정도

면 되었습니다. 그리고 개인 작품 제작을 위해 나무를 사는 곳, 재단표 검토, 공구 구입 방법 등을 알려 드렸습니다.

아래는 동아리가 정착되면서 추가했던 교육 내용과 안내 사항입니다.

〈추가 교육과 안내 사항〉
- 개인 공구 구입 상담: 의욕만 앞서서 불필요한 공구에 돈을 썼던 개인적 경험을 설명하며 같은 실수를 되풀이하지 않으시도록 시간을 두고 지속적으로 안내
- 학교 장식품: 구름 의자(단순한 사각형 의자가 아니라 사다리꼴이면서 의자 깔판을 오목하게 팜), 그네(구조재와 산업 구조용 철물을 이용한 실내용 그네)
- 숫돌로 끌 갈기, 기계로 끌 갈기
- 대패 사용과 대패 날 갈기
- 공구수납용 소품 만들기: 끌 보관함 등
- 전동공구 사용 방법: 루터 사용법과 날 바꾸기
- 재단톱 사용 방법: 반복적인 일, 안전한 작업을 위한 썰매^{sled} 이용하기
- 전동공구 관리 요령: 띠톱과 탁상 드릴의 간단한 고장 바로잡기
- 개인 작품 설계 상담: 구조에 대한 조언, 더 용이한 가공 방법과 위험 요소 제거

보조교사 활동

학교 외부의 정치적 상황이 변하면서 혁신학교에 대한 지원이 계속 악화되었습니다. 예산 절감을 위해 여러 제안들이 협의되었고 그 한 해결책으로 목공 교육은 담임교사와 학부모 동아리 회원이 협력하여 지도하게 되었습니다. 전례 없던 새로운 시도를 시작했고 지금까지 이어지고 있습니다. 자세한 이야기는 '사례와 준비' 부분에 있습니다.

한 반에 두 분의 학부모님들께서 보조교사로 참여하시는 것으로 하고 사전 준비와 관련된 교육을 따로 했습니다.

지역 봉사 활동

동아리 활동이 정착되면서 지역 사회에 봉사할 수 있는 방법을 고민했습니다. 인근에 어린이 보호 시설이 있어서 그곳과 협력하여 필요한 가구를 만들어 기부했습니다. 배우고 나누며 기여하는 동아리 풍토를 만드는 괜찮은 방법이라 앞으로도 여러 단체에 봉사하며 지속되길 바랍니다.

🔨 학부모 동아리 활동 - 교육과 실습

매년 새 동아리 회원을 맞이하면 일정한 기간 동안 학생용 가구를 만드는 실습을 위주로 기능을 익혔습니다. 예전에는 지도교사에게 의존했지만 이제는 경험이 쌓인 회원들이 재능을 나누며 이어 가고 있습니다.

🔨 학부모 동아리 활동 - 학생 공용 가구 만들기

서울신은초등학교 복도는 다른 학교보다 넓고 공용으로 쓸 만한 장소들이 있었습니다. 그래서 아이들이 앉아 쉬거나 조별 활동에 도움이 되는 가구를 만들어 두었습니다.

🔨 학부모 동아리 활동 - 학교 축제 마당(체험과 전시)

해마다 학교 축제 기간에는 아이들에게 나무를 경험하는 마당을 열었습니다. 경력과 기술이 쌓이면서 동아리 회원의 작품 전시회를 열기도 했습니다.

뚝딱이방 이야기

🔨 학부모 동아리 활동 - 학교 축제 마당(협동 작품 만들기)

🔨 학부모 동아리 활동 - 그네 만들기

서울신은초등학교에는 그네가 없으니 만들어서 복도에 비치해 두자는 제안이 있었습니다. 저도 처음 만들어 보는 데다 아이들이 이용하다 다치면 안 되기에 튼튼하게 만드는 데 중점을 두었습니다. 비록 제가 조언을 여기저기서 들어 설계하고 부품을 조달하긴 했지만 어려운 작업을 해 내신 학부모님들의 실행력에 놀랐습니다.

🔨 학부모 동아리 활동 - 학교 꾸미기

승강기 앞에 앉아서 기다릴 수 있는 '꿈에 닿는 사다리 의자'를 만들었습니다. 그 밖에 여러 용도로 놀 수 있는 오두막도 만들었는데, 독특하고 재미나며 학교에 아기자기함을 더해서 아이들이 아주 좋아하는 곳이 되었습니다.

🔨 학부모 동아리 활동 - 개인 작품 만들기

학교 공용 가구를 만드는 과정을 거치며 기능 수준과 욕구가 높아진 학부모님들은 개인 작품을 만들기도 했습니다. 제작품은 작은 소품에서부터 전등과 미닫이장, 커다란 침대까지 아주 다양했습니다.

뚝딱이방 이야기   117

서울신은초등학교 사례 소개
학교 현장 적용을 위한
공구와 소모품 준비

사례와 준비

| 사례1 - 정규 학습 시간 문예체 교육 |

 **2011학년도 - 출발**

  9월에 개교를 준비하면서 교원들은 혁신학교 교육 방향에 맞추어 아이들에게 문화예술 교육(이하 문예체 교육)을 내실 있게 하자고 합의했습니다. 그에 따라 학년마다 문예체 교육 과목을 짜면서 목공을 5, 6학년 내용으로 넣었습니다. 이어서 해당 과목을 지도할 전문 외부 선생님을 따로 모시기로 했으며 각 분야에서 훌륭하신 선생님을 소개받거나 직접 선발했습니다.

  담임 교사도 아이들과 함께 배우며 교육 내용을 살펴보고 이후에 학교에 적용해 보는 역할을 하기로 했습니다. 5학년 목공 과목에는 선생님을 따로 모시지 않고 제가 담당하며 직접 가르쳤습니다. 외부 선생님을 급하게 찾기 힘든 데다 정규 교육 과정에 처음 적용하는 목공 교육을 정착시키기 위해서는 직접 가르쳐 보며 운영 방향과 방법을 모색하는 게 맞다고 생각했기 때문입니다. 또한, 새롭게 만들어 가던 목공실 '뚝딱이방'의 효용에 대한 공감대를 만들고 빈약한 시설을 점차 확대하는 데 필요한 선택이기도 했습니다.

개교 당시에는 아이들에게 문예체 과목 선택권이 있었습니다. 자기가 고른 과목을 더 열심히 배울 거라는 믿음이 있었고 개교 초기라서 학생이 많지 않아 가능했습니다. 학생 선호도 조사를 거쳐 반을 구성하고 자율적으로 인원을 조정하는 데 별 어려움은 없었습니다.

창의적체험활동 연간 시수의 일부로 5, 6학년 학생들이 학기마다 2시간씩 10회, 총 20시간의 목공 시간을 갖도록 했습니다.

🔨 2012~2014학년도 - 변화

2012학년도부터 2014학년도까지는 목공실 운영도 정착되고 문예체 교육 운영 방식이 바뀌면서 지도 선생님을 따로 모셨습니다. 이때는 공방의 협조를 얻어 재료도 안정적으로 공급받을 수 있었습니다. 나중에 공방 선생님이 개인 사정으로 그만두셨는데도 마침 운이 좋아 공개 모집으로 미술과 목공을 접목하시는 선생님을 모실 수 있었습니다.

해가 바뀌며 혁신학교 운영 지원이 줄고 항목별 지출 비율 규정이 달라졌습니다. 학년마다 강사비 일부만 지원받는 상황을 맞아 선생님들이 문예체 교과목에 대해 고민을 많이 했습니다. 학교에서는 조금이라도 더 일관성 있으며 지속적이고 연계가 되는 프로그램을 운영하고 싶은데 학교 외부 상황은 어려워졌습니다.

아이들도 많아지고 예산도 줄어드는 상황에서, 학년별 교과목을 축소하되 장기적으로는 여러 교과목을 고르게 체험할 수 있게 하자는 선생님들의 협의 결과에 따라 문예체 교육은 학기에 한 가지씩 배울 수 있도록 정했습니다. 그렇게 1학년부터 6학년까지 거치면 문예체 영역에서 다양한 교과목을 경험하고 배울 수 있도록 설계한 것입니다.

목공은 5학년과 6학년이 1년에 한 학기씩 20시간, 시수 운영은 그대로 하되 내용은 지도하시는 목공 선생님마다 다르게 적용했습니다. 그리고 창의적체험활동 시간에 지도해야 할 여러 의무 지도 영역이 계속 생겨서 실과 교과 시간의 일부를 목공 시간으로 편성하기도 했습니다.

🔨 2015~2016학년도 - 자가 발전

혁신학교에 지원 예산 총액이 줄어든 데다 문예체 교육 강사비로 쓸 수 있는 예산 비율마저도 하향 조정 권고를 받았습니다. 선생님들은 2014학년도 말에도 그 해결책을 깊이 모색했습니다. 저는 한 방안으로서 '담임 교사가 목공을 직접 지도하고 학부모 목공 동아리 회원이 보조교사로 참여하는 교육 형태'를 선생님들께 제안했습니다. 2013년부터 시작한 학부모 목공 동아리 회원 개개인의 능력을 볼 때 목공 교육 보조는 충분히 해 낼 수 있다고 판단했기 때문입니다.

교실에서 학부모가 일상적으로 교육 보조를 하는 건 교사, 학부모가 처음 시도하는 일이었고 모두에게 부담스러운 면이 있었습니다. 동아리 학부모 입장에서는 기능에 대한 자신감 부족과 시간 및 체력적 부담이 당연히 발생했고, 교사 처지에서는 학부모와 교실에서 지속적으로 협력 지도를 한 경험이 없어 부담이었습니다. 그럼에도 불구하고 선생님들과 학부모 동아리 회원님 모두 협력 지도에 흔쾌하게 동의했고 2015학년도부터 지금까지 협력 지도를 지속하고 있습니다.

학부모 동아리가 교육 현장에서 보조 지도를 하는 것은 취미 생활과는 다른 교육 문제였으므로 학생 지도 요령, 교사와 학부모의 협력 방안과 역할 분담에 대한 사전 학습 등이 필요했습니다. 이에 대한 구체적인 내용은 부록에 따로 넣었습니다.

2017~현재 - 지속되는 목공 교육

떠나 온 학교지만 서류상의 재직 상태가 아직 서울신은초등학교라는 핑계로 방학 때면 학교를 찾습니다. 예전 선생님과 학부모 목공 동아리 회원님들과 소식을 나누고, 학교 교육 활동 보조와 동아리 활동 자체에 대한 이런저런 말씀을 듣습니다. 경험담, 무용담, 작은 사건 사고에 대한 이야기도 듣고 운영에 도움이 될 만한 것들을 알려 드립니다.

새로 오신 선생님들도 현재의 목공 교육 지도 체계를 충분히 이해하고 고맙게 생각하신다고 합니다. 앞으로도 지속될 수 있겠다는 희망에 무척 기쁘고 여러 분께 감사한 마음이 들었습니다.

| 사례2 - 가족 목공 교실 |

목공 시설 확충을 위한 예산 마련을 위해 구청에 '가족 목공 교실 운영'을 주제로 특별 활동 예산을 신청했고 300~400여만 원씩 2회 지원을 받았습니다. 구청에서 각 학교에 지원해 줄 수 있는 예산은 한정돼 있으므로, 우리 학교에서 이 사업으로 예산을 신청할지 여부를 교원회의 의결을 거쳐 진행했습니다.

2년 동안 계속 지원을 받아 가족 목공 교실을 성황리에 잘 마쳤고 덕분에 학교 예산을 아끼면서 학교에 필요한 공구를 지원 예산의 지침 범위 내에서 조금씩 더 확충할 수 있었습니다.

진행할 때마다 교육 일정을 정하고 가정통신문을 보내 날짜별 신청서를 받은 후 공개 추첨 혹은 공개 배정을 했습니다. 지도 강사는 저와 동료 교사가 맡았고 재료와 장비 모두를 학교에서 준비했습니다. 세 시간 정도의 작업을 통해 가족별로 한 개씩 완성품을 만들어 가는 교육 내용이었습니다. 교육이 끝날 때마다 사후 평가를 받아 보니 교육에 대한 만족도가 아주 높았습니다.

이 사업은, 비용과 노력을 투자해 마련한 뚝딱이방을 활발히 이용하면서 학교 목공 교육에 대한 학부모의 이해를 넓혔으며 지역 사회에 학교 교육 활동을 알리는 기회가 되었습니다.

관련한 계획서는 뒤에 '참고자료'로 덧붙였습니다.

 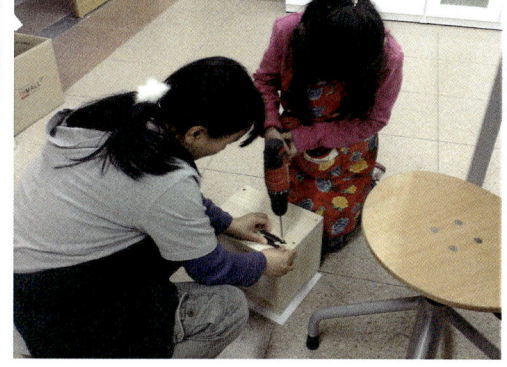

| 사례3 - 학생 복지 목공 교실 |

서울신은초등학교도 다른 학교처럼 사회적 배려 대상 학생을 위한 상담과 체험 학습 등 관련 복지 프로그램들을 학교에서 운영합니다. 그중 하나로 3, 4학년 해당 학생을 대상으로 외부 선생님을 모시고 방과 후 목공 교실을 열었습니다.

평소 학교 생활에 의욕이 적고 약간의 문제 행동이 있었던 학생이 이 프로그램을 계기로 새로운 재능을 발견하고 자신감을 갖게 되었다고 합니다. 교과 학습이 아닌 목공 노작 활동에서 즐거움, 보람, 재미를 느끼고 평소에는 몰랐던 자기 모습을 발견하는 계기가 되었습니다.

재료와 강사비는 물론 간식비 모두를 교육 복지 예산으로 편성하고 진행했는데, 학생들의 선호도가 높고 정서적 효과도 있으니 정규 교육 과정만이 아니라 특별 프로그램으로 운영해 볼 만합니다.

| 목공 교육 준비 - 지도교사의 자격 |

목동 지도가 가능한 교사가 학교에 있다면 여러 모로 이점이 많습니다. 하지만 보통의 경우 목공을 접하지 못한 선생님들이 훨씬 많은 대부분의 학교 상황에서 교사에게 필요한 태도는 무엇인지 살펴보겠습니다.

함께 배우려는 교사

선생님들의 능력은 매우 다양하고 훌륭하지만 많은 교과와 특별활동을 다 지도하기는 불가능합니다. 게다가 목공은 기계와 공구를 사용하므로 위험하다는 선입견이 있으며 많은 선생님들은 전동 드라이버 조작 경험조차 없습니다. 그렇다고 목공 교육을 포기하기에는 이릅니다.

교사도 배우면서 아이들과 목공을 하는 것입니다. 다른 예체능 분야는 선생님의 기능 수준을 능가하는 아이들도 간혹 있지만 목공에서는 그런 경우가 거의 없습니다. 목공에 관심을 갖고 배우고 싶다는 생각을 한 번쯤 해 보셨다면 충분히 가능합니다. 주변의 도움을 받아가며 소박하면서 간단한 목공을 시작할 수 있습니다. 칼과 톱에 대해 공부하고 연습해서 아이들과 목공을 할 수 있습니다.

욕심 부리지 않고 작은 것이라도 나무를 깎고 자르고 붙여 본다면 아이들과 목공을 하고픈 욕심이 생길 수 있습니다. 이렇게 재미있는 것을 아이들도 접할 수 있다면 여러 면에서도 효과가 좋고 의미가 많은 활동이라는 확신이 서서히 생깁니다.

선생님도 초보지만 아이들은 그런 게 있다는 것조차 모르는 경우가 대부분입니다. 따라서 지나치게 마음의 부담을 갖지 않아도 됩니다. 아이들에게 교사의 수준을 솔직하게 이야기하고 궁금한 점은 서로 해결하자며, 작품은 비록 의도한 대로 나오지 않더라도 의미 있는 배움의 기회라는 걸 아이들에게 꾸준히 일깨워 주면 됩니다.

단, 이왕이면 책이나 동영상을 보며 미리 공부하거나 주변의 경험자에게 조금씩 조언을 구하고 공구 사용법을 연습해 두면 실수를 많이 줄이게 되고 실력은 점점 나아집니다.

기술은 없으나 작업 과정을 이해하는 교사

어린이 목공 교육의 목적은 직업 기술 교육이 아니라 공간과 수를 이용한 작품 설계, 도구를 사용하는 기술, 돌발 상황에서의 문제 해결 능력, 미적 안목 신장, 안전 교육, 성취감과 따뜻한 감성 등의 다면적 체험을 목표로 합니다. 따라서 목공 기술이 없는 교사라도 다른 부분에 초점을 맞춰 지도할 수 있습니다.

공방에 다니며 교육을 받지 않아도 직무 연수나 여러 단체에서 실시하는 목공 체험 프로그램에 한두 번이라도 참가해 보았다면 목공 교육에 도전할 수 있습니다.

심지어는 작업 과정에 참관하는 것만으로도 안목이 높아져 아이들의 목공 작업에 조언을 해 줄 수 있습니다. 아주 적은 경험일지라도 그 상황에서 사용할 수 있는 기법과 도구를 전제로 교육 계획을 세우면 되므로 목공 교육을 시작하실 수 있습니다.

가능하다면 목재의 특징과 구입, 제작 작품 설계, 기초 공구 품목과 조달 방법에 대해서는 주변의 전문가에게 도움을 받는 게 좋습니다.

기술과 흥미를 가진 교사

최적의 자격 조건 중 하나입니다. 반드시 그렇다고 말할 수는 없지만, 아이들보다 교사가 월등한 기능을 갖고 있다면 교사 권위가 높아지며 교육이 쉬워질 수 있습니다.

교실에서 발견한 아이들의 특징이 하나 있었습니다. 학생들은 교사가 수학 연산을 잘 하는 것은 당연시하거나 대단하게 여기지 않는 경향이 있지만, 자기들이 처음 접한 남다른 능력을 갖고 있다면 교사를 우러러 보는 태도를 보이곤 한다는 것입니다. 남자아이들에게는 공놀이나 체조 등의 운동 시간에 그런 모습이 종종 나타납니다. 자기들보다 빠르게 공을 몰아 골을 넣거나 줄넘기를 능숙하게 하면 탄성을 내며 선생님을 경외합니다. 악기를 연주하거나 그림을 그릴 때도 그렇습니다. 게다가 자기들이 잘하고 싶은 걸 눈앞에서 별다른 어려움 없이 실행하는 교사를 보면 존경의 마음을 갖기 마련이라 이게 다른 교과에도 확대되어 학생 지도 효과를 높일 수 있습니다.

보통의 초등학생들은 목공을 잘 모릅니다. 관련 재료와 기술, 도구 모두 낯설 수밖에 없으므로 더 특별한 교육 활동입니다. 아이들이 아는 척하기도 어려워 기능이 뛰어난 선생님을 대하는 태도는 다른 교과에서 보이던 것보다 더 공손합니다.

또, 아이들은 매우 자기 중심적인 데다 호기심으로 재료와 공구를 사용합니다. 설명을 제대로 듣지 않고 재료를 다루거나 안전 수칙을 지키지 않고 공구를 써서 뜻밖의 위험한 상황을 만들기도 합니다. 톱날이나 톱자루를 상하게도 하고 끌을 망가뜨리기도 하며 엉뚱한 상태로 만들기도 합니다. 그런 돌발 상황에서 문제를 해결하지 못하면 아이들은 교사의 실력을 의심합니다. 반대로 그 상황에서 능숙하게 해결하면 아이에게 다른 세계의 사람처럼 신비감과 신뢰를 줄 수 있습니다.

교사의 숙달된 목공 기능은 직접적으로는 교육 활동 준비와 실행에 기여하고 더 나아가 목공실의 효율적 관리와 공구의 유지 보수, 안전 확보에도 이바지합니다.

⚠ 시범은 신중하게

목공 교육에서는 필요한 경우 아이들 앞에서 시범을 보여야 합니다. 선을 긋는 기초 기능이나 가장 많이 쓰이는 톱질과 끌질에 숙련된 기능이 있다면 아이들 앞에서 어떤 주저함이나 실수 없이 잘 보여 줄 수 있습니다.

하지만 다양한 목공 기술 숙련에는 많은 시간이 필요합니다. 게다가 나무라는 게 예상과 달리 속이 단단하거나 결이 어긋나 톱이 말을 듣지 않을 수도 있습니다. 처음부터 아이들에게 교사 자신도 함께 배우는 목공임을 밝힌다면 오히려 아이들은 선생님을 응원하거나 자기가 더 잘해 보려고 노력할 수도 있습니다.

만약 꼭 시범을 보여야 한다면 통제 가능한 재료와 도구를 사용해야 합니다. 예를 들어 톱질 시범을 보여 줘야 한다면 미리 잘라 봐서 이상이 없는 나무를 고르고 손에 익숙한 톱으로 연습을 마친 후에 보여 줍니다. 꼭 나무 길이나 굵기에 꽉 차게 끝까지 자를 필요는 없습니다. 첫 톱질에서 톱 길을 내며 나무를 잡은 손, 엄지 손가락의 위치, 톱이 지나갈 길만 얕은 깊이로 보여 줘도 효과는 충분합니다.

목공을 처음 접하는 아이들은 자신감이 넘쳐서 교사의 시범을 오래 집중해서 볼 인내심이 부족합니다. 대개 의욕적으로 조작하다가 실수를 연발하며 예상보다 잘 안 되는 걸 경험하고 나서야 도움을 청하고 선생님 시범을 보고 싶어 합니다. 심지어는 자기들이 왜 힘이 드는지 무엇을 틀리게 하는지도 모르고 땀을 흘립니다. 톱질을 한 곳이 가느다란 직선이 아니라 굵은 연필심이 오고갈 정도로 넓어지고 어긋나도 별다른 문제를 느끼지 못합니다. 교사는 아이들이 스스로 배움을 청하는 때를 기다리면 됩니다.

⚠ 도와주지 않기

작업을 하다 보면 아이들을 도와줘야 할 때가 있습니다. 원래 느린 아이, 게으른 습관이 있는 아이는 이미 파악이 되므로 그에 따라 대처하면 되지만 가끔은 문제가 생겨서 난감해하는 학생들을 만납니다. 그런 상황에서는 되도록 아이에게 스스로 해결할 것을 더 적극 권장합니다. 크기와 모양 등 설계를 조금 바꾸든지 아니면 완전히 새로운 작품으로 변경하라고 대안을 제시해 줄 수도 있습니다.

위에서도 말씀드렸듯이 아주 많은 나무와 공구를 다뤄 보았다면 재료의 특징에 따라 잘 대처하겠지만 대개 처음 나무를 다루면 공구 사용도 서툰 상태에서 나뭇결이나 옹이의 특징을 무시한 채 작업을 할 때가 있습니다. 그리고 나뭇결과 직각이 아니라 나란한 방향으로 끌질을 하다가 갑자기 나무가 갈라지는 일도 벌어집니다. 그러면 나무 주인인 학생과 도와준 선생님은 겸연쩍은 표정으로 서로 마주보는 난감한 상황에 처하게 됩니다.

시간에 쫓겨 아이들이나 다른 누군가의 작업을 도와줘야 하는 경우 서두르면 실수할 확률도 높아집니다. 될 수 있으면 교사는 말로 지도해 주거나 혹은 살짝 시늉만 해 주고 작업을 직접 해 주는 일은 지양해야 합니다.

그럼에도 불구하고 꼭 도움이 필요한 경우에는 미리 대상 학생에게 '지금 네가 만들어 놓은 상태가 좋지 않다. 원한다면 내가 거들어 줄 수는 있지만 망가질 수도 있다. 그래도 괜찮을까?' 등의 설명과 동의를 구한 후 도와줍니다. 책임을 회피하기 위한 꼼수가 아니라 선의지만 장담할 수 없는 결과에 대해 수용할 준비를 미리 갖게 하고 상호 존중을 유지하는 방법입니다.

목공 교육 준비 - 교사 연수

학교에서 목공 교육을 시작한다면 교사 연수 시간이 필요합니다. 꼭 공식적인 연수가 아니더라도 목공 지도를 하는 해당 학년 교사에 한정해 일시적인 목공 연수를 해도 됩니다. 기능이 있는 선생님 혹은 외부 강사를 모시고 아이들이 만들 작품을 미리 경험해 보는 연수도 괜찮습니다. 만들면서 작업 과정에 대한 이해를 높이고, 공구 사용법을 익히며 주의사항이나 위험 요소 등을 파악해 아이들 교육에 적용할 수 있습니다.

수요 조사 먼저

규정된 필수 연수가 아니라면 학교에서 실시하는 모든 연수는 학교 선생님들의 동의를 전제로 해야 합니다. 연수자의 동의와 능동적 참여가 없는 연수는 비능률적입니다. 시설과 환경이 뒷받침되는 선에서 희망자를 최대로 받아 연수를 계획하십시오. 그러면 교사들 사이에 목공 교육에 대한 공감대가 생기고 각 학교에서 어떻게 적용, 정착시킬 수 있을지 자연스럽게 의논하게 됩니다.

교내 연수에서 한 선생님이 사포판으로 나무를 다듬고 있습니다.

연수 강사 모시기

먼저 학교에 목공 경험이 있는 선생님이 계시다면 해당 학교 시설과 환경, 학생 특성을 알고 계시는 선생님께서 진행하시는 게 가장 좋습니다. 그렇지 않다면 다른 학교에서 목공 교육 지도 경험이 있는 선생님을 모시고 학생 지도 경험과 연결해 함

직무 연수 시간에 만든 사각형 스툴. 기초부터 고급 기능까지 모두 섞어 다양한 수준의 연수로 구성할 수 있는 주제입니다.

사례와 준비

께 배웁니다.

차선으로 인근 목공방에서 학생들을 상대로 목공을 지도해 보신 분을 모시거나 공방에 직접 가서 목수 선생님에게 연수를 받아도 됩니다.

연수 준비와 진행에 관한 행정적인 절차는 학교 관리자, 담당 부장 선생님과 협의해서 진행합니다.

🔨 장소

학교에 목공실이 있다면 최고의 조건입니다. 하지만 목공실이 없고 공구만 준비돼 있다면 빈 교실에서 책상과 1인용 작업대를 이용해 진행할 수도 있습니다. 그리고 이런 저런 상황이 안 된다면 일반인을 대상으로 하는 목공 공방이나 목공 학원에 의뢰하는 방법도 있습니다. 연수 계획을 세우고 출장 처리를 하면 사고에 따른 문제도 해결이 되니 해 볼 만합니다. 하지만 우선 장소를 정하는 문제는 시간과 노력이 들기 때문에 해당 업무 선생님의 수고가 필요합니다.

🔨 특수분야 직무연수기관 지정으로 연수 진행

학교에서 연수를 진행할 때 특수분야 직무연수기관으로 사전에 등록하여 실시할 수도 있습니다. 서울의 경우 교육청과 연수원에 직무연수기관으로 신청해 승인을 받으면 학기 중이나 방학 중에 직무연수기관으로 운영이 가능합니다. 특정 주제에는 연수비를 지원해 주는 프로그램도 있습니다.

특수분야 직무연수기관으로 승인되면 해당 학교 선생님들은 근무지에서 연수를 하므로 편리합니다. 담당 선생님은 사전에 계획서를 쓰고 강사를 섭외하며 시기에 맞춰 행정 절차를 밟고 연수 종료 후에는 마무리 보고까지 해야 하므로 업무는 늘어납니다.

과정을 설계하고 강사를 섭외하는 등 일련의 행정 절차가 처음에는 낯설지만 한 번 해보면 그다지 어려운 것이 아니라서 지속적으로 해 볼 만합니다.

이를 위해서는 먼저 시기, 장소, 강사, 강사료 등의 예산, 예상 수강생 수 등의 계획을 세워야 합니다. 담당 기관과 행정 절차를 마치면 연수생을 모집하고 진행, 연수 결과 보고 등의 순서로 일을 진행하면 됩니다.

연수 내용

어린이 목공처럼 교사 연수도 흥미를 바탕에 두고 실습 위주로 합니다. 나무의 종류나 교육적 효과 등의 설명을 많이 전해 주는 것은 강사의 욕심이며 나무로 만들어 보기 전까지는 이해도 안 되고 별다른 의미가 없는 지식입니다.

- 설계 도면 이해와 공구 사용, 필요한 경우 전동공구를 직접 다루며 날을 갈아 끼우거나 나사못을 박는 실습은 교육과 직접 연결된 것이라 반드시 해야 할 내용입니다.
- 공구를 안전하게 사용하는 방법을 꼭 배워야 합니다. 안전 거리 유지, 날카로운 공구를 운반하는 방법 등 이 책에서 따로 설명한 안전에 관한 내용을 꼭 공부해야 합니다. 그리고 시간이 허락한다면 목재의 종류와 특징, 나무를 자르거나 켜는 방법, 설계 프로그램 등의 내용을 덧붙이면 됩니다.
- 사각형 스툴, 액자, 학생용 독서대, 교실에서 쓸 모니터 받침, 좌탁 등 실생활에서 사용할 수 있는 작은 소품을 만드는 실습형으로 진행합니다.
- 소품이지만 여러 기법을 적용해 만들어 봅니다. 단, 끌을 이용한 짜맞춤 과정을 너무 많이 넣으면 시간이 촉박하게 되고 만족도가 떨어집니다.
- 맞춤형 연수를 진행해도 됩니다. 학교의 목공 활동 주제가 정해졌을 때 해당 작품에 필요한 도구의 기능과 사용법, 설계와 조립을 거쳐 마감까지의 과정을 훑어보는 연수입니다. 아이들 활동 주제를 처음부터 끝까지 체험하는 것은 학생 지도에 자신감을 줍니다.
- 시간 여유가 된다면 목공 교육의 의미와 효과, 시행 착오, 목공 교육 환경 구성 방법, 유용한 문서와 사진 및 영상 자료들을 나눕니다.

⚠ 쉬는 시간은 필수! 설명은 휴식 시간에

연수 내용을 구성할 때 저는 이론적인 내용보다는 안전을 위해 지켜야 할 수칙, 공구 사용 기본 사항, 작업 순서 등 몇 가지 필수 사항만 설명하고 바로 실습하는 것을 권장합니다. 연수에 참가한 분들은 일단 뭔가를 만들고 싶은 욕구가 절절한데 앞에서 들려주는 설명이 귀에 들어올 리 없습니다. 강사 처지에서는 굉장히 중요하고 꼭 알아 줬으면 하는 내용겠지만 그건 가르치는 사람의 욕심입니다. 조금이라도 더 알려 주고 싶은 게 당연하지만 순서를 조금 바꿔도 큰 무리는 없습니다.

교사 연수나 가족 목공 교실을 진행한 경험에서 볼 때 참가자들은 창작의 기쁨에 힘든 줄 모르고 쉬지 않고 계속 열중해 작업합니다. 자신이 어떤 상태인지 모르지만 곁에서 보면 작업하는 분들이 점점 지쳐 가는 모습을 볼 수 있습니다. 그렇게 지친 상태에서는 집중력이 떨어져 공구를 부주의하게 사용하거나 충분하게 통제하지 못해서 다칠 가능성이 높아집니다. 게다가 지친 상태에서 작업을 서두르게 되면 실수할 가능성도 커집니다. 따라서 오십 분에서 한 시간 정도 작업을 하면 십 분 정도는 꼭 쉬도록 해야 합니다.

쉴 때는 모두가 같이 쉬어야 평온한 분위기에서 함께 체력을 회복할 수 있습니다. 휴식이 의무임을 강조해서 참가자 전원이 쉬도록 하고 이때 몇 가지 관련 내용이나 이론적인 설명을 하면 좋습니다. 목공 기법, 나무의 종류, 공구 수납, 공구 구입, 사고 처리 등에 대한 사진과 동영상을 보면서 설명하면 조금 전에 겪은 경험과 연결해 더 잘 받아들일 수 있습니다.

⚠ 연수 마치고 함께 정리하기

연수를 하다 보면 여러 이유로 작업 속도가 달라집니다. 첫째는 공구 수량 때문입니다. 연수원조차도 몇 가지 손작업 공구를 제외하면 전기 톱, 전동공구 등은 순서를 기다려서 사용해야 합니다. 그러다 보면 작업에서 순서가 밀리는 분도 생깁니다. 다음으론 개인적인 성향과 손재주 차이에서 비롯됩니다. 낯설고 무서운 공구에 매우 조심스러워 작업이 느려집니다.

제작 속도는 사람마다 다를 수밖에 없는데 가끔 경쟁적인 분위기가 일어나면 작업을 서두르고 막바지 즈음 되면 사람 마음이 급해집니다. 그러면 공구를 급하게 사용하게 되고 안전 유의 사항을 잊거나 무시할 수 있습니다.

무엇보다 여럿이 함께 작업할 때 자기가 끝났다고 먼저 가는 것은 교육적으로 좋지 않습니다. 자기 것을 마쳤다고 주변만 치우고 가는 것은 어찌 보면 상당이 이기적이기도 합니다.

공간 전체를 함께 사용했고 조금 빠르게 완성한 참가자가 늦어지는 사람을 위해 청소를 조금 더 하거나 정리를 해 주는 것은 서로 도와주는 미덕을 실천하는 방법입니다.

아이들에게도 이런 점을 미리 안내해 주어야 합니다. 그래야 공구나 재료를 남보다 일찍 차지해 쓰거나 서둘러서 약삭빠르게 행동하는 일이 없어집니다. 함께 정리하고 간다는 원칙은 별다른 일이 없는 한 지켜야 합니다. 학생과 학부모 활동 모두에 일관되게 적용합니다.

| 목공 교육 준비 – 건강과 안전을 위한 환경 |

목공실에서 지켜야 할 기본적인 안전 규칙을 잘 보이게 게시합니다. 그리고 필요한 곳에 주의 환기를 위한 추가적인 안내도 필요합니다.

🔨 유의 사항 팻말

목공실에 탁상 드릴, 재단 톱, 띠톱 등의 전동공구가 있다면 그 공구 위에 유의사항을 적은 손바닥만 한 팻말을 세움형으로 만들어 올려 놓을 것을 권장합니다.

작업할 때는 판을 치웠다 마치면 다시 제자리에 둡니다. 작업 시작 전에 읽어 보면서 조금이라도 유의 사항을 되새길 수 있습니다. 처음 사용하는 이를 위한 자세한 설명서가 아니므로 이 공구를 사용하는 사람이 지켜야 할 필수적인 안전 수칙을 간단하게 적어 두면 됩니다.

뚝딱이방에서도 처음에는 없었지만 자칫 큰 사고가 될 수 있는 상황을 몇 번 겪으면서 이 팻말을 만들어 두었습니다. 위험한 산업 현장에서 사고 방지를 위해 안전 수칙을 함께 외치는 활동을 하기도 하는데 그것처럼 따라 하지는 않아도 사용자가 미리 볼 수 있다면 효과가 있습니다.

내용은 아래의 것을 예시로 하여 학교 상황에 맞게 골라 쓰거나 고치되, 한눈에 훑어볼 수 있을 정도의 간단한 문구와 글자 크기로 편집합니다.

〈팻말에 쓸 문구 예시〉
- 선생님 허락을 받고 씁니다.
- 장갑을 벗고 씁니다.
- 주변을 깨끗이 정리하고 씁니다.
- 전원선을 빼고 날을 바꾸거나 정비합니다.
- 혼자서 조작합니다.
- 무리한 힘을 주지 않습니다.
- 조작하는 방향을 확인합니다.
- 용도에 맞게 씁니다.

- 쓰고 나면 청소, 정리합니다.
- 안전 거리를 지킵니다.

🔨 집진과 환기, 보호 장구

학생의 호흡기와 피부 질환 등 건강을 고려해야 합니다. 저도 신경을 쓰고 있기는 하지만 즉각적인 결과가 나타나지 않아 가끔은 간과하기도 합니다.

목공실은 환기가 잘돼야 하는데 자연 환기가 어려운 환경이라면 환풍 장치를 설치해야 합니다. 뚝딱이방은 바람이 아주 잘 통해서 환풍기를 설치하지 않았지만, 날씨가 덥거나 추울 때 창문을 열 수 없는 경우가 있었습니다. 목공실을 설치한다면 환풍 장치를 처음부터 갖추는 걸 권장합니다.

먼지에 민감한 어린이를 위한 고글과 일반적인 보안경

아주 드물지만 작업 중에 생기는 먼지에 기침이나 눈물 반응을 보인다거나, 나무 먼지가 피부에 닿으면 발갛게 변하는 등의 거부 반응을 겪는 아이도 있었습니다. 그래서 고글이나 마스크 등의 보호 장구를 제공하기도 했는데 학생들은 마스크나 고글을 쓰는 게 번거롭다며 자주 벗곤 했습니다. 환풍기를 적절하게 갖추고, 불편하더라도 먼지로부터 몸을 보호하는 보호 장구를 착용해야 합니다.

🔨 구급함

일반적인 구급낭이나 구급함에 있는 약품들을 준비하되 소독약, 일회용 반창고 같은 응급 처치 용품은 충분한 양을 넣어 둡니다. 구급함은 교실 앞의 눈에 잘 뜨이는 곳에 둡니다.

- 구비 품목: 일회용 반창고, 붕대, 소독약, 연고, 분말형 치료제, 일회용 멸균 솜과 면봉

| 목공 교육 준비 - 교육 과정 |

목공 교육 과정은 예산과 실습실 장소와 공구 등 현실적 상황을 바탕으로 다음 사항을 결정합니다.

🔨 운영 시기

재료 준비와 주제 선정, 각 학교의 운영 시기에 따라 다르겠지만 3월부터 시작하기에는 어려움이 있습니다. 원활한 환기를 위해 4월 중순부터 시작하고 7월 전에 마치는 것을 권장합니다. 학기 말은 학생들의 피로도가 높아 안전 지도에 더 신경이 쓰이는 때이므로 계획에 참고합니다. 하지만 오히려 학기 말에 지쳐 있던 학생들 분위기를 바꿔 주는 긍정적인 효과를 낼 수도 있긴 합니다.

🔨 연간 운영 시수와 배정 교과목 시간

학생들이 안전 사항을 익히고 기초적인 작업부터 생활 목공까지 체험한다면 총 16~20시간 정도는 꼭 필요합니다. 그 이하의 시간이라면 활동 내용을 매우 적게 하고 소박한 주제를 고릅니다.

5, 6학년이라면 창의적체험활동과 실과 교과 시수에 적절히 배분하고 기타 학년은 창의적체험활동으로 편성합니다.

- 안전 교육(1~2시간): 도구 사용과 운반, 목공 교육의 이유와 장점, 전체 활동 계획
- 쉬운 주제(4~5시간): 칼과 톱 및 비교적 안전하며 간단한 공구 사용, 동일 주제
- 발전 주제(8~9시간): 새로운 도구 도입, 마무리에 신경 쓰는 생활 목공 작품
- 기타 주제(3~4시간): 새로운 도구 도입, 짧은 시간에 끝나는 개인 작품

🔨 학교 교육 계획에 반영

- 전체 운영 계획: 시기, 활동 주제 개괄, 교과와 시수
- 안전사고 예방 대책

| 목공 교육 준비 - 공구 구입과 보관, 소모품 구입 |

목공실이 정해지면 벽면 공사와 기본 배선 등 기능 중심의 실내 장식을 마치고 필수적인 물품과 공구들을 들여 놓습니다. 예산을 들여 작업장의 기본적인 실내 장식을 하지 않더라도 작업대와 공구, 소모품만 잘 갖추면 목공 교육을 바로 시작할 수 있습니다.

작업대

목공실이 준비되면 작업대를 들일 차례입니다. 작업대를 선택하는 것도 예산, 학급당 아동수, 사용 기간 등을 고려하면 신경이 많이 쓰입니다. 비싼 작업대를 가져다 놓았는데 아이들 체격에 맞지 않거나 불필요한 기능으로 가격만 높아 예산이 낭비될 수도 있습니다.

교육청이나 지방자치단체에서 지원을 받아 목돈이 드는 작업대를 마련하고 비교적 단가가 낮은 공구들은 학교 예산으로 차차 확충하는 방법을 모색할 수 있습니다. 학교에서 다양한 생각을 내서 장단기 계획을 마련하면 좋습니다.

- **목공 전용 작업대**: 예산이 허락된다면 전용 작업대를 마련하는 것이 가장 좋습니다. 상판과 다리가 묵직한 나무로 되어 있고 벤치도그benchdog를 끼울 도그홀doghole, 바이스가 달려 있으면 됩니다. 견고함을 살펴서 공간에 맞게 구입합니다. 플라스틱과 쇠로 된 공업용 제품도 있는데 바이스가 없어서 사용할 때 아쉽습니다.

- **주문형 작업대**: 목공방에서 원하는 형태의 작업대를 주문 제작하는 방법도 있습니다. 과학실의 4인 혹은 6인 실험대 크기에 바이스를 추가 요청하면 됩니다. 주문할 때는 정확한 치수와 목재 종류, 기능을 명시해야 합니다. 네 명 정도가 작업할 수 있는 크기로 자작 나무 합판을 작업대 윗면으로 하고, 다리는 구조재로 튼튼하게 만들면 1개당 50~60만 원 정도로 가능합니다.

- **개인용 작업대**: 목공실이 없어서 교실이나 다른 공간에서 작업해야 하거나 과학실 등의 실습실을 다용도로 쓰고자 할 때 필요합니다. 만약 학교에서 스스로 꾸며 가는 목

공실을 계획하여 진행한다면 목공방에 목재와 재단을 요청해 학생들과 함께 만드는 것도 가능합니다. 뒤에 학생들의 목공 활동 주제로 소개한 내용을 참고해 주십시오. 양질의 합판과 규격 생산된 각재로 많은 예산을 들이지 않아도 만들 수 있습니다. 생활 목공 교육보다는 목공예 교육을 할 때 충분한 쓰임새를 발휘합니다. 톱질과 끌질에 적합한 모양으로 만들어 쓸 수 있는데 먼지가 주변에 남고 칠 작업을 할 때 좁아서 불편하다는 단점은 있습니다.

- **덮개형 작업대**: 서울신은초등학교에서 쓴 방법입니다. 한 반 전체를 대상으로 교육을 할 때는 뚝딱이방이 좁아서 실과실을 목공실로 함께 쓰다 보니 실습대에 학생들이 톱이나 사포로 흠을 냅니다.

  낯설고 미숙한 공구를 쓰며 작업하다 생긴 일이니 학생들을 탓해 봐야 소용 없습니다. 그래서 6인용 실험대를 덮기 위해 합판 원장 한 장을 이용해 네모난 뚜껑처럼 만들었더니 아주 편안하게 작업할 수 있습니다.

목공 시간에는 상판을 덮었다가 수업을 마치면서 덮개를 벗겨 보관 장소에 안전하게 쌓거나 세워 둡니다. 만들 때는 덮개가 크고 무겁기 때문에 여럿이 협력해서 작업해야 합니다. 비싼 원목을 쓰면 보기도 좋겠지만, 효용 면에서는 적당한 가격의 합판을 재료로 쓰는 것이 가장 좋습니다.

사례와 준비

공구 구입

아주 많은 제품군과 비슷한 공구들이 있습니다. 공구나 가구 박람회에 가서 전시 판매되는 공구를 보면 굉장히 유용해 보이고 구입만 하면 무엇이든 만들 수 있을 것 같다는 생각도 듭니다. 전동공구는 색과 디자인의 다양성으로 멋있어 보이기까지 합니다.

유튜브에서 광고나 홍보용 동영상을 보면 공구 작동이 아주 쉬워 보입니다. 그런데, 우리가 보는 동영상은 대체로 중간의 번거롭거나 시간이 걸리는 복잡한 과정, 실수 등을 빼고 공개한 것이 많습니다. 남이 하는 것이 쉬워 보였을 뿐 연습한 시간과 경험, 노력이 없으면 자료 영상처럼 할 수 없습니다. 따라서 공구를 처음에 갖출 때는 학교에서 지도하시는 선생님께서 능숙한 경우가 아니라면 아주 전통적이며 사용과 보관이 쉬운 것부터 마련해야 합니다. 활용하다 보면 점점 기능이 늘게 되므로, 필요한 품목들이 생길 때 사면 됩니다.

- **기본 수공구와 보조 도구부터 갖추기**: 먼저 톱과 칼, 조임 틀 외의 기본 수공구와 보조 도구를 이용해 목공 교육을 시작하는 게 바람직합니다. 그러면서 해당 적용 가능성을 검토하며 시설을 확충하고 활동 주제를 발전시켜 가는 방식이 예산 사용과 안전사고 방지 등의 면에서 알맞은 수순입니다.

- **전동공구 갖추기**: 기본적인 수공구를 갖춘 다음 필수적인 전동공구를 우선 순위에 따라 구입합니다. 예산에 여유가 있다고 해서 여러 종류를 구입하는 것보다는 고급형의 제품 구입을 권장합니다.

수자업 공구부터 전동공구까지 한 번에 다 살 수도 있지만 예산 낭비를 막기 위해서는 어떤 방향의 목공을 할 것인지, 학교에 공구를 관리하고 다룰 수 있는 교직원이 있는지 형편을 살피고 그에 맞게 공구를 갖추는 게 바람직합니다.

지방자치단체나 교육기관의 경비 지원으로 한번에 모든 공구를 갖출 수도 있지만 대체로 그런 경우는 한정적일 수밖에 없어, 학교에서 가능한 순차적인 장기 확보 계획을 다음과 같이 세워 보았습니다. 한 학급을 25명으로 가정하여 구성했습니다. 이는 어디까지나 기본적인 참고 자료이며 학교의 목공 주제와 지도교사의 역량, 예산액에 따라 얼마든지 추가, 삭제 가능하고 구입 순서를 바꿔도 됩니다.

수공구 1차 구입 목록(약 475만 원)			
공구 이름	단가(원)	수량(개)	금액(원)
망치(노루발 장도리)	15,000	13	150,000
고무 망치	10,000	6	60,000
나무 망치	15,000	6	90,000
조임 틀(소)	30,000	25	750,000
조임 틀(중)	40,000	13	520,000
바이스(탈부착식)	30,000	25	750,000
곧은자(30㎜)	10,000	13	130,000
곧은자(60~100㎜)	15,000	13	195,000
연귀자	15,000	13	195,000
톱(15㎝, 접이식)	6,000	30	180,000
톱(20~25㎝, 외날톱)	25,000	25	625,000
실톱	10,000	25	250,000
공작 칼	10,000	25	250,000
드라이버 세트 등	30,000	3	90,000
접착제, 칠 도구, 사포 등 소모품	700,000	1	700,000

2차로 구입한다면 우선 처음에 구입했던 공구를 충분히 보충하고 아래의 공구를 추가합니다.

수공구 2차 구입(전동공구 1차 구입 포함, 약 690만 원)			
공구 이름	단가(원)	수량(개)	금액(원)
양날톱	50,000	6	300,000
등대기톱	40,000	6	240,000
조임 틀(중)	40,000	10	400,000
조임 틀(대)	60,000	10	600,000
사포판	15,000	20	300,000
무선 전동 드라이버	150,000	12	1,800,000
유선 전동 드릴	50,000	12	600,000
각도 절단톱(Miter saw)	600,000	1	600,000
집진기(청소기)	600,000	1	600,000
조각도	30,000	25	750,000
탁상 드릴(Drill press)	500,000	1	500,000
전동공구용 부속	200,000	1	200,000

더 추가할 만한 전동공구는 다음와 같습니다. 이 목록에서는 위에 있을수록 우선 순위입니다.

전동공구 2차 구입(약 320만 원)			
공구 이름	단가(원)	수량(개)	금액(원)
지그소(날 포함)	200,000	1	200,000
띠톱(중형)	700,000	1	700,000
콤팩트 루터(날 포함)	200,000	1	200,000
루터(작업대 포함)	800,000	1	800,000
소형 재단톱(지그 등 추가)	800,000	1	800,000
전동 사포기	100,000	2	200,000
로터리툴 세트	150,000	2	300,000

그리고 끌과 대패 예산은 아래와 같습니다.

수공구 추가 구입(선택해서 구입)			
공구 이름	단가(원)	수량(개)	금액(원)
끌(모음)	200,000	6	1,200,000
대패	100,000	3	300,000
끌(낱개형, 대중소)	40,000	30	1,200,000

끌과 대패를 교육에 활용한다면 날을 연마해야 하므로 이에 따라 필요한 전동공구와 숫돌의 대략적인 가격은 아래와 같습니다. 금액은 약 140만 원입니다.

공구 이름	단가(원)	수량(개)	금액(원)
끌 연마기(TORMEK)	1,000,000	1	1,000,000
각종 숫돌	30,000	8	240,000
다이아몬드 숫돌	30,000	2	60,000
연마 보조 도구	100,000	1	100,000

나사못, 사포, 접착제, 스펀지, 칠 도구, 장갑 등 여러 소모성 물품이 필요합니다. 학년에 5개 학급을 가정하고 아래와 같이 물품을 선정해 보았습니다. 칠 재료는 제품 가격 차이가 아주 커서 활동 주제와 학교 상황에 맞게 고릅니다.

공구 이름	단가(원)	수량(개)	금액(원)
나사못(봉지, 여러 종류)	15,000	5	75,000
못(목공용 30~50㎜)	10,000	5	50,000
사포(50장 묶음)	25,000	4	100,000
접착제(500㎖)	10,000	10	100,000
칠 재료(친환경 도료)	70,000	5	350,000
칠 도구	70,000	5	350,000
장갑	2,000	50	100,000

공구 보관

공구는 안전하면서도 쓰기 쉽게 보관해야 합니다. 인터넷에 보면 공구 수납에 대한 워낙 다양한 자료가 있고 시중에 판매되는 수납 제품들도 많습니다. 이용할 벽면이 많다면 벽에 18T 이상의 판재를 덧붙여 선반이나 걸쇠를 만들어 걸어 둘 수 있습니다.

지금까지의 두 뚝딱이방은 공간이 좁고 예산이 넉넉하지 않아 공구 수납 선반를 직접 만들고 보관대를 만들었습니다. 넓은 공간과 충분한 예산이 있다면 전용 캐비닛에 넣어 안전하게 보관하는 방법도 고려할 만합니다.

학교마다 사정이 다르겠지만 대략 다음의 원칙에 맞게 수납을 하면 됩니다.

- 전동공구는 따로 보관하되 바로 꺼내 쓸 수 있도록 정렬해 둔다.
- 날카로운 날이 있는 공구는 작업하는 사람에게 해가 되지 않는 곳에 둔다.
- 톱이나 끌은 날 보호를 위해 공구를 포개 놓지 않는다.
- 수량 파악이 쉽도록 한다.
- 자주 쓰는 공구는 시선이 잘 닿는 곳에 둔다.
- 사용 빈도가 적은 공구는 낮은 곳이나 서랍 등에 넣어 둔다.

- **스페이스 월**(슬랫 월slat wall): 여러 상점에서 상품 전시용으로 사용하는 공학 판재로서 흔히 '스페이스 월'이라고 하지만 정확한 명칭은 '슬랫 월'입니다. 옆 사진은 처음에 뚝딱이 공방을 만들었을 때 제가 갖고 있던 것들과 학교에서 처음에 샀던 몇 개의 공구를 고리에 걸어 둔 사진입니다. 기성품인 이 판재를 구입해 벽에 튼튼

벽면에 고리를 달아 공구를 보관할 수 있는 합판을 달면 편리합니다(작은 사각형 - 슬랫 월용 고리).

하게 고정하고 그림처럼 여러 길이와 종류의 고리를 활용해서 공구를 걸어 둘 수 있습니다. 다양한 모양의 고리가 있으니 적합한 제품을 찾아 씁니다.

- **쐐기형 걸이 장치**french cleat system: 원리는 위와 아래에 서로 마주보는 빗면의 반발력을 이용한 장치입니다. 다음 그림에서처럼 벽면에 붙은 쐐기의 빗면에 점대칭으로 쐐기를 단 선반이나 보관 상자를 걸어 두는 방식입니다. 걸었을 때의 무게 때문에 아래로 향한 쐐기가 저절로 벽면 쪽으로 밀려나며 단단하게 고정됩니다. 시공이 쉽고 여러 선반이나 보관 상자에 응용할 수 있어서 뚝딱이방에 적용했습니다.

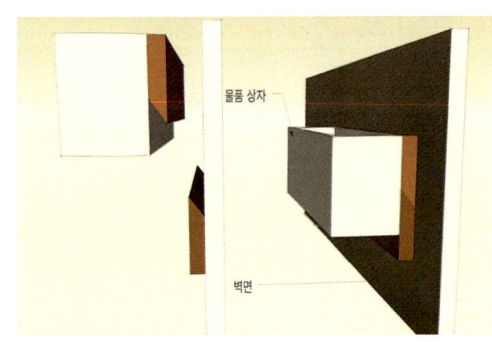

쐐기형 걸이 방식의 원리

끌 보관대 뒤에 쐐기형 걸이 장치를 달아 벽에 걸었습니다.

뚝딱이방은 크기가 작아 공간을 효율적으로 써야 했습니다. 공구를 재배치해야 할 때도 종종 있습니다. 보관함이나 선반을 벽에 고정식으로 매달면 다음에 옮길 때 융통성이 줄어들어 쐐기형 걸이 장치로 쉽게 옮길 수 있도록 했습니다. 그림에서처럼 쐐기형 걸이 장치

를 달면 위치 변경이 가능할 뿐만 아니라 한꺼번에 꺼내서 작업대에 옮길 때도 편리합니다. 효과가 뛰어나므로 학교에서 직접 공구 수납 벽면을 꾸밀 때는 이 방식의 적용을 적극 추천합니다.

- **끌 보관**: 여러 종류의 끌이 한 세트로 된 것을 사면 나무 상자에 담겨져 있어 보관하기 좋습니다. 상자에 경첩도 있고 잠그는 걸쇠도 있는 보관 상자에 담겨 있다면 조금 더 안전합니다. 학생용 끌 상자는 사용하기 위해 꺼내거나 운반할 때 떨어지는 일이 벌어지지 않게 조심해야 합니다. 하지만 학생용으로 끌을 보관할 때는 시험관 대처럼 만든 끌 보관대를 만드는 것도 좋겠습니다. 이런 보관대는 시장에 판매되는 것이 아니므로 직접 만들거나 따로 주문 제작해야 합니다. 하지만, 이런 것을 고민하고 직접 만드는 것도 목공의 즐거움을 누릴 수 있는 좋은 기회가 됩니다. 학교에 교사, 학부모 목공 동아리가 있다면 수납 시설, 작업대, 보관대 등을 함께 만들어 볼 것을 권장합니다.

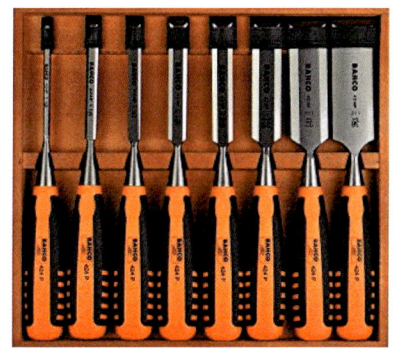

크기별 끌 모음
위 제품처럼 전용 상자에 넣어 판매하는 제품도 있는데, 이렇게 하면 보관에 편리합니다.

벽면에 고정 칸을 만들어 보관하는 끌
한눈에 볼 수 있어서 좋지만 장소를 자주 이동해야 해야 하는 환경에서는 이 방법이 조금은 불편합니다.

사진에서처럼 붙박이 형태의 칸을 만들어 벽에 부착하는 방법도 있습니다. 일렬로 길게 배열하고 끌의 날이 바로 확인 가능하게 꽂아 둡니다. 끌 크기에 따라 보관하면 됩니다.

- **톱 보관**: 톱은 사진처럼 일정한 간격으로 나무를 파낸 걸이에 날을 수직으로 끼워 보관하

가늘게 홈을 판 걸이를 만들어 벽에 붙이면 톱을 끼워서 쉽게 넣거나 뺄 수 있습니다.

사례와 준비

는 게 좋습니다. 망치처럼 고리에 걸어서 걸면 자리도 많이 차지하고 날이 노출되므로 공간 절약과 편리함, 안전을 위해 이 방식을 권장합니다. 접톱은 날을 접어 보관해도 되고 펴서 일반 외날톱처럼 걸어 두어도 됩니다.

접착제

접착제는 목공에 필수 재료입니다. 조립 작업을 쉽게 해 주고 나무가 건고하게 고정되는 데 보조 역할을 합니다. 요즘은 석유화학 제품을 주로 쓰는데 전통 가구에는 '아교'라는 천연 접착제를 썼습니다. 아교는 따뜻한 물에 잘 녹아 가구 유지 보수를 할 때 분해할 수 있다는 큰 장점이 있지만 상온에서는 빨리 굳어 작업 속도를 그에 맞춰야 한다는 단점이 있습니다. 석유 화약 제품에도 여러 종류가 있으므로 적합한 품질의 것을 골라 쓰면 됩니다.

- **목공용 접착제**wood glue: 시중의 목공용 접착제들은 모두 안전성 검사를 통과한 제품들이지만 몇 가지 다른 특징이 있는 제품도 있습니다. 물에 강하여 방수 기능이 있는 것, 빨리 굳도록 만든 것, 접착력을 높인 것 등이 그것입니다.

목공용 수지는 거의 대부분 초산비닐수지^{PVA}가 주성분입니다. 몇몇 제품을 제외하면 굳었을 때 투명해서 눈에 잘 띄지 않습니다. 접착제를 바를 때는 나무 막대나 둥근 밀대, 붓을 쓰는 게 좋습니다. 많은 제품들이 인체에 무해하다고 광고하고 있지만 맨손으로 접착제를 만졌다면 접착 작업을 마치고 빨리 씻어 내야 합니다.

   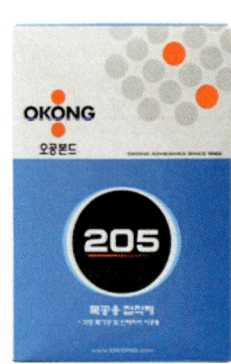

대표적인 목공 접착제 왼쪽부터 고릴라, 파텍스, 타이트본드, 오공본드

접착제를 바르다 옆으로 새어 나오거나 엉뚱한 곳에 묻기도 하는데 이때는 막대 등으로 걷어 내고 젖은 걸레로 깔끔하게 닦아 냅니다.

접착제를 쓸 때는 굳는 속도를 잘 봐야 합니다. 속건성 접착제는 붙인 후 30분 정도면 비교적 단단히 붙어 다음 작업을 진행할 수 있습니다. 대체로 학생들과 작업할 때는 속건성 접착제가 시간을 아껴 주지만 늘 그런 것은 아닙니다. 접착체를 바르고 재료를 붙이는 작업 시간이 오래 걸리는 경우라면 굳이 속건성 접착제 사용을 고집하지 않아도 됩니다. 풀이 굳어 버려 오차를 수정하거나 실수를 바로잡지 못해 오히려 재료를 낭비하게 되는 경우도 있기 때문입니다.

- **순간접착제**^{instant glue/super glue}: 아주 짧은 시간에 단단하게 붙여 주는 접착제입니다. 시간 여유를 두고 하는 조립 작업에는 부적절합니다. 아주 작은 것을 깔끔하게 붙일 때 도움이 되는데 실수하는 경우 회복 불능한 상처를 내고, 인체에 묻었을 경우는 비눗물에 재빨리 씻어 내야 합니다.

독성이 없다고 광고하지만 그것은 기준치 이하를 의미하는 것이고 강한 휘발성 물질이 눈이나 피부에 자극을 줄 때도 있습니다. 위험 요소가 있으므로 항시적인 사용은 금지하고 나무가 갈라지거나 깨진 부분을 고칠 때 등 시급하게 마쳐야 할 작업에 반드시 교사와 함께 쓰도록 합니다.

- **핫 멜트 글루**^{hot melt glue}: 글루 건으로 녹여 쓰는 이 접착제는 재료의 크기가 작아서 다른 접착제를 쓰기 모호할 때, 큰 접착력이 필요하지 않을 때 편리하게 쓸 수 있습니다. 그리고 조립 과정에서 손이나 조임 틀로 잡기 곤란할 때 목공용 접착제와 함께 쓰면 굳는 시간 동안 임시로 고정해 주어 작업 효율이 높아집니다.

칠 재료

칠감은 가급적 친환경 제품을 고릅니다. 친환경 페인트란 중금속이나 유해 휘발성 물질 VOCs 등의 인체 유해 물질이 일반 화학 페인트보다 기준치 이하로 적은 페인트를 말합니다. 연구비와 원가 등의 이유로 일반 페인트보다 가격은 더 비쌉니다.

실내용으로 학생들과 쓰는 것은 인체에 유해한 성분이 거의 없는 것을 추천합니다. 그런 제품은 천연 페인트라고 따로 분류되며 성분은 모두 자연물에서 얻은 용제와 용매를 이용한다고 합니다. 인체에 자극이 거의 없는 성분으로만 구성된 제품이므로 친환경 페인트보다 가격은 더 비쌉니다. 국내외의 제품이 팔리고 있는데, 여러 제품을 써 보며 칠한 뒤에 말랐을 때의 막과 색을 살피고 건조 시간을 따져서 학교 목공 작품에 적합한 것을 고르면 됩니다.

학교 수업용으로는 여러 칠감 중에서 밑칠과 본칠로 나눠 작업해야 하는 것보다 한 번에 끝낼 수 있는 제품이 더 적합합니다. 밑칠과 본칠을 나눠서 하면 시간도 더 드는 데다 번거롭습니다. 한 번 칠에 광택과 도막이 생기는 오일류 제품을 추천합니다.

실외에 설치할 작품이라면 자외선과 방수, 방부 기능이 있는 칠감을 고릅니다.

목공 교육 결과물에 꼭 칠을 해야 하는지에 대해서는 고민이 됩니다. 칠을 하면 느낌이 많이 달라집니다. 필통, 의자, 탁자 등 오래 보존하고 사용할 작품이라면 칠을 해 주는 게 좋습니다. 때가 타는 것도 줄이고 오염물도 잘 닦아 낼 수 있지만 칠을 하지 않으면 나무 향이 나서 좋고 나무 그대로를 손으로 느낄 수 있습니다.

칠하는 과정에서 쓰레기와 오염이 생깁니다. 일반 장갑이나 비닐 장갑, 스펀지나 붓, 닦아 내는 천, 세척에 따른 물과 대기 오염 등 수반되는 쓰레기의 양도 적지 않습니다. 일괄로 칠 작업을 해서 재료나 소모품을 최대한 아낀다고 하더라도 폐기물 발생은 피하기 어렵습니다. 환경 교육에 대한 학교와 교사의 방침, 교육 방향을 바탕으로 칠 작업 여부를 고민해 볼 만합니다.

색은 여러 종류로 준비할 필요가 없습니다. 다양한 색을 준비하면 부수적인 칠 도구도 더 필요하고 조금씩 남는 안료도 나중에 버리게 됩니다. 아이들도 선택의 고민을 하게 되며 갖가지 색을 제공했다고 학생들의 만족도가 더 높아지는 것만은 아닙니다. 학교에서는 최소한의 종류로 준비해도 됩니다. 특별한 색은 필요한 때에 알맞은 양만 사면 됩니다.

진한 색을 나무에 바르면 무늬나 흠이 더 도드라지기도 합니다. 그만큼 마무리가 잘돼야 하므로 힘만 들고 만족하지 못하는 경우가 종종 있습니다. 그래서 저는 나무 색이 그대로 드러나는 광칠(투명한 오일류의 칠)을 선호합니다.

칠 방법은 각각의 안료마다 제시된 칠 방법을 따르면 됩니다. 수성 페인트류는 롤러나 붓으로 얇게 칠합니다. 천연 오일류는 대체로 스펀지나 면 헝겊으로 바른 후에 닦아 내거나 보통의 페인트를 칠할 때처럼 붓으로 바를 수도 있습니다.

광칠 외의 안료로 셸락^{shellac}, 동유, 수성 페인트 등 아주 다양한 칠 재료가 있습니다. 그중에 셸락은 근대 이전부터 쓰던 안료로 색도 나무에 잘 먹고 빨리 건조되어 칠의 결과를 바로 확인할 수 있습니다. 단조로운 색감을 벗어나는 칠을 원한다면 셸락을 추천합니다.

칠에 대해 더 전문적인 내용을 알고 싶으시면 국내에 번역돼 소개된『목재 마감 101』(Bob Flexner 지음)'을 참고하십시오.

안전 교육,
설계부터 마무리까지의
제작 과정과 지도 요소

 **교육 실제**

| 안전 규칙 학습 |

목공은 재미와 의미가 큰 활동이지만 특히 안전을 고려한 상태에서 지도할 교과목입니다. 활동 내용과 과정에 세심하게 주의를 기울여 여러 예상되는 위험 요소를 줄이려는 노력을 항상 해야 합니다. 사고는 언젠가 일어날 수 있다는 가능성을 늘 염두에 두고 일상적인 현장 체험 학습이나 학교 교육 활동에서처럼 그에 대비한 계획이 있어야 합니다.

그렇다고 지나치게 사고를 의식하면 재료와 공구 사용에 선택의 폭이 좁아져 학생들의 흥미도 줄어들 수 있습니다. 그래서 재미와 교육적 효과, 위험도에 대한 적절한 타협이 필요합니다.

안전사고가 발생했을 때 사고 책임의 주요한 부분은 사고 예방 계획과 사전 지도 여부, 임장 지도 여부에 따라 달라집니다. 미리 위험 요소를 살피고 대비한 후에 현장에서 안전한 작업 방법을 안내하며 지도한다면, 사고에 따른 교사의 책임에 대해 부담감을 많이 갖지 않아도 됩니다.

아래 내용은 안전을 확보하고 사고를 방지할 수 있는 방법이므로 숙지하고 학생 교육 때 꼭 실천하시기를 바랍니다.

기본 규칙

목공실에서는 조용히 해야 하고 뛰거나 장난치지 말아야 하는 등의 기본 사항은 일반 실내 생활 때와 크게 다르지 않습니다. 뛰거나 장난치면 분위기를 산만하게 하고 충돌의 위험을 높입니다. 질서를 지키고 교사의 지시에 따르는 것은 학교에서 지킬 가장 기초적인 태도입니다. 목공을 지속적으로 즐기려면 이런 기본적인 안전 수칙을 지켜야 하며, 이것이 자기 자신과 친구들을 보호하는 방법임을 자주 강조합니다. 그리고, 경우에 따라서는 사고 방지와 학생 보호를 위해 규칙을 어긴 학생에게 다른 시간보다 더 강한 제재를 할 수도 있음을 납득시켜야 합니다.

공구를 대하는 마음

목공 도구는 접착제나 몇 가지 소모성 철물을 제외하면 오랫동안 관리해 가며 활용할 물건입니다. 작업에 활용하는 많은 공구는 한 번 쓰고 버리는 것이 아니라, 쓰고 나면 잘 닦고 다듬어서 보관해야 다음에도 제 기능을 발휘할 수 있다고 알려 줘야 합니다. 아껴 쓰고 잘 관리한 만큼 지속적으로 편안하고 즐거운 목공으로 돌려받습니다.

공구에 대한 두려움을 가르쳐야 합니다. '<u>공구는 편리하지만 나를 아프게 하거나 큰 상처를 영원히 남길 수도 있다</u>'는 사실을 반복해서 알려 주십시오. 그렇다고 지나치게 겁을 먹게 할 필요는 없습니다. 교사의 지도대로 힘의 방향과 세기를 잘 조절해 안전하게 이용한다면, 공구는 작업자를 도와주는 훌륭한 동반자가 될 수 있다고 안내해 주십시오.

활동 시작 전 사전 지도

학기 또는 중단기 교육 활동을 시작할 무렵 안전 교육을 미리 합니다. 제작 결과로 나올 작품의 견본, 만드는 데 드는 시간, 사용할 도구의 기능, 도구의 위험성, 안전한 작업을 위한 태도와 작업 자세, 사고가 생겼을 때의 대처법 등의 설명을 사전에 실시합니다.

낯선 도구에 대한 두려움과 생명 보호를 위한 본능 때문에 아이들도 진지하게 잘 듣는 편입니다. 칼, 끌, 톱 등 날카로운 쇠붙이에 베거나 긁히는 내용을 목공을 도입하는 초기에 말해 두면 효과도 좋습니다만 굳이 자극적인 말이나 사진으로 겁을 주는 것은 바람직하지 않습니다.

🔨 자주 상기하기

초기 교육이 효과가 있다 하더라도 끝까지 지속되지는 않습니다. 조금 사용하다 보니 익숙해지고 긴장했던 마음을 놓는 때가 오기 마련이고 안전을 챙기는 일이 귀찮아집니다. 칼이나 끌을 쓰는 방향도 무시하거나 작업에 따라서는 장갑을 끼거나 고정 도구를 써야 하는데 귀찮아서 건너뛰기도 합니다. 그렇다고 해서 반드시 사고가 생기는 것은 아니지만 사고 발생 가능성은 높아집니다. 사고는 목공 활동을 시작하고 긴장감이 유지되는 초기보다는 어느 정도 익숙해졌을 때 발생합니다. 공구도 두세 번 쓰다 보면 긴장이 풀립니다. 활동 기간의 삼분의 일쯤 지날 때 그런 경향이 있습니다.

매회 목공 교육 시작 전에 다시 한 번 안전 관련 주의사항을 상기시켜 줍니다. 어느 정도의 기간이 흐른 다음, 안전에 대한 아이들의 경각심이 감소했다는 게 느껴지면 따로 시간을 더 내서 안전 지도를 반복합니다.

🔨 작업 중 이동

작업을 하는 학생들은 작업대 주변에서 선생님의 허락 없이 떠나지 않도록 해야 합니다. 옆 친구 작품을 참고한다는 이유로 자기 마음대로 자리를 옮기거나 작업자에게 가까이 가서 말을 걸면 분위기를 산만하게 만들 수 있습니다. 공구를 허락 없이 갖고 다니다 떨어뜨리거나 조작해서 위험한 상황을 만들기도 합니다.

학생과 교사가 차차 목공 시간에 익숙해지고 상호 신뢰가 쌓이면 학생들에게 움직일 수 있는 허용 범위를 넓혀 주면 됩니다. 물론, 그때라도 다른 작업자에게 위험 거리 이내로 접근해 말을 걸거나 주의를 흩뜨리며 관찰하는 일은 엄격하게 금해야 합니다.

🔨 적정 안전 거리

교육 주제마다 차이는 있겠지만 대체로 작업자 사이의 거리는 양팔을 벌린 간격으로 넓으면 안전하고 쾌적합니다. 그러나 일반 도시의 다인수 학급에서는 현실적으로 어려우므로 최소한의 간격은 <u>한 학생이 팔을 뻗어 다른 친구 몸에 닿지 않는 정도</u>가 돼야 합니다. 흔히 과학실에 있는 4인 실험대에서 각 변마다 1명씩 앉는다고 생각하면 됩니다. 6인 실험대 정도의 크기라면 각 변에 1명씩 앉아야 작업하기에 괜찮은 편입니다. 만약 작업자 사이의 거리가 어쩔 수 없이 좁다면 교사가 더 신경 써서 현장에 밀착해 지도합니다.

🔨 무리한 힘 주지 않기

무엇인가를 억지로 자르거나 공구 사용 방법을 어기며 작업하려 시도하면 안 됩니다. 나무가 잘 잘라지지 않거나 깎이지 않는다고 해서 지나친 힘을 주면 오히려 더 망가지거나 몸을 다칠 위험이 커집니다. 따라서 학생들에게 '잘되지 않는 경우에는 무턱대고 힘들이지 말고 도움을 청하라', '공구와 나무를 관찰하고 이유를 찾아보라'고 안내합니다.

🔨 끌질과 칼질 방향

아주 기본적인 원칙을 지키면 됩니다. 칼날과 끌날에 힘을 줄 때 내 몸 바깥쪽으로 칼날을 향하게 합니다. 그리고 그 칼날 쪽에는 손을 두어서는 절대 안 됩니다. 기능이 숙달된 경우에 공구나 목재를 잡는 위치를 바꾸며 자유롭게 할 수 있습니다만 아이들이 처음부터 습관을 잘 갖도록 강조합니다. 엇결과 순결을 느끼고 그에 맞게 칼과 끌을 쓰는 방향을 바꿔야 작업이 쉬워진다고 알려 주십시오. 결 방향에 관해서는 뒤에 조금 더 자세히 설명하겠습니다.

🔨 장갑

피가 나올 정도로 베이지는 않더라도 톱이나 끌을 쓸 때면 손에 작은 상처를 입기 쉽습니다. 그리고 약간의 출혈이라도 생기면 아물 때까지 며칠이 걸리는데 손에 물을 자주 묻혀야 하므로 여간 성가신 게 아닙니다. 따라서 끌질과 톱질을 할 때는 도구를 잡은 손의 반대편 손에 꼭 장갑을 끼라고 합니다. 그리고 불편하지 않다면 끌을 잡은 손에도 함께 착용하라고 안내합니다. 불편해서 계속 벗고 싶어 하는 아이는 기본 자세를 확인하고 재량권을 줄 수 있습니다만 착용을 권장합니다.

<u>전동공구를 사용할 때는 장갑을 벗는 게 안전합니다.</u> 회전하는 톱날이나 부품에 장갑이 말려들어 더 크게 다

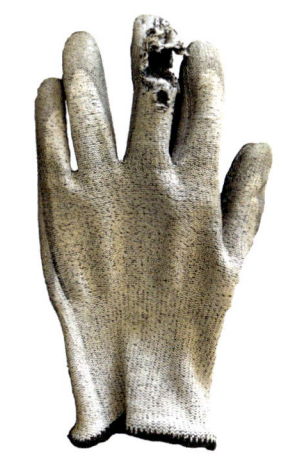

장갑을 끼고 탁상 드릴 작업을 하다 다쳤습니다. 당시의 장갑 사진입니다.

칠 수 있으므로, 탁상 드릴 같은 큰 부상을 예방하기 위해 반드시 장갑을 벗도록 합니다.

저는 13년 동안 목공을 하면서 별 탈 없이 목공을 잘 즐기다 작년에 왼손 중지를 크게 다쳤습니다. 탁상 드릴 작업을 하다 순간의 부주의로 왼손이 회전하는 날에 닿으며 말려들어 간 것입니다. 피부와 인대 모두 다쳤는데 통증이 아직도 남아 있습니다. 늘 조심 또 조심해야 합니다.

🔨 실습: 칼날은 두 마디만 빼기

안전칼을 쓴다고 해도 위험 요소는 계속 남습니다. 힘을 많이 주면 날이 약해 부러져 튈 수 있습니다. 그리고 많이 뺀 칼날은 사고가 났을 때 그만큼 상처를 크고 깊게 할 수 있습니다. 작은 나뭇가지나 얇은 나무를 깎거나 다듬을 때 두 마디 정도만 내밀어도 웬만한 작업이 가능하다고 아이들에게 일러 줍니다.

칼날을 다 집어넣은 칼을 학생에게 건네 주면 학생은 두 마디만 꺼내는 연습을 반복해서 실시합니다.

🔨 실습: 톱이나 끌을 들고 다닐 때

접이식 톱은 그나마 날 집에 톱날을 접어 넣어 들고 다닐 수 있으므로 더 안전합니다. 하지만 고정식 톱을 들고 다녀야 한다면 톱날이 앞이나 위로 향하면 안 됩니다. 톱은 톱날이 자기 아래와 몸 쪽 혹은 옆으로 향하도록 드는 게 혹시나 일어날 수 있는 충돌 상황에서 덜 위험합니다.

끌을 갖고 움직일 때는 날 몸통을 장갑 낀 손으로 감싸거나 날을 아래로 향하게 하고 엄지 손가락으로 날등을 덮고 운반하면 훨씬 안전합니다.

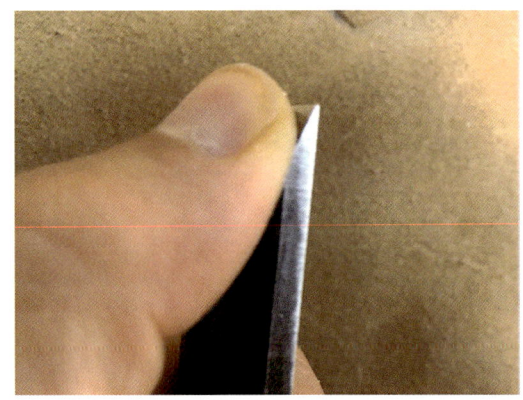

날카로운 끌을 들고 다녀야 할 때는 날등에 손가락을 올리면 사고 위험을 줄일 수 있습니다.

- 작업자 가까운 옆이나 뒤에서 지켜보지 않기: 안전 거리를 유지하고 보는 것은 그나마 덜 위험하지만 어떻게 하는지 자세히 보겠다고 얼굴을 작업 반경 내에 들이미는 것은 매우 위험합니다.

🔨 실습: 칼과 톱 주고 받기

아이들이 꼭 연습해야 합니다. 사진이나 영상을 보는 것만으로는 부족합니다. 한 명씩 차례대로 꼭 연습해야 합니다.

날카로운 물건을 줄 때는 상대에게 위협 없이 안전하게 주는 게 기본입니다. 전달하는 방향을 고려할 때 받는 이가 안전한 손잡이를 잡을 수 있게 합니다.

더 세심하게는 칼을 건네는 사람 쪽에서도 주의해야 할 점이 하나 있습니다. 칼등을 엄지와 검지로 잡되 이때 칼날은 손의 바깥쪽을 향합니다. 그래야 칼을 받는 사람이 잘못 다뤄도 주는 사람이 다치지 않습니다.

톱을 주고 받을 때도 같은 방법으로 합니다.

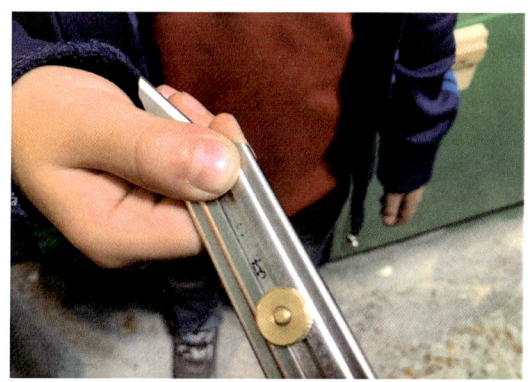

칼을 주는 올바른 모습. 날이 손 바깥쪽을 향하게 잡습니다.

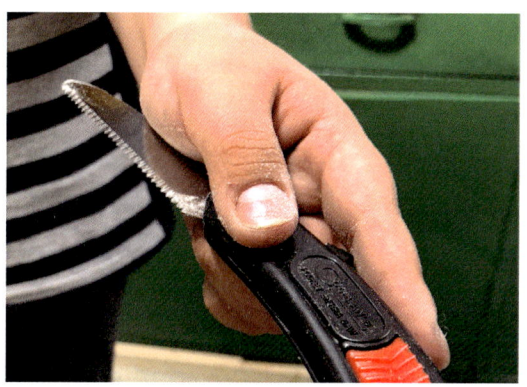

톱을 주는 올바른 모습. 날이 손 바깥쪽을 향하게 잡습니다.

| 구상과 설계 |

아이들은 설계도 그리는 걸 귀찮아합니다. 빨리 작업해서 뭔가를 만들고 싶은 의욕만 넘칩니다.

못을 박거나 칼로 다듬는 정도의 기초 실습을 먼저 할 수는 있지만 간단한 장난감을 만들어도 대략적인 모양과 크기가 나타난 설계도가 있어야 합니다. 이 과정은 관찰력을 기르는 좋은 공부이기도 합니다.

손으로 그리거나 컴퓨터를 이용한 설계도들

인터넷에서 'woodworking blueprint'를 검색하면 많은 사진 자료를 얻을 수 있습니다. 아이들 수준에 맞추고자 한다면 'children woodworking blueprint'로 좁혀 찾아보셔도 좋은 결과가 나옵니다.

무엇을 어떻게 만들지 생각한 것을 손 그림으로 그리는 게 가장 쉽고 간단하게 접근할 수 있는 방법입니다. 정밀하게 그릴수록 완성도도 높아지고 작업 과정에 도움이 되는 건 분명합니다만 대략적인 모양과 치수를 표시하고 작업을 시작해도 되는 경우도 있습니다.

사설 목공방에 비용을 지불하고 참여하는 행사 혹은 기타 단체에서 운영하는 여러 목공 체험 활동에서는 재료가 반조립의 묶음으로 깔끔하게 준비된 경우가 많습니다. 마치 조립식 플라스틱 모형처럼 각각의 재료는 규격대로 같은 크기와 수량으로 미리 포장되어 있습니다. 가족 목공 체험 교실을 열었을 때도 작품의 재료를 미리 다 준비해 둔 다음 손잡이나 철물의 위치, 마감의 종류, 조립할 때 내는 구멍의 위치 등 사소한 것만 선택적으로 다르게 만들 수 있었습니다. 짧은 시간에 맛보는 일회성 체험이라 조립 전의 나무 준비와 디자인, 마름질 과정을 건너뛸 수밖에 없었습니다.

이런 일회성 체험도 의미가 있지만 작품을 구상하고 모양을 고민하는 과정, 평면에 입체적인 설계도 그리기 과정은 아주 좋은 공부 기회이며 우리가 목공을 하는 중요한 이유입니다. 학교에서 목공 교육 계획을 세울 때는 아이들이 설계 경험을 일부라도 할 수 있게 합니다.

교실에 있는 책상, 의자, 사물함, 집에 있는 가구 등 주변에서 볼 수 있는 것을 그려 보게 합니다. 학생들에게 예제를 보여 주거나 직접 시연을 하며 설계도에 치수, 나무 두께, 전체적인 조감이 가능하게 그리도록 가르칩니다. 대부분의 아이들이 설계도 그리기를 과소평가하고 대충 그리기 때문에 많은 실수들이 나타납니다.

본인만 알 수 있는 설계도

그림을 그리기는 했는데 균형도 맞지 않고 조감할 수 없는 그림을 그립니다. 반복된 실수를 하는 학생은 나무 토막을 보고 그대로 윤곽을 그리는 연습을 해 봅니다.

다음 내용은 아이들이 설계도를 그릴 때 자주 저지르는 실수들입니다.

- **치수가 제대로 나타나지 않은 경우**: 설계도를 보면서 치수를 바로 알 수 있어야 하는데 길이 자체를 의식하지 못하기도 합니다. 일부의 것만 나타내면 다른 것을 계산하는 단계를 한 번 더 거쳐야 하므로 번거롭습니다. 숫자가 많아 겹쳐서 복잡한 도면이 되는 걸 피하기 위해서 혹은 이미 내용을 충분히 생략해도 되는 게 아니라면 설계도면에 치수가 최대한 정확하고 자세하게 나타나야 작업할 때 편합니다. 따라서 설계도면을 보면 언제나 바로 각 부분의 길이를 바로 알 수 있도록 설계도에 치수를 함께 넣도록 안내해야 합니다.

- **나무 두께를 고려하지 않은 경우**: 많은 아이들이 나무 두께를 무시하고 수학책에 나오는 도형이나 전개도처럼 그립니다. 두꺼운 나무로 된 구조물을 그리거나 만들어 본 경험이 없어서 그렇습니다.

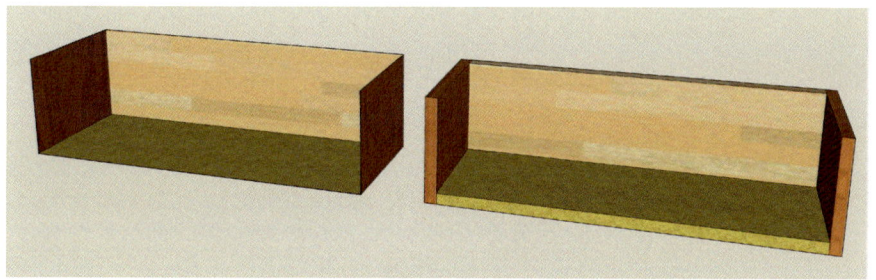

왼쪽 - 나무 두께를 생각하지 않고 종이처럼 그린 책꽂이, 오른쪽 - 두께를 고려한 책꽂이 겨냥도

반듯하게 자로 잘 그렸지만 '그림에서 무엇을 빠뜨렸는지 생각해 보라'고 해도 답을 잘 찾아내지 못합니다. 나무 두께는 절대적인 요소인데도 실재 부품과 완성 작품 사이에 어떤 변화가 일어날지 모르므로 반드시 고려하도록 가르칩니다.

🔨 조금 더 고민해 볼 거리 - 튼튼한 연결

오른쪽은 의자를 만들 때 아이들이 자주 그리는 설계도입니다.

그냥 깔판 아래에 다리 네 개를 그리는 것으로 끝입니다. 이렇게 만든다면 깔판과 다리 네 개를 어떻게 연결할 거냐고 학생에게 물어봅니다. 그러면 그냥 못으로 박거나 접착제로 바른다고 대답합니다. 나중에 옆으로 비트는 힘에 무너질 게 뻔하게 보입니다. 겨우 의자 형태만 완성했을 뿐이며 제대로 구실을 못 하는 작품이 됩니다.

아이들이 그린 의자
튼튼하게 만드는 방법까지 생각하기는 어렵습니다.

다리를 어떻게 하면 튼튼하게 만들 수 있을지 아이들에게 다시 고민하라고 권유합니다. 젠가나 나무 쌓기 놀이용 나무 조각으로 모형을 만들어 보여 줘도 좋습니다. 학교에서 참고될 가구를 찾거나 나무 의자 사진을 제시하거나 집에 식탁 의자 등을 참고해 보라고 합니다. 생활 목공을 활동 주제로 한다면 이런 공부도 의미 있는 시간입니다. 어려운 내용일 수도 있겠다고 생각하지만 아이들이 주변에서 무심코 보던 가구들을 관찰하는 동기가 됩니다.

🔨 스케치업 SketchUp

'스케치업'은 삼차원 공간 설계 프로그램입니다. 무료판과 유료판으로 나누어 출시되었는데 인터넷에서 쉽게 구할 수 있습니다.

단순하지만 매우 직관적인 구성으로 두 시간 정도 공부하면 간단한 입체도형을 쉽게 그릴 수 있으며 설계한 작품을 구글 어스에 등록하는 것도 가능합니다. 구글 어스의 보기 선택에서 삼차원 건물 보기를 고르면 지도 위에 입체적인 건물 사진을 볼 수 있는데, 스케치업으로 그와 같은 작품을 그릴 수 있습니다.

스케치업을 실제로 교과 학습 시간에 학생들에게 지도하고 있는데 저학년 아이들도 빠르게 잘 익힙니다. 프로그램 조작법을 잘 모르는 학생이라도 인터넷에 공유된 여러 입체 모형을 가져와서 삼차원 공간을 꾸밉니다. 실과 시간에는 인터넷에 공유된 자료를 이용해 집과 방 꾸미기를 할 수 있습니다. 수학 시간에는 평면과 입체 도형 관련 내용, 쌓기 나무, 비율 개념을 설명할 때 사용합니다. 특히 회전체를 만드는 과정을 보여 주고 단면 보기 기능을 실연하면 효과가 좋습니다.

- **설치**: www.sketchup.com에 접속하면 사용하는 컴퓨터 운영체제를 인식해서 적합한 파일을 제안합니다. 오류가 있다면 내 컴퓨터 설정에서 시스템 정보를 확인하고 그에 맞게 골라 내려받으면 됩니다. 학생들을 위해서는 영문판 대신 한글판을 고릅니다.
- **무료판으로 충분**: 예전에는 무료인 스케치업 메이크$^{SketchUp\ Make}$판과 유료인 스케치업 프로$^{SketchUp\ Pro}$판이 있었지만 최근엔 스케치업 프리$^{SketchUp\ Free}$판과 유료인 스케치업 프로$^{SketchUp\ Pro}$판으로 나뉘었습니다. 스케치업 프리$^{SketchUp\ Free}$판은 말 그대로 무료이지만 전처럼 파일을 설치하는 게 아니라 웹 기반입니다. 구글의 새로운 서

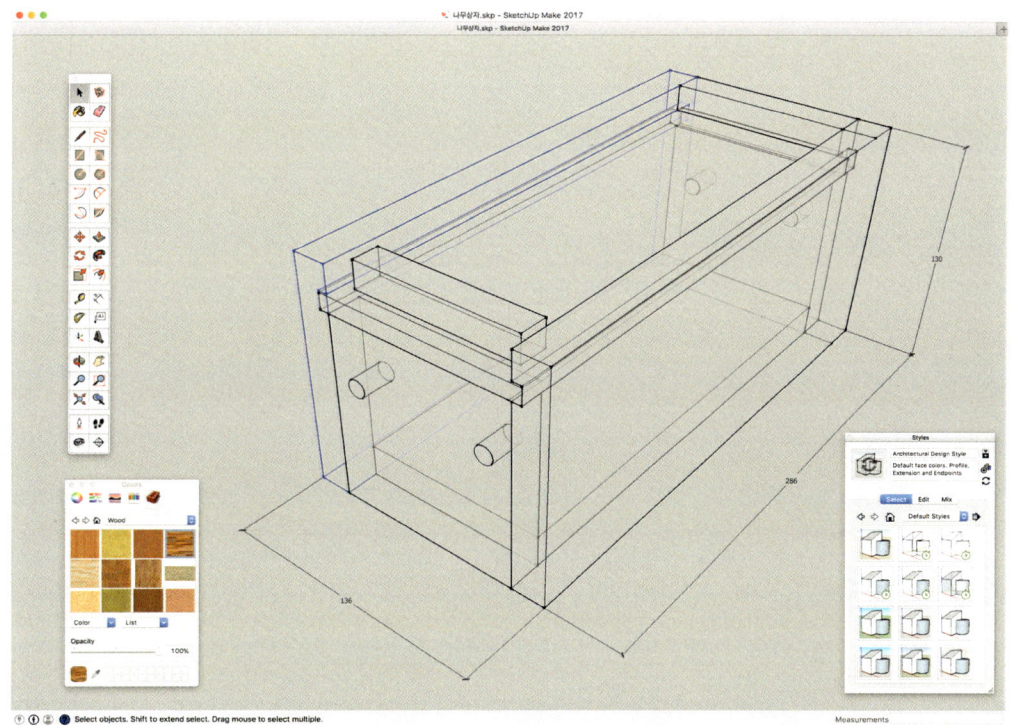

스케치업으로 그린 나무 상자 설계도

비스와 통합하여 스케치업 포 스쿨SketchUp for Schools의 새로운 판도 선보이고 있습니다.

계속 새로운 형태로 서비스가 바뀌고 있는데 웹 기반은 속도나 안정성을 고려해야 하니 과거의 스케치업 메이크SketchUp Make판 파일을 얻어 설치할 것을 추천합니다. 목공 교육에 필요한 기능은 무료판만으로도 충분합니다.

- **익히기**: 홈페이지에 학습 예제가 많이 있어 그 동영상만으로도 쉽게 익힐 수 있습니다. 프로그램 자체에 도움말이 있고 각각의 메뉴에 대해 에니메이션으로 자세히 설명하는 기능이 있으므로 이를 켜 놓고 따라 해도 배울 수 있습니다.

| 마름질, 가공하기 |

설계도에 따른 부품을 마련하려면 나무에 선을 그리고 잘라야 합니다. 필요한 치수에 맞게 선을 그릴 때 효율적으로 그리는 것도 중요합니다.

🔨 선 그리기 오류 - 나무판에 부품 크기대로 연달아 그리는 경우

하나의 나무판에서 똑같은 부품을 두 개 얻고자 할 때 자주 하는 실수로, 톱으로 잘랐을 때의 오차와 톱날 두께를 생각하지 못한 데서 비롯됩니다. 기계 톱날로 아주 반듯하게 잘라도 3㎜ 정도가 사라지므로 그만큼 오차가 생기게 됩니다. 게다가 학생들이 손으로 톱질을 하면 직선으로 자르기도 어려워서 오차도 더 커지기 마련입니다.

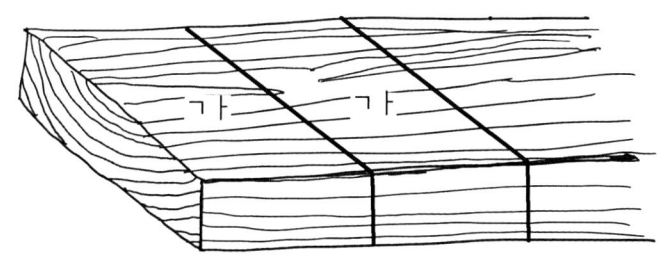

이런 경우에는 먼저 왼쪽의 (가)를 먼저 잘라내고 다시 선을 그린 다음 또 하나의 (가)를 잘라야 합니다. 이런 실수를 줄이려면 교사가 처음부터 부품 (가)의 두 배 크기로 목재를 나눠 주고 그 한가운데에 선을 그어 자르는 방법이 더 좋습니다.

🔨 선 그리기 오류 - 부품을 따로 떼어 그리거나 옹이에 그린 예

다음 그림에서처럼 두 개를 따로 떼어서 그리는 것도 작업 효율이 떨어지는 일입니다. 그림에서 부품 (가)는 나무판의 왼쪽 끝에서 시작하지 않았고, 부품 (나)는 나무의 한가운데 그렸습니다. 네 면을 다 톱질해야 하니 작업량이 많이 늘어납니다. 나무의 끝면(마구리)이 직각으로 잘려 있다면 (가)는 왼쪽 마구리부터 치수를 재서 그리도록 유도합니다. 그리고 부품 (나)는 어느 한쪽 모서리로 밀어 그려야 작업량을 줄일 수 있습니다. 그리고 재단선을 옹이 위에 그리면 자르거나 깎을 때 아주 힘들므로 부품의 내부로 넣거나 피해야 합니다.

　이런 실수를 했을 때 처음에 그린 것에 무슨 문제가 있는지 알려 주면 잘 이해해서 다른 곳에도 같은 문제가 있는지 확인하는 아이들이 있습니다. 반면에 알려준 곳만 고치는 학생들도 있지요. 그런 아이는 한두 번 더 고칠 것을 말해 주면 귀찮아하고 의욕을 잃습니다. 옆에 있는 아이들의 도움까지 받아도 잘하지 못할 때는 일단 작업을 중지하고 친구들과 자기 것의 차이를 관찰해 보라고 합니다.

🔨 선 그리기 오류 - 나무 가운데 선을 그린 다른 예

　자동차를 만들려고 각재에 자동차 몸체를 그릴 때 아이들은 (가)와 같은 실수를 많이 합니다. 각재의 마구리부터 몸체를 그리면 톱질을 한 번이라도 줄일 수 있는데 아직 그걸 인식하지는 못합니다. 위에서 판재에 그린 부품 (나)의 실수와 비슷합니다.

　학생에게 뭔가 좀 더 쉬운 방법이 있으니 찾아보라고 합니다. 고개를 갸우뚱거릴 때 오른쪽 그림의 (나)처럼 그리도록 안내하면 뭔가를 깨달았다는 기쁜 얼굴로 얼른 고쳐 그립니다.

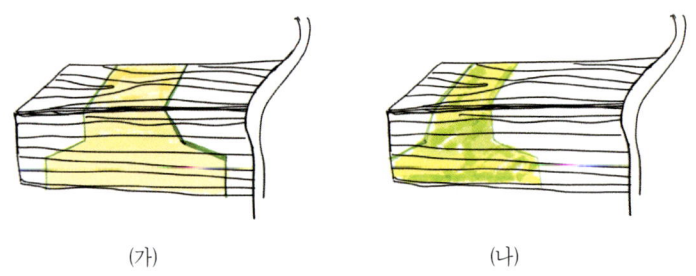

(가)　　　　　　　　(나)

🔨 톱질

　톱질은 처음에는 마음먹은 대로 되지 않습니다. 선에 맞게 직선으로 톱질을 곧게 하기는 더욱 어렵습니다. 그럴 때는 자르려는 선에 나무 토막을 대고 조임 틀이나 양면 테이프 등으로 고정한 다음 그것에 대고 톱질을 하면 훨씬 결과가 좋아집니다.

톱질 전용 지그도 판매되지만 그림과 같은 방식이 아이들에게는 더 유용합니다.

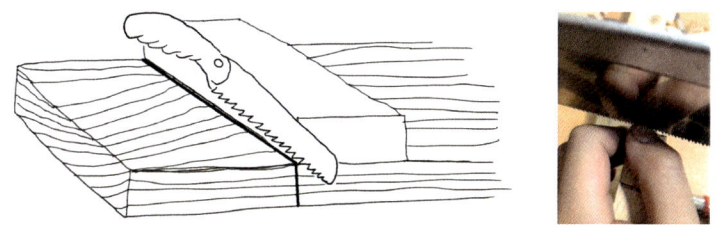

그리고 톱질을 시작할 때는 엄지 손톱에 톱을 대고 자르고자 하는 선에 맞춰 앞으로 몇 번 밀어서 길을 내고 시작합니다. 생각처럼 쉽지 않은 것이 톱질이므로 올바른 톱질 자세와 방법을 꾸준히 연습하도록 지도합니다. 인터넷에 한글 동영상도 많으므로 참고하면 기초적인 방법을 이해하는 데 도움이 됩니다.

엇결과 순결

나무를 깎거나 대패질을 할 때 결의 방향을 고려해야 합니다. 끌질이나 대패질을 할 때 결이 매끄럽게 밀리는 방향을 '순결'이라 하고 거스러미가 일어나는 방향을 '엇결'이라고 합니다.

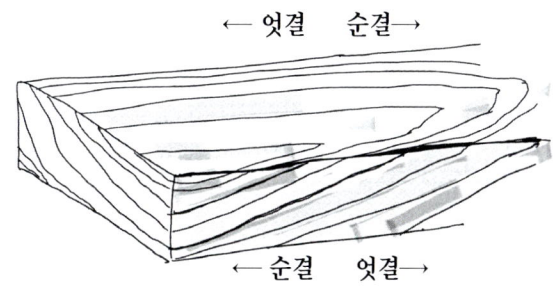

그림의 나무에서 엇결과 순결 방향은 화살표와 같습니다. 순결 방향으로 공구를 쓰면 작업 효율이 높아지고 결과도 더 만족스럽습니다. 이 나무 윗면은 오른쪽으로 대패질을 하면 별 탈 없이 부드럽게 깎을 수 있습니다. 하지만 반대 방향인 왼쪽으로 작업하면 표면이 덜 매끄럽습니다.

만약 이 나무판을 뒤집어 아랫면을 가공한다면 엇결과 순결의 방향은 바뀝니다.

무늬를 읽지 못하더라도 공구를 쓰다 보면 사용 방향이 가공 결과에 영향을 끼치는 걸 느낄 기회가 생기기도 합니다.

🔨 조립 - 나뭇결 맞추기

설계와 조립에서 모두 나뭇결의 방향이 가장 중요한 사항으로 작품의 내구성과 아름다움에도 영향을 많이 미칩니다. 따라서 작품 설계도를 그릴 때부터 나무에 자를 선을 옮겨 그릴 때도 학생들에게 미리 알려 주고 시작합니다.

아래 그림 (가)는 나뭇결이 잘못 연결된 예입니다. 위에 올린 판의 결이 오른쪽 그림처럼 두 밑판과 나란해서 가운데 부분이 갈라지거나 부서질 수 있습니다.

아래 그림 (나)는 나뭇결이 잘 연결된 예입니다. 오른쪽 그림에 있듯이 결이 방향으로 두 밑판에 걸쳐 있어서 내려 누르거나 당기는 힘을 충분히 견뎌 냅니다.

그 밖에 상판과 측판의 배치에 따른 내구성 차이, 나무의 수축과 팽창을 배려한 재단 등은 학생 수준에서 고려하기 어려운 요소입니다. 따라서 생활 가구를 주제로 할 때 학생들과 활동할 때는 기본 설계부터, 마름질과 조립 계획을 교사가 주도해 준비하는 게 좋습니다.

| 마무리, 칠 |

마무리와 칠 과정은 '공구', '사례와 준비' 부분을 참고하시면 지도에 별다른 어려움은 없을 것입니다.

사포는 번호가 작은 거친 것부터 시작해서 고운 것으로 마무리하면 되는데 사포 종류를 구분해서 사용하지 않는 아이도 종종 있습니다. 작업 전에 사포마다 손으로 직접 만져 보며 차이를 체험하고 이용하게 하면 좋습니다.

사포 작업은 나뭇결 방향대로 하는 게 기본인데 아이들은 처음에 그걸 신경 쓰지 않아서 거친 사포로 나뭇결 방향을 무시하기도 합니다. 귀찮더라도 이를 지켜야 효율이 높다고 사전에 꼭 안내해야 합니다. 그리고 조립한 곳에 빈틈이나 간격이 크다면 나무조각을 알맞게 잘라 메꾸도록 합니다.

아이들은 오일이나 페인트를 두껍게 바를수록 좋다는 선입견을 갖고 있습니다. 적정한 양 이상을 바르면 칠이 흘러내려 얼룩이 생기고 굳는 시간도 더 걸린다고 미리 설명해야 합니다.

작업용 앞치마, 토시, 버려도 되는 옷 또는 작업복 등을 준비해서 칠로 옷이 망가지는 것을 예방합니다. 장갑과 스펀지, 붓을 쓰는 칠 작업 공간을 목공실 한곳에 마련하고 서로 교대로 쓰거나 조립 완료 순서대로 재량껏 칠을 하면 쓰레기를 줄일 수 있습니다.

칠 재료마다 다양한 물질을 공기 중에 발산하므로 칠 작업과 건조 중에는 환기에 각별히 신경 써야 합니다. 천연 오일류는 마르는 동안 오래된 기름 냄새가 납니다. 어떤 학생은 불쾌하게 느낄 수 있습니다. 하지만 독성은 거의 없으니 이 사실을 학생들에게 안내해 줍니다.

분무형 칠 작업은 학교에서 바람직하지 않습니다. 칠 입자가 많이 날려서 대기 오염도 일으키고 건강에도 나쁩니다.

| 주제 학습 마무리 |

한 주제가 끝나면 아이들과 활동 과정 전반을 돌아 보고 작품을 감상합니다.

- 처음 계획과 작업하면서 달라진 점
- 새로 배운 기능
- 안전 지침 준수 여부: 관련 사건이나 상황 돌아보기
- 목공 작업 환경과 공구 사용에 대한 의견
- 내 작품에서 잘된 점, 아쉬운 점
- 부품의 위치와 모양에 따른 느낌의 차이

이때 아이들로 하여금 서로 작품을 비교하며 차이점을 찾아보게 하는 것은 유익한 활동입니다. 예를 들어 학생마다 고리나 손잡이의 크기와 위치를 다르게 했을 때, 나무에 칠과 무늬를 개성껏 했을 때 느낌, 내구성이나 안정감, 사용의 편리함이 어떻게 달라지는지 살펴 봅니다. 작은 차이가 개성을 살리기도 하고 더 튼튼한 작품을 만들 수도 있다는 걸 경험하는 계기가 됩니다.

아이들은 자기가 만든 것을 얼른 집에 가져가서 자랑하고 싶어 합니다. 기념 사진을 찍고 짧은 기간이라도 학급 전체의 전시 기간을 가진 후 챙겨 가도록 합니다.

| 활동 시간 운영 전반 |

🔨 1회에 2단위 시간 구성이 좋습니다

40분 단위의 1시간은 저학년 아이들의 활동에는 적당합니다. 칼로 뭔가를 깎거나 목공풀로 붙이는 아주 간단한 준비물로 활동하는 수준에서 그렇습니다.

그러나, 중학년 이상인 경우 40분 단위 1시간은 부족합니다. 목공실로 이동하고 재료와 공구를 분배하는 준비 과정, 청소와 공구 정리로 마무리하는 시간을 빼면 주제 활동 시간은 30분도 되지 않습니다. 그래서 1회당 2단위 시간으로 편성하는 게 적정합니다. 그보다 더 길어지면 대체로 아이들의 집중력이 떨어지고 힘들어합니다.

🔨 초기에는 공구를 미리 준비해 두어도 좋습니다

특히 저학년 활동이거나 보조교사가 있다면 필요한 공구를 미리 자리에 준비해 두도록 합니다. 이후 아이들 스스로 옮기고 정리할 수 있게 지도해 가면 됩니다.

이 준비 작업에는 공구를 담은 수레를 이용하면 편리합니다.

🔨 청소와 정리는 함께 합니다

활동 후 마무리와 정리 정돈을 하는 것도 목공 교육의 한 부분입니다. 자기가 작업한 자리를 스스로 청소하고 사용한 공구를 안전하게 정리해야 합니다. 공구를 정리할 때는 교사의 지시에 따르도록 하며 공구가 뒤섞이지 않게 조심합니다.

특별실이나 교실에서 활동을 마친 후에 일부 아이들에게 공구 정리와 청소를 맡기고 나머지 아이들을 인솔하는 경우는 보조교사가 있을 때만 가능합니다.

기본 수공구와
필수적인 전동공구를 활용한
수준별 활동 주제 예시

활동 주제

| 고려할 점 |

어린이 목공 교육 활동 주제를 고를 때 고려해야 할 점들을 먼저 살펴보겠습니다.

 작품의 가치와 학생 정서

　나무로 만들 수 있는 것은 뭐든지 시도해 볼 수 있지만 그 가치에 대해서는 생각해 보아야 합니다. 예를 들어 장난감 총을 만든다면 동기 유발도 쉽고 재미있어하겠지만 아이들은 게임을 연상하고 무심코 잔인한 말을 아무렇지도 않게 뱉어 낼 수도 있습니다.

　어렸을 때 직접 만들어 놀았던 새총은 재미난 소재이지만 학교에서는 어울리지 않습니다. 학교에서 이것을 만들면 어떤 학생들은 교내외에서 유리나 동물을 향해 새총을 쏘거나 해서 학교가 뒷감당하기 어려운 일이 벌어질 수도 있습니다.

　아이들의 기호를 좇으면서도 교육적인 효과를 높일 수 있는 주제를 선정하는 것이 좋습니다. 그리고 선정된 주제가 우리가 지향하는 가치와 어울리는지 따져보아야 합니다.

지도교사의 경험과 능력

교사가 만들어 보지 못한 것을 동아리나 소집단 활동에 도전 과제로 제시할 수는 있습니다. 그렇지만 다수 학생들이 경험해야 할 보편적인 작품 주제로 고르는 데는 위험 요소가 매우 많습니다.

작업 과정 중에 발생할지도 모르는 돌발 상황을 예측할 수 없기 때문에, 주제 활동보다 환경을 정비하고 안전 관리를 하며 작품을 보완해 주는 데 신경을 더 쓸 수밖에 없습니다. 따라서 지도교사가 반드시 미리 만들어 보고 자신의 지도 역량으로 충분히 제어할 수 있는 작품 주제를 선정해야 합니다.

경험에 비추어 보면, 신기한 기능이나 특별한 모양의 주제라야 아이들이 더 흥미를 갖고 열심히 할 거라는 예상은 단지 선입견에 불과합니다. 나무를 만지고 공작 활동을 하는 것만으로도 이미 아이들은 즐거워하는 경우가 대부분입니다.

공구와 공간

보유한 공구의 종류와 양을 고려해야 합니다. 각 종류마다 한 학급이 동시에 활용할 만큼 갖춰야 합니다. 아이들이 작업할 때 수량이 부족하면 대기 시간도 길어집니다. 그러면, 작업 시간도 오래 걸리고 집중력도 떨어지며 다 완성하지 못할 가능성도 높아집니다. 전동 드라이버가 없는데 나사못으로 조립할 계획을 세우거나 망치도 부족한데 못으로 나무판을 조립할 계획을 세우는 일이 벌어져서는 안 됩니다.

목공실과 작업대가 없다면 아이들이 어디서 어떻게 작업을 해야 할지, 작품의 크기는 어느 정도가 적당한지도 고려해야 합니다. 교실 책상 위에서 만든다면 작품 크기는 제한적일 수밖에 없습니다.

활동 장소의 환기와 조명 상태도 살펴야 합니다. 밝기가 부족하면 작업등을 더 설치하는 게 좋습니다. 환기 또한 매우 중요한데 건물이 탁 트이고 통풍이 잘되는 곳이라면 창문을 열어 지속적으로 환기하고 전동 작업을 할 때는 집진 장치를 설치해서 먼지가 날리는 것을 최소로 줄여야 합니다.

🔨 구하기 쉬운 재료

구하기 쉬운 목재를 이용하는 주제로 정하면 여러 모로 좋습니다. 크기에 맞춰 다시 재단하는 준비 작업이 줄고 원하는 때에 목재를 추가 조달하기가 용이합니다.

처음의 생각과 좀 달라지더라도 구입이 어려운 목재라면 포기해야 합니다. 재료를 고려하지 않고 작품 주제를 골랐다가 설계를 바꾸거나 나무를 추가로 사야 할 때, 같은 나무를 구하지 못하면 작품을 완성하지 못하는 경우도 생깁니다.

작품을 마감할 칠 재료도 마찬가지입니다. 예산에 맞춰 구입 가능한 칠감을 결정한 뒤 그에 맞는 효과적인 칠 방법을 익히고 소모품도 미리 챙겨야 합니다.

🔨 학생의 목공 경험

활동을 하는 학생들의 목공 능력에 맞는 주제를 선택합니다.

학교에서 지속적으로 목공 교육을 하는 경우라면 저학년은 안전한 공구로 간단한 작업을 할 수 있는 주제를 고르고, 고학년은 조금 더 다양한 공구와 기법을 사용한 큰 작품을 만들 수 있습니다.

기능 수준이 높다면 난이도가 높으며 협력 작업이 필요한 작품에 도전해도 됩니다.

🔨 예산

활동 주제 선정의 가장 현실적인 고려 요소는 예산입니다. 목공 교육 전체 예산과 학생 1인당 사용 가능한 금액 내에서 공구, 목재와 칠 재료, 그 밖의 소모품을 마련해야 하기 때문입니다. 대체로 50명 이상의 학생이 소품을 하나 만든다고 가정했을 때, 시중의 품질 낮은 목공 체험 키트를 살 돈이라면 목재상에서 양질의 재료를 대량으로 구입해 쓸 수 있습니다.

🔨 활동 단위

주로 개인 작품을 만듭니다만 소집단으로 학급이나 학교에서 쓸 가구를 함께 구상하고 조립해 공용으로 만들 수 있습니다. 재료비가 충분하지 않은 상태에서 조금 큰 작품을 만들고 싶으면 조별로 활동하는 것도 대안입니다. 서울신은초등학교에서 실제로 그렇게 만든 적이 있습니다. 가문비 각재와 판재를 사서 직접 자르고 나사못으로 조립해 사각 스툴을 만들어 복도와 교실에 비치해 사용했습니다.

대집단으로 단체 작품을 만들 수 있습니다. 소유권은 공동으로 하고 학교 축제나 체험마당에서 아이들이 조각이나 부분을 만들고 전체를 모아 놓으면 큰 작품이 만들어져 개인 작품과는 다른 의미와 감동이 있습니다.

가족 체험 교실을 할 때는 부모와 자녀가 함께 할 수 있는 작업을 조합해 주어야 합니다. 가족 목공 교실에서는 아이는 보통 안전한 톱으로 자르거나 부모를 보조하며 나사못을 챙겨 주거나 칠 마감을 할 수 있습니다. 저학년 아동에게도 보호자 관찰 아래 전동 드라이버와 톱을 사용할 기회를 줄 수 있습니다.

공구 사용에 따른 주제 배치 순서

처음에는 최소한의 공구만 사용하게 합니다. 톱이나 칼, 망치 중 한두 가지만으로 만들 수 있는 주제를 고릅니다. 공구에 익숙해지면 한 가지씩 더 추가해 만드는 주제로 발전시킵니다.

초기부터 여러 공구를 복합적으로 사용하는 것은 지도교사도 부담스러울 뿐만 아니라 안전 지도 측면이나 공구 준비 측면에서 바람직하지 않습니다.

학생의 재량권

학교 목공 교육에서는 제한된 시간, 기술 수준, 안전과 공구의 제한 때문에 디자인 과정 전부를 학생에게 맡기기는 어렵습니다. 그러나, 안전과 물리적 환경이 허용하는 범위에서 주제마다 학생들이 선택하거나 바꿀 수 있는 여지를 디자인과 제작 과정에서 남겨 둔다면 개성과 자부심, 성취 동기를 향상시키는 데 도움이 됩니다. 작은 부품의 크기나 구멍의 위치 등 학생이 자기 생각과 판단으로 결정할 수 있는 영역을 남기는 걸 적극 고려합니다.

이제부터 소개할 활동 주제들은 책과 인터넷 등의 자료를 참고해 그동안 저와 외부 선생님께서 활동한 주제입니다. 당시의 활동 사진이 없는 것은 다른 자료를 인용하거나 그림으로 대신합니다. 영어를 병기했으니 인터넷에서 자료를 찾아 각 학교마다 적용하시면 됩니다.

제한된 시간에 빨리 많은 주제를 채우려는 욕심은 내려 놓으시길 당부드립니다. 약간 시간 여유를 두었다는 느낌이 들도록 계획해서 진행하다 실제로 시간이 넉넉한 상황이 된다면 마무리에 더 공을 들여 완성도를 올리면 됩니다.

나뭇가지 자르기와 깎기 branch slice

☑ 저 ☑ 중 ☑ 고 | 2시간

◉ **준비물**: 작은 톱, 안전 칼, 손가락 굵기의 나뭇가지

◉ **과정**(안전 칼로 깎기)
- 나뭇가지를 깎습니다.
- 안전 칼은 날을 두 마디 정도만 밖으로 내놓고 칼에 무리한 힘을 주지 말고 잡습니다.
- 나무를 쥔 손의 엄지로 연필을 깎을 때처럼 칼등을 살살 앞으로 밀어 줍니다. 이 과정을 천천히 반복합니다.

◉ **과정**(톱으로 자르기)
- 보통은 나뭇가지 잡기가 불편할 것이므로 작업대에 허드레 나무판을 댑니다. 이 나무판에 나뭇가지를 놓은 다음 한 손으로 꽉 누릅니다. 허드레 나무판은 톱으로 자를 때 톱질로 망가져도 됩니다.
- 톱을 살짝 앞으로 기울여 톱길을 먼저 내 주고 천천히 조금씩 움직이되 당길 때 힘을 주고 밀 때는 힘을 뺍니다.

- 잘린 나뭇가지의 동그란 단면에 톱질 자국은 최소로 남겨 매끄럽게 만들도록 하는 도전 과제를 줍니다.
- 동전처럼 얇고 동그란 원판을 만듭니다. 톱질을 천천히 요령에 따라 해야 면이 고른 원판 모양으로 자를 수 있습니다.
- 다음에는 좀 더 굵은 나뭇가지에 도전합니다. 작은 접톱으로 아이들 팔뚝 굵기의 나무까지 잘라 볼 수 있습니다.

◎ **주의 사항**
- 목공 활동 초기에 칼을 쓸 때 나무를 잡은 손에 장갑을 끼는 것이 안전합니다.
- 칼을 쓸 때 잡은 손의 힘만으로 앞으로 밀어 깎으려고 하면 자칫 칼이 세게 빗겨 나가면서 옆 사람을 위험하게 할 수 있습니다. 항상 나무를 잡은 손의 엄지 힘으로 밀도록 안내합니다.

◎ **덧붙임**
- 큰 작업대에 얹어 두고 쓸 작은 개인 작업대를 학생 수만큼 만들어 두고 쓰면 좋습니다. 저렴한 합판과 각재로 쉽게 만들 수 있습니다. 고학년 학생들의 수업 시간에 이것을 만들어 목공 교육 시간에 계속 사용하는 것도 좋은 방법입니다.
- 나뭇가지를 찾아다니다 보면 아이들이 평소 관심 없던 학교 주변과 공원의 식물에 관심을 갖고 껍질 색과 거친 정도가 모두 다른 걸 발견하는 재미도 있습니다. 나뭇가지의 단면을 보며 나이테가 있는 것과 없는 것, 심재와 변재, 물관과 체관에 대해서도 궁금해 합니다. 활동을 확장해 볼 좋은 기회입니다.
- 가을이나 봄에 가지치기를 한 나무는 수분이 많습니다. 그래서 자르기 쉽고 톱질을 하면서 푸릇한 향기를 맡을 수 있습니다. 반면에 매끄러운 단면을 만들기는 더 어렵고 둥근 나뭇가지 원판이 마르면서 갈라지기 쉽습니다. 이 과정에서 나무의 수축과 팽창에 대한 이해를 넓힐 수 있습니다.

나뭇가지 장신구 만들기 branch pencil/slice

☑저 ☑중 ☑고 | 1시간

◉ **준비물:** 지름 3㎜ 이상의 나뭇가지 원판, 사포, 색칠 재료, 가죽 끈

◉ **과정(연필 모양)**
- 손가락 굵기의 나뭇가지를 한 손에 쥡니다. 아이들 손에 맞는 미끄럼 방지 코팅 장갑을 끼도록 합니다.
- 연필을 깎듯이 모양을 내고 뾰족하게 다듬은 끝에 연필심처럼 색을 조금 칠합니다.
- 나뭇가지의 뾰족한 끝 반대편에 작은 구멍을 전동 드릴로 뚫고 가죽끈을 적당한 길이로 잘라 가방이나 다른 것에 묶습니다. 전동 드릴 사용 시 위험할 수 있으므로 반드시 나뭇가지를 잘 잡은 상태에서 작업해야 합니다.

◉ **과정(나뭇가지 원판 이름표)**
- 나뭇가지의 굵기가 최소 30㎜ 이상이어야 가공된 단면에 그림을 그릴 수 있습니다.
- 단면에 그림을 그린 후, 전동 드릴에 지름 3㎜ 정도의 날을 끼워 그림과 어울리는 곳에 구멍을 냅니다. 광칠을 하거나 오일을 바릅니다.
- 칠이 다 마르면 가죽끈으로 가방 등 원하는 물건에 매답니다.

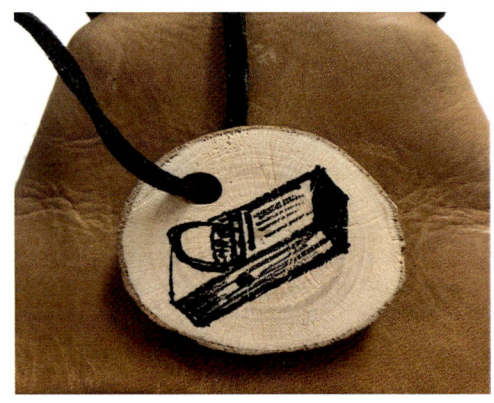 

◎ **유의 사항**

- 사포를 얼마나 잘했느냐에 따라 칠했을 때의 결과도 달라집니다.
- 마르지 않은 생나무로 만들면 나중에 방사상으로 갈라질 수 있습니다. 사용하기 전에 미리 가져다 놓고 말려 둡니다.
- 사포를 할 때 손톱이나 손가락 끝이 사포에 자주 닿습니다. 천천히 조심해서 하라는 지도를 자주 합니다.
- 생나무를 말리는 과정 중에 나무가 갈라질 수 있습니다. 굵은 가지일수록 보관할 때 꼭 절단면에 목공 접착제를 발라 두면 그런 것을 막을 수 있습니다. 그렇게 하지 않으면 애써서 챙겨 놓은 가지가 많이 상해 쓸 부분이 줄어듭니다.

◎ **덧붙임**

- 투명칠은 부드럽게 살짝 해 주고 칠이 엉겨 붙지 않게 합니다.
- 오일을 칠한 직후 면직물로 닦아서 표면 정리를 해 줍니다.
- 광칠은 하지 않아도 좋습니다. 오히려 손때가 타면서 자연스럽게 보이기도 합니다.

나뭇가지 원판 그림 wood slice art

☑저 □중 □고 | 협동, 1시간

◎ **준비물:** 나뭇가지 원판, 가는 색연필이나 수성펜 등, 판, 목공풀

◎ **과정**
- 여러 굵기의 나뭇가지 원판에 각자 그리고 싶은 것이나 혹은 하나의 주제 아래 아이들마다 다양한 그림을 그립니다.
- 8절 도화지 크기의 사각형이나 다른 모양의 단단한 판에 목공풀로 아이들이 그림을 그린 나뭇가지 원판을 목공풀로 붙입니다. 인원이 적다면 한 사람이 여러 개를 하는 것도 좋습니다.
- 크고 작은 것을 불규칙적으로 붙입니다. 원평판의 틈들은 크기에 맞는 작은 원판으로 메꿉니다. 여러 원이 접하면서 생기는 틈이 너무 허전하지 않을 정도로 채우면 됩니다.
- 접착제가 다 굳으면 바탕판에 고리를 달아 벽에 게시합니다.

◎ **유의 사항**
- 나뭇가지 원판의 표면이 너무 거칠면 그림을 제대로 그리기 힘듭니다. 사포로 잘 갈아 매끄럽게 한 뒤에 그립니다.

◎ **덧붙임**
- 나이테의 모양과 색을 관찰하며 나무마다 다른 색과 모양에 호기심을 갖습니다.

나뭇가지로 솟대, 장승 만들기

□ 저 ☑ 중 ☑ 고 | 2~3시간

◎ **준비물:** 여러 형태와 크기의 나뭇가지, 전동 드릴(날), 접착제, 안전 칼, 톱, 받침 나무

◎ **과정**
- 나뭇가지를 관찰하여 솟대로 사용할 부분을 찾아냅니다.
- 톱과 칼로 솟대에 필요한 부분을 자르고 다듬습니다.
- 받침으로 쓸 나무, 서로 끼워 맞출 나뭇가지에 전동 드릴로 구멍을 뚫습니다. 여기에 끼울 나뭇가지 끝 부분을 다듬어서 잘 맞도록 합니다.
- 접착제를 바르고 조립합니다.

◎ **유의 사항**
- 학생들은 각자 자기가 사용할 나뭇가지의 굵기에 맞춰 받침이나 다른 나무의 구멍 지름을 달리해야 합니다. 따라서 크기가 다른 목공용 드릴 날을 최소 두 가지 이상 미리 준비해야 합니다.

◎ **덧붙임**
- 솟대와 장승은 아이들에게 친숙하지 않아 동기유발이 되지 않을 수도 있습니다. 솟대 형태를 응용하여 목걸이나 이어폰 거치대 등을 만들 수도 있습니다.
- 받침용 나무로 쓸 만한 굵은 나뭇가지가 없다면 판재를 잘라 써도 됩니다.

나뭇가지로 곤충 만들기

☐ 저 ☑ 중 ☑ 고 | 4시간

◉ **준비물:** 여러 형태와 크기의 나뭇가지, 전동 드릴(날), 접착제, 안전 칼, 톱, 받침 나무, 송곳, 이쑤시개, 인형 눈 등 추가 가능

◉ **과정**
- 여러 참고 작품을 관찰한 다음, 준비된 나뭇가지를 보고 떠오르는 곤충을 그림으로 표현합니다.
- 자기가 좋아하는 곤충을 골라 재료를 찾을 수도 있습니다.
- 톱과 칼로 필요한 나뭇가지를 자르고 접착제를 발라 조립합니다.
- 대체로 칠은 필요하지 않지만 수성 광칠을 붓으로 해도 됩니다. 그러면 전시할 때 먼지를 제거하기 쉽습니다.

◉ **유의 사항**
- 목공 접착제로 붙이면 잘 떨어지지 않습니다. 작업 전에 전체 모양을 맞추어 보고 완전한 모양이 되면 붙이도록 합니다. 더듬이 같이 가늘고 부러지기 쉬운 부분은 더 조심해서 접착합니다. 망가지면 고칠 수 있으니 너무 부담 갖지 않도록 지도합니다.

◉ **덧붙임**
- 'wooden insect(bug, toy)'를 검색하면 상품화된 키트를 많이 찾을 수 있습니다만 한글 '나무 곤충'으로 찾으면 훨씬 많은 자료를 얻을 수 있습니다.
- 꼭 나뭇가지가 아니더라도 목공 활동을 하고 남은 크고 작은 여러 자투리 나무를 자유롭게 붙여 곤충이나 로봇 모양을 만들 수 있습니다.

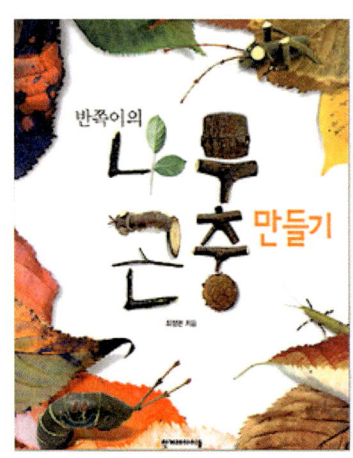

나뭇가지로 깎기 whittling

☐ 저 ☑ 중 ☑ 고 | 2~4시간

◎ **준비물**: 다양한 종류와 크기의 나뭇가지, 장갑, 안전 칼

◎ **과정**
- 여러 작품을 참고해 그려 보며 구상합니다.
- 나뭇가지를 손에 잡기 쉽게 톱으로 자르고 장갑을 끼고 나무를 잡습니다.
- 칼로 깎고 파서 모양을 만듭니다. 필요하면 사포로 다듬고 광칠을 합니다.

◎ **유의 사항**
- 칼 사용을 위한 안전 교육을 반드시 먼저 실시하고 합니다.
- 안전 칼은 두 마디 정도만 내놓으며 작업자 사이의 간격을 유지합니다.
- 휘틀링 전용 칼을 구매할 필요는 없습니다. 칼을 자주 갈아야 하는 데다 학생들이 다루기에 안전 칼보다 조금 더 위험합니다.
- 아주 잘 마른 나무는 깎기 더 힘듭니다.

◎ **덧붙임**
- 나뭇가지를 이용한 다양한 공작 '휘틀링whittling'은 장난감부터 생활용품까지 모든 주제를 망라합니다. 뒤에 소개하는 참고 도서를 살펴보시거나 인터넷 검색으로 많은 자료를 얻을 수 있습니다.

(출처: 『The Little Guide Of Whittling』)

열쇠 고리 만들기 wood keychain

☐ 저 ☑ 중 ☑ 고 | 3~4시간

◉ **준비물:** 나뭇가지, 나무 조각, 전동 드릴(날), 고리용 열쇠줄 또는 가죽끈, 톱, 사포

◉ **과정(나뭇가지로 만들기)**
- 나뭇가지 원판으로 이름표를 만드는 과정을 똑같이 하되 줄 소재와 용도를 바꾸면 됩니다.
- 굵은 나뭇가지를 손가락 크기 정도로 자른 다음 나뭇결 방향으로 반을 가릅니다. 톱으로 켤 수도 있고 끌과 망치를 이용할 수 있습니다.
- 톱으로 나뭇결 방향으로 켠 다음에 길이에 맞게 잘라도 됩니다.

과정(목재로 만들기)

- 직사각형, 원형, 기타 자유형으로 구상하고 그림을 그립니다. 두께는 10㎜, 폭은 3㎜ 정도이며 길이는 길수록 좋은 자투리 나무를 열쇠고리에 적합한 크기로 자릅니다.
- 만들고자 하는 그림대로 사포로 갈고 전동 드릴로 열쇠 줄을 달 구멍을 뚫습니다.

유의 사항

- 나무를 자르는 것과 켜는 것은 많이 다릅니다. 길이를 줄이는 것을 '자르다', 두께를 줄이는 것을 '켜다'라고 하는데, 대체로 자르는 것보다 켜는 일이 더 힘듭니다. 그래서 켜기용 톱을 써야 하지만 이 정도의 공작 활동에서는 그대로 해도 됩니다. 아이들도 해 보면서 저절로 느낍니다.
- 사포에 대고 나무를 갈 때는 나뭇결에 유의해서 합니다. 특히 번호가 낮은 거친 사포를 방향에 어긋나게 하면 상처가 깊고 크게 나서 이를 없애기 위해 훨씬 더 많은 추가적인 사포 작업을 해야 합니다.

덧붙임

- 호두나무나 벗나무 등 단단하고 색이 예쁜 특수목[1] 나무 조각을 모아 두었다가 쓰면 좋습니다. 소나무 등의 연재는 부드러워 쉽게 모양을 만들 수는 있으나 흠도 쉽게 납니다. 호두나무는 목재 가격이 비싸지만 열쇠 고리에 사용되는 정도의 양은 비용이 크게 들지 않습니다. 학교에서 얇게 마름질하기가 어려우므로 목재상이나 공방에 의뢰합니다.
- 열쇠 고리 철물은 인터넷 주문을 하면 되는데, 가죽끈을 써도 무방합니다.

---

[1] 특수목이란 낱말을 목재에 관해 말할 때 종종 듣게 되는데 구분의 기준과 정의가 분명하지 않습니다. 보통은 상대적으로 무늬와 색이 희소하거나 유통량이 비교적 적은 원목을 말합니다.

각재 조각 모음 wood block art

☑ 저 ☑ 중 ☐ 고 | 협동, 2시간

◉ **준비물:** 길이가 다양한 각재 조각들, 목공 접착제, 색칠 재료, 바탕 판

◉ **과정**
- 쓰다 남은 정사각형 각재들을 많이 준비합니다. 참여자 수를 고려해서 적당한 양을 준비합니다.
- 아이들이 한쪽 단면에 색이나 그림을 그립니다.
- 그 조각들을 벽돌을 쌓듯이 차곡차곡 목공 접착제로 바탕용 나무판에 붙입니다.

◉ **유의 사항**
- 같은 크기의 정사각형 각재 자투리들로 한 작품을 만드는 게 빈틈이 생기지 않아 마무리가 수월합니다.
- 각재의 단면이 깔끔한 쪽에 칠을 하거나 그림을 그립니다.
- 높이가 다양하되 지나치게 편차가 큰 각재들을 붙이면 어색한 모양이 됩니다.

◉ **덧붙임**
- 바탕 판은 사각형 모양으로 하는 게 수월합니다.
- 체험 마당에서 다수가 참여하면 우연한 효과에 의해 멋진 공동 작품이 됩니다.

각재 톱질 연습 practicing hand saw

□ 저 ☑ 중 ☑ 고 | 2시간

◎ **준비물:** 굵기 50㎜ 정도의 정사각형 각재, 연귀자, 톱

◎ **과정**
- 정사각형의 한 면에 시작점부터 10㎜ 간격으로 직선을 각재 길이만큼 긋습니다.
- 윗면과 직각인 두 옆면에 각재 굵기의 절반만큼 선을 그어 'ㄷ' 자 모양의 선을 완성합니다.
- 윗면의 정반대쪽 면에 각재의 시작점으로부터 첫 선은 5㎜, 그 이후는 10㎜ 간격으로 직선을 긋고 위면과 같은 'ㄷ' 자 모양으로 다시 긋습니다.
- 선을 따라 톱질을 해서 내려갑니다. 톱질 중간에 수시로 잘 자르고 있는지 확인하며 자신의 톱질을 돌아봅니다.

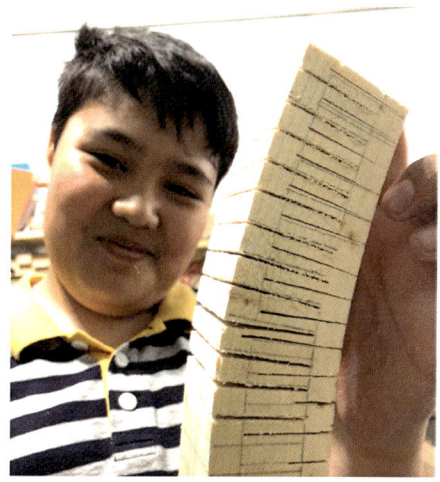

◎ **유의 사항**
- 자로 정확하게 선을 긋는 것이 매우 중요하므로 시간이 걸려도 차분히 완성합니다.

◎ **덧붙임**
- 일정 간격의 선을 따라 나무를 잘 자르면 오른쪽 사진처럼 나무가 휘기도 하는 재미난 발견을 하게 됩니다.

활동 주제

비사치기 나무 자르기 wooden block cut

☑ 저 ☑ 중 ☑ 고 | 1시간

◉ **준비물:** 폭60~100㎜로 재단한 24T 판재, 자, 톱

◉ **과정**
- 판재를 준비할 때 한쪽 면은 반드시 평면이 잘 맞게 잘린 나무로 나눠 줍니다. 이 면은 바닥면에 닿아야 하므로 선긋기를 할 때도 그 면의 중요성을 강조합니다.
- 나뭇결 방향으로 긴 판재에 적당한 길이를 정해 길이에 맞게 선을 긋습니다.
- 선에 맞게 수직으로 똑바로 자릅니다.
- 톱질이 어려운 경우 보조 도구를 사용합니다.
- 살짝 어긋난 것은 칼로 다듬고 사포로 갈아 마무리합니다.
- 직각이 맞지 않아 제대로 서지 못하면 과정을 처음부터 반복하거나 칼로 많이 깎아내고 마무리합니다.

◉ **유의 사항**
- 한 반에서 아이들이 갖고 놀 크기는 같은 게 좋습니다만 치수가 다른 것을 몇 조 만들 수도 있습니다.
- 처음엔 정확한 톱질이 어려우므로, 이등분하면 비사치기용 토막 두 개가 나올 정도의 나무를 학생에게 주고 그 중간에 선을 그려 자르도록 합니다.

◉ **덧붙임**
- 나무 두께와 폭은 재료 재고를 확인하고 융통성 있게 고릅니다. 하지만 나무가 잘 서 있으려면 최소 20T 이상의 두께를 권장합니다.

주사위 making wooden dice

☐저 ☑중 ☑고 | 2시간

◎ **준비물:** 정사각형 각재, 기본 공구, 수성 또는 유성 펜

◎ **과정**
- 정사각형의 각재를 정육면체가 되도록 기준선을 그려 자릅니다.
- 정육면체에 숫자 점을 찍습니다.

◎ **유의 사항**
- 선을 긋고 톱질을 할 때 정육각형이 되도록 선 위치나 굵기도 고려해야 합니다.
- 주사위는 일정하게 잘 굴러야 하므로 정육면체로 만들어야 합니다. 여기서 면을 수직으로 자르는 게 정육면체를 만드는 데 중요한 관건입니다.

◎ **덧붙임**
- 흔한 소나무보다는 조금 더 단단하고 튼튼한 나무로 해도 좋습니다.

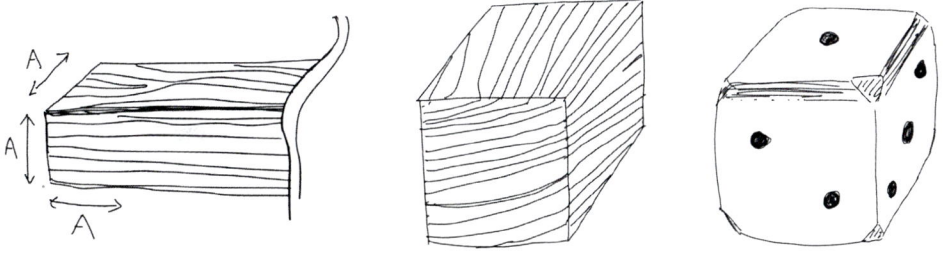

정사각형 각재를 그 굵기만큼 똑같은 길이로 잘라 정육면체를 만든 다음, 모서리를 다듬고 숫자 점을 찍습니다.

개인 작업대 만들기 bench hook/miter block

□ 저 □ 중 ☑ 고 | 2인, 2~3시간

◉ **준비물:** 각재, 12T 이상의 합판 또는 MDF, 전동 드라이버와 나사못, 임시 접착제

◉ **과정**
- 개인 간이 작업대 설계도를 준비합니다.
- 이 작업대는 다양한 용도가 있어서 그에 맞게 조금씩 다르게 만들 수 있습니다. 그리고 힘을 받는 각재의 위치도 끌질을 하거나 어떤 톱을 쓰냐에 따라 다르게 할 수도 있습니다.
- 이것을 이용해 톱질할 때 작업대의 직각이 매우 중요하게 사용되므로 각재는 바닥판과 정확하게 일직선이 되도록 임시 접착제로 고정합니다.
- 나사못을 박아 부품을 완전히 조립할 때는 조임 틀로 단단히 잡아 주고 합니다.

◉ **유의 사항**
- 그림처럼 몇 가지 종류가 있습니다. 끌질이나 톱질 작업에 이용할 때 각재의 위치와 모양이 다르므로 몇 가지를 섞어 만들어도 좋습니다.
- 부품을 붙일 때는 접착제를 쓰면서 하면 이물질이 들어가거나 조립 중에 실수를 교정할 수가 없으니 나사못으로 조립하는 게 가장 좋습니다.

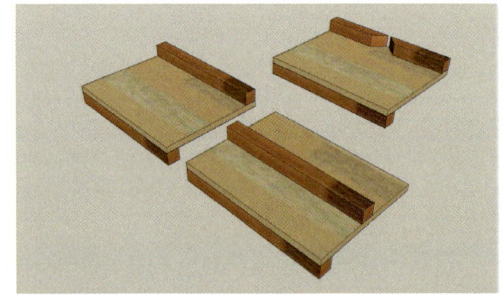

못 박기 hammer a nail

☑저 ☑중 ☑고 | 1시간

◉ **준비물:** 손가락보다 짧은 못, 노루발 장도리, 장갑, 연습용 각재 자투리, 롱 노즈 플라이어 long nose plier

◉ **과정**
- 못과 망치를 나눠 주고 못을 잡는 손에 장갑을 끼도록 합니다.
- 못을 엄지와 검지로 잡습니다. 롱 노즈 플라이어로 못을 잡고 하면 손가락을 다칠 위험이 줄어듭니다.
- 정해진 위치에 가벼운 힘으로 못을 두드려 보고 정확하게 들어가기 시작하면 팔꿈치와 손목에 힘을 주어 몇 번에 걸쳐 못을 박습니다.
- 못을 조금 박은 다음 노루발로 뽑아 내고 다시 박습니다. 뽑을 때 휜 못은 망치로 두드려 펼 수 있습니다. 많이 휜 못은 다시 쓰기 어렵습니다.

◉ **유의 사항**
- 한 번에 깊이 박는 게 아니라 서너 번에 들어가도록 연습합니다.
- 학생 사이에 충분한 공간을 마련하고 망치는 자기 머리 높이 이상 올리지 않도록 합니다.
- 저학년도 작고 가벼운 망치로 시도해 볼 수 있습니다.
- 크기가 다른 여러 못을 사용해 보며 체험하되 목공에 적합한 못을 써야 합니다. 나사못(전동 드라이버를 이용해서 박는 나사산이 있는 못), 콘크리트용 못은 쓸 수 없습니다.

◉ **덧붙임**
- 활동 주제인 '못과 색실'을 위한 사전 교육으로 진행해도 됩니다.

나사못 박기 how to drive screws

☐ 저 ☑ 중 ☑ 고 | 1시간

◎ **준비물:** 연습용 나무, 나사못(굵기는 3㎜, 길이는 25~38㎜), 전동 드라이버, 지름 3㎜ 드릴 날 또는 이중 비트

◎ **과정**
- 못을 박을 위치에 이중 비트나 3㎜ 지름의 드릴 날로 미리 구멍을 냅니다. 깊이는 나사못 길이의 2/3 정도가 적당합니다. 단단한 나무라면 나사못 길이의 깊이로 팝니다.
- 나사못을 전동 드라이버로 박습니다. 전동 드라이버의 회전력만이 아니라 작업자의 힘을 더해 지긋이 누르면서 박습니다.
- 마지막에 전동 드라이버의 출력을 더 늘려 살짝 작동시켜 더 단단하게 조여 봅니다.
- 전동 드라이버 작동 방향을 스위치로 바꿔 나사못을 뺍니다.

◎ **유의 사항**
- 못머리의 십자 모양과 드라이버의 십자 모양을 잘 맞춰 누르며 천천히 진행합니다.
- 활동 주제인 '못과 색실'을 위한 사전 교육으로 진행해도 됩니다.

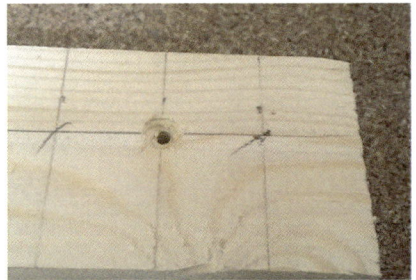

못과 색실 nail string art

□ 저 ☑ 중 ☑ 고 | 3시간

◎ **준비물:** 손가락보다 짧은 못, 노루발 장도리, 장갑, 나무판, 자와 컴퍼스, 각도기 등 선 그리는 도구, 필요한 경우 롱 노즈 플라이어 long nose plier

◎ **과정**
- 표현할 모양을 스케치하고 이에 따라 나무판에 정확하게 밑그림을 그린 뒤 못 위치를 표시합니다. 나무판 크기대로 스케치한 그림을 나무판에 붙여도 됩니다.
- 일정한 간격과 깊이로 못을 나무에 수직으로 박고 색실을 규칙대로 못에 감으며 꾸밉니다.

◎ **유의 사항**
- 저학년도 할 수 있지만 미리 못 박기 연습을 한 다음에 이어 갈 것을 권장합니다. 못을 잡은 손의 부상이 걱정된다면 플라이어를 써도 좋습니다.
- 망치는 되도록 작은 것으로 준비합니다. 노루발 장도리가 사용에 편리합니다. 노루발이 없는 망치라면 플라이어로 못을 뺄 수 있습니다.
- 잘 건조된 판에 큰 못을 센 힘으로 박으면 나무판이 쪼개지기도 합니다.

◎ **덧붙임**
- 수학과 미술을 접목하여 모양과 사용하는 실을 다양하게 바꿀 수 있습니다.

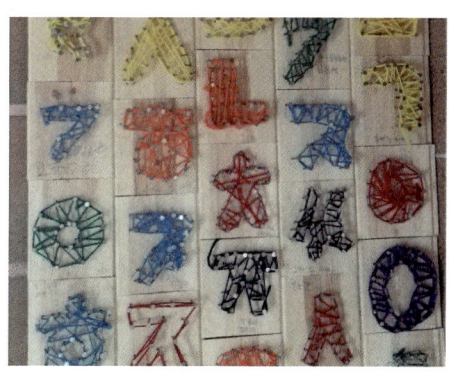

(출처: Muhaiminah Faiz)

장난감 자동차 wooden toy car

☑저 ☑중 ☑고 | 3~4시간

- **준비물:** 30~50㎜ 굵기의 각재, 가는 목환봉 또는 나뭇가지, 톱, 자

과정
- 각재에 자동차 옆면을 두 쪽에서 대칭이 되게 그립니다. 위에서 본 모습도 함께 그려야 합니다(아래 오른쪽 사진 참고).
- 어떤 선을 먼저 잘라야 할지 생각하고 톱질을 시작합니다.
- 사포로 다듬고 칠합니다.
- 나뭇가지나 가는 목환봉을 잘라 바퀴 자리에 붙입니다.

유의 사항
- 선을 그을 때 나무 끝에 하면 쉬운데 중간에 그리는 경우가 잦습니다. 각재 끝부분부터 이용하도록 지도합니다.

덧붙임
- 톱질 순서에 따라 작업의 효율이 달라집니다. 아이들과 함께 순서를 생각해 보면서 하는 것도 재미있습니다. 차 크기로 먼저 자르면 잡기가 많이 불편해서 힘듭니다.

꼬마 집 wooden house ornament

☑저 ☑중 ☑고 | 2시간

◉ **준비물:** 굵기 40㎜ 이상의 각재, 칠 재료와 도구, 덧붙임용 재료, 톱, 자, 사포

◉ **과정**
- 자료 사진을 보여 줍니다.
- 뾰족한 지붕 모양의 집으로 나무를 자르고 사포로 다듬습니다.
- 굴뚝을 덧붙이거나 지붕을 가죽, 솔방울 등으로 꾸밉니다.
- 창문과 문 등을 그리고 마음에 드는 색으로 칠합니다. 필요하면 광칠로 마감합니다.

◉ **유의 사항**
- 삼각형 지붕 모양으로 자르기 위해 선을 그을 때 각재의 모든 면에 자를 선을 그려야 정확한 톱질을 할 수 있습니다. 아이들은 정면에 지붕 모양의 대각선만 그리고 작업을 시작하는 경향이 있습니다.
- 각재의 마구리 상태가 깨끗한 평면이냐 혹은 경사가 있느냐에 따라 지붕이나 바닥으로 정해 자르면 작업 효율이 높아집니다.

◉ **덧붙임**
- 아이들이 만든 집과 나무, 자동차를 배치해서 작은 마을로 구성해 볼 수 있습니다.

활동 주제

나무 공 making wooden ball

☐ 저 ☐ 중 ☑ 고 | 5~6시간

◉ **준비물:** 50~75㎜ 원목 각재, 사포, 과학 실험용 집기병 또는 적당한 굵기의 관

◉ **과정**
- 30~50㎜의 각재를 정육면체가 되도록 선을 긋고 가공을 시작합니다.
- 처음에는 여덟 꼭지점과 모서리들을 톱으로 자릅니다.
- 장갑을 낀 손으로 나무를 잡고 칼로 여러 꼭지점을 다듬습니다.
- 어느 정도 공 모양이 되면 각재에서 잘라냅니다.
- 계속 돌려 보면서 더 깎아야 할 부분을 확인하며 조금씩 깎아 나갑니다.
- 엇결과 순결에 신경 써서 나무가 뜯겨 나가지 않도록 조심하며 작업합니다.
- 책상 위에 굴려 보며 둥근 정도를 확인해 봅니다.
- 원 모양에 가깝도록 최대한 깎고 집기병 위에 거친 사포를 올린 뒤 나무를 굴려 가며 연마합니다. 사포는 가운데에 + 모양으로 칼집을 내고 집기병에 올립니다.
- 계속 만져 보고 갈기를 반복해 구를 만들어 마지막에 고운 사포로 갈아 마감합니다.

◉ **유의 사항**
- 건조가 아주 잘돼 깎기 힘들 때는 물에 담갔다가 물 먹은 상태를 보며 꺼내서 깎아 냅니다. 조금 더 부드럽게 잘려 나가는 걸 느낄 수 있습니다.

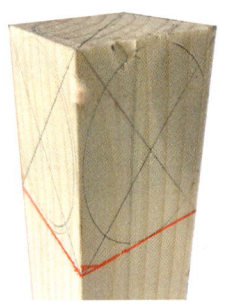  

- 안전 칼이 잘 들지 않을 때는 무뎌진 앞의 날을 떼어 내며 작업합니다. 무작정 그대로 계속 작업하면 효율이 떨어집니다.
- 예상과 달리 시간이 오래 걸립니다. 진척이 빠른 학생은 마감에 더욱 신경 쓰도록 독려합니다.
- 집성목 각재는 한 면에 결 방향이 여럿이고, 옹이 있는 나무는 깨지기 쉬워서 깎기 어렵습니다. 원목에서 옹이가 아주 작거나 없는 부분으로 고릅니다.
- 목재 크기에 맞게 사포 받침으로 쓸 병이나 컵, 관의 직경을 달리합니다.

덧붙임
- 서로 다른 무늬와 크기 때문에 작품마다 느낌이 다릅니다.
- 학생들의 공을 뒤섞어 놓고 눈을 감고 자기 공을 찾는 활동도 해 볼 수 있습니다.

장난감 배 wooden boat whittling

□ 저 ☑ 중 ☑ 고 | 3~4시간

◎ **준비물:** 30~50㎜ 정사각형 각재, 톱, 자, 사포

◎ **과정**
- 만들 배 모양의 나무 크기를 고려해 종이에 그립니다.
- 각재에 위에서 본 모양, 옆에서 본 모양을 그립니다.
- 톱질 순서를 생각해서 차례대로 자릅니다.
- 칼로 조심스럽게 좌우 균형을 보며 조금씩 깎고 사포로 다듬습니다.

◎ **덧붙임**
- 아이들은 나무 속을 팔 때 어려워합니다. 교사가 둥근끌을 쓸 수 있다면 미리 속을 파 주고 배 모양으로 톱질하도록 해 주면 좋습니다. 조각칼로 천천히 팔 수도 있는데 파는 작업을 가장 먼저 합니다.
- 칼로 파낼 때는 각재 모양이 온전할 때 바닥에 잘 고정하고 먼저 해야 편합니다.
- 속을 파 내지 않고 배 윗부분에 해당하는 나무를 덧붙여도 됩니다.
- 공구를 어느 정도 다루고 작업 속도가 빠른 아이에게는 돛대, 키, 노 등을 추가해서 만들도록 안내합니다.

하노이탑 hanoi tower

□저 ☑중 ☑고 | 협동, 4시간

◎ **준비물:** 12~18T 판재, 여러 원 그림(본), 드릴(또는 탁상 드릴), 드릴 날(또는 구멍용 톱날이나 포스너 날), 지름 10~20㎜ 목환봉, 실톱, 접착제, 사포

◎ **과정**
- 하노이탑에 끼울 원판의 개수에 따라 판재를 잘라 나눕니다.
- 크기가 다른 원을 그리고 중심을 표시합니다.
- 각 원판 중심은 드릴 날(또는 구멍용 톱날이나 포스너 비트)로 뚫습니다.
- 받침으로 쓸 나무에 나무기둥을 끼울 구멍을 냅니다.
- 같은 길이로 자른 목환봉에 접착제를 발라 기둥을 세웁니다.

◎ **덧붙임**
- 원 그림의 본을 이용할 수도 있으나 컴퍼스나 몇 가지 물건으로 대체해도 좋습니다.
- 원판을 만드는 시간이 오래 걸립니다. 둘 혹은 셋이 짝이 되어 한 조의 하노이탑을 만드는 게 좋습니다.
- 다 만든 것은 교실에서 함께 쓰거나 다른 학년에 기증할 수 있습니다.

(출처: AMAZON.COM)

동물 조각 carving animal

☐ 저 ☑ 중 ☑ 고 | 6~8시간

◎ **준비물:** 50㎜ 정사각형 각재, 톱, 칼(조각칼), 장갑

◎ **과정**
- 오리, 곰, 개, 고래, 곤충 등 몇 가지 예를 제시합니다.
- 목재 크기와 같은 종이 위에 그림을 그려 봅니다. 이때 모양을 단순하게 하며 세부적인 묘사는 피합니다.
- 그림을 나무에 옮겨 그리거나 오려 붙여도 됩니다.
- 목재의 모든 면에 각 시점의 그림을 그리고 먼저 톱으로 큰 덩어리를 잘라 냅니다.
- 팔, 다리 등은 칼 또는 조각칼로 깎습니다.

◎ **유의 사항**
- 목재는 옹이가 없는 연재로 합니다. 옹이가 있다면 그 부분은 칼질이나 톱질을 피할 수 있게 그림을 그려야 합니다.
- 조임 틀이나 바이스로 고정하면 작업하기 쉽습니다.
- 주제는 재미있고 쉬워 보이지만 시간이 오래 걸립니다.
- 나무를 잡은 손에는 반드시 장갑을 끼고 작업합니다.

(출처: 『Carving for Kids』)

숟가락 깎기 carving spoon

☐ 저 ☑ 중 ☑ 고 | 4~5시간

◎ **준비물**: 숟가락 정도 크기의 각재 또는 판재, 칼, 조각칼, 필요 시 둥근끌

◎ **과정**
- 굵기 20~30㎜의 각재 또는 판재(집성목이 아닌 것. 옹이 부분은 피함)에 숟가락 모양을 그립니다.
- 숟가락 앞쪽은 둥근끌로 오목하게 미리 파 주고 나머지 부분을 톱이나 줄톱 등으로 잘라 냅니다. 아이들은 조각칼로 천천히 파도 됩니다.
- 모양이 어느 정도 되면 사포로 다듬고 호두나무 기름으로 마감합니다.

◎ **유의 사항**
- 숟가락 머리의 오목한 곳을 팔 때는 둥근끌로 미리 파 내면 편합니다(아래 사진).
- 칼을 많이 쓰므로 나무를 잡은 손에 장갑을 끼고 합니다.

◎ **덧붙임**
- 식기를 만드는 목공방의 강좌도 생기고 유튜브에 숟가락을 만드는 한국어 동영상도 많아지고 있으니 참고하시면 전체적인 과정을 쉽게 이해하실 수 있습니다.

 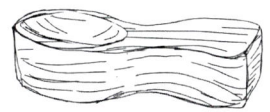

장난감 칼 wooden toy knife /sword

☐ 저 ☑ 중 ☑ 고 | 4시간

◉ **준비물:** 여러 크기의 각재 또는 좁게 켠 판재, 톱, 칼, 끌(필요할 경우), 접착제, 사포

◉ **과정**
- 판재나 각재를 고르고 칼 모양을 결정합니다.
- 좁은 판재나 작은 각재를 골랐을 때는 칼코등이를 사진처럼 붙이면 좋습니다.
- 두꺼운 각재는 손잡이와 칼코등이, 칼날을 한 목재로 만들 수 있습니다.
- 사포로 거친 부분을 없애고 곱게 갑니다.

◉ **유의 사항**
- 칼 끝이나 날을 너무 뾰족하거나 날카롭게 가공하지 않도록 합니다.
- 교내외에서 가지고 놀 때 유의할 사항을 안내합니다.

◉ **덧붙임**
- 손잡이나 칼코등이에 색칠을 하거나 가죽 끈으로 꾸밀 수 있습니다.
- 연극 소품으로 활용할 수 있습니다.

흘러 나온 접착제는 물걸레로 닦아 냅니다.

냄비 받침 wooden hot pot base

☐ 저 ☑ 중 ☑ 고 | 4~5시간

◉ **준비물:** 굵기 20×30㎜ 정도의 판재나 각재, 톱, 못, 접착제, 칼, 끌(필요할 경우)

◉ **과정**
- 설계한 크기에 맞게 판재나 각재를 준비해 나눠 주고 각자 정한 냄비 받침 크기에 맞게 필요한 수량만큼 자릅니다.
- 초급 단계에서는 접착제를 바르고 못을 박아 고정합니다.
- 톱질이 좀 더 능숙하고 끌을 다룰 수 있는 수준이라면 부품에 홈을 두 개씩 나무 두께의 절반 깊이로 내고 접착제로 붙입니다. 홈 크기가 맞지 않아 체결이 약하다면 못을 박아 보강합니다.
- 사포 연마는 조립 전에 각 모서리를 미리 해 두면 편리합니다.

◉ **유의 사항**
- 왼쪽 그림처럼 만들 때는 나무 두께가 얇은 것을 준비합니다.
- 홈의 폭과 깊이를 일정하게 파는 데는 시간이 제법 걸리며 조립 전에 평형이 맞는지 확인합니다(아래 오른쪽 그림).

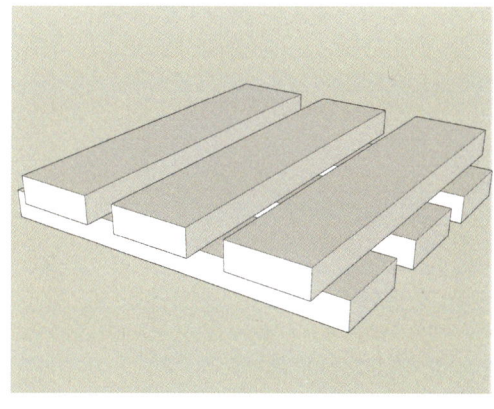

나무를 같은 크기로 잘라 그대로 못을 박거나 접착제로 붙입니다. 크기가 조금 달라도 되며 비교적 쉽습니다.

왼쪽과 모양과 크기는 비슷하지만 홈을 파서 조립하면 조금 더 튼튼하게 만들 수도 있습니다.

연필꽂이 1 - 파기 wooden pencil holder/stand

☐ 저 ☐ 중 ☑ 고 | 5~6시간

◉ **준비물:** 38×89㎜ 구조재, 톱, 끌, 망치, 조임 틀, 접착제

◉ **과정**
- 38×89㎜ 구조재를 240㎜ 길이로 재단해 나눠 줍니다.
- 중간인 120㎜ 지점에 절단한 선을 그려 자릅니다. 톱으로 절단한 면을 연필꽂이의 윗면으로 합니다(수평이 잘 맞은 양 끝의 마구리를 연필꽂이의 바닥면으로 정합니다).
- 아래 오른쪽 사진의 모양이 될 때까지 톱과 끌을 이용해 파 내려갑니다.
- 두 개를 마주 대며 파낸 깊이와 폭을 맞춥니다. 두 개가 잘 맞으면 접착제로 바르고 조임 틀로 조인 뒤 기다립니다.
- 겉면을 사포로 다듬고 그림을 그리거나 꾸밉니다.

◉ **주의 사항**
- 끌을 쓰는 작업이므로 교사가 끌 사용 방법을 익히고 시작합니다.

◉ **덧붙임**
- 옆면에 그림을 그리거나 곡면으로 만드는 등 개인의 취향대로 모양을 더합니다.

연필꽂이 2 wooden pencil holder/stand

☐ 저 ☑ 중 ☑ 고 | 5시간

◎ **준비물:** 70×200㎜ 정도의 15~18T 판재 2개씩(측판용), 바닥용 판, 못과 망치(또는 전동 드라이버와 나사못), 접착제, 조임 틀

◎ **과정**
- 연필꽂이 표준 설계도를 제시합니다.
- 측판용 나무판 2개의 가운데에 자를 선을 긋습니다.
- 보조대를 대고 곧게 잘라 측판 4개를 만듭니다.
- 바닥용 판에 측판을 아래 그림처럼 대고 조립합니다(못 또는 접착제).
- 모서리를 사포로 다듬고 그림을 그립니다.

◎ **유의 사항**
- 나뭇결이 가로 또는 세로 한 방향으로 흐르도록 설계합니다.

◎ **덧붙임**
- 배분할 재료와 조립 방식은 학교 실정에 맞게 정합니다.
- 필통 윗부분을 오목하게 파거나 중간에 구멍을 내는 등 각자 개성을 더해 봅니다.

 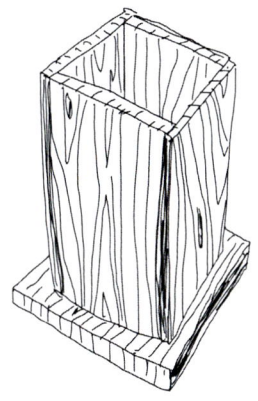

연필꽂이 3 wood pencil holder/stand

□ 저 ☑ 중 ☑ 고 | 2시간

◎ **준비물:** 굵기 50㎜ 이상의 각재, 지름 50㎜ 이상의 나뭇가지, 탁상 드릴(전동 드릴), 지름 8~10㎜ 드릴 날, 기본 공구

◎ **과정**
- 참고 작품을 보여 줍니다.
- 각재를 약 100㎜ 길이로 잘라 구멍 위치를 표시합니다. 보통은 구멍을 규칙적으로 배치하는 게 보기 좋습니다.
- 나뭇가지를 50~70㎜ 길이로 자르고 한 단면에 구멍 위치를 표시합니다.
- 각재나 나뭇가지에 30~40㎜ 깊이의 구멍을 팔 수 있게 탁상 드릴 정반과 날을 조정합니다.
- 탁상 드릴로 표시한 곳마다 조심스럽게 구멍을 파고 모서리를 사포로 다듬습니다.

◎ **덧붙임**
- 전동 드릴을 들고 구멍을 뚫을 수 있지만 탁상 드릴이 더욱 편리합니다.
- 나뭇가지 껍질의 상태가 좋지 않다면 깔끔하게 벗겨 내고 사포로 연마합니다.
- 구멍을 너무 깊게 파면 연필을 꺼낼 때 불편합니다.

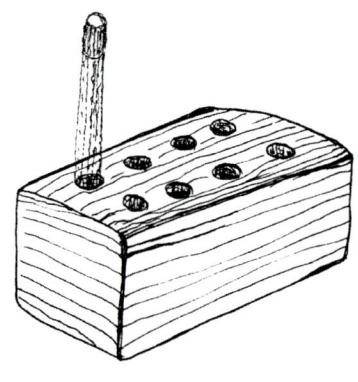

나무 상자 wooden box

☐저 ☐중 ☑고 | 6~8시간

◉ **준비물:** 상자 높이에 맞춘 긴 판재, 접착제, 경첩과 손잡이(필요한 경우), 못과 망치(또는 나사못과 전동 드라이버), 조임 틀

◉ **과정**
- 학생 수준에 맞는 다양한 나무 상자를 구상합니다. 뚜껑의 유무, 조립 방법 등을 염두에 두고 기본 설계도를 완성합니다.
- 설계도에 따라 부품을 자를 수 있는 판재를 분배하고 재단선을 그립니다.
- 교사에게 확인을 받고 자르되 보조대를 대고 최대한 곧게 자릅니다.
- 부품을 맞춰 보고 못이나 나사못으로 조립합니다.
- 끈과 손잡이, 경첩을 마지막에 붙입니다. 뚜껑을 미닫이로 하려면 조립 전에 미리 홈을 파야 합니다.

◉ **유의 사항**
- 지도교사가 반드시 미리 만들어 봐야 지도할 수 있는 주제입니다.

◉ **덧붙임**
- 옆의 사진은 가족 목공 교실에서 만든 두 종류의 나무 상자입니다. 미닫이 상자는 판재를 조립하기 전에 뚜껑을 밀어 넣을 홈을 미리 가공해야 합니다. 여닫이 뚜껑이 있는 상자는, 몸체와 뚜껑을 연결하는 철물인 경첩과 손잡이가 필요합니다.

미닫이 뚜껑과 끈이 달린 상자

여닫이 뚜껑이 있는 상자

사각 스툴 simple stool

☐ 저 ☐ 중 ☑ 고 | 협동, 6~8시간

- **준비물:** 45㎜의 각재, 깔판으로 쓸 판재, 자, 전동 드라이버, 드릴 날, 접착제, 조임 틀, 연결용 철물(필요한 경우)

- **과정**
  - 다리로 쓸 각재와 연결용 각재를 설계도대로 자릅니다. 이때 직각으로 자르는 게 매우 중요하므로 보조대를 대고 자릅니다.
  - 다리 두 개를 연결용 각재와 조립해 'ㅂ' 자 구조물을 두 조 만듭니다. 조임 틀로 단단히 조인 상태에서 전동 드라이버와 나사못으로 조립합니다.
  - 두 조의 'ㅂ' 구조물을 서로 마주 보게 한 다음 이것을 연결용 각재로 연결해 네 다리를 모두 조립합니다.
  - 다리 아래 쪽에 간격을 유지해 주는 보조재를 하나 덧댑니다. 이 보조재는 다리가 연결된 상태를 실측하고 그 길이에 맞게 잘라야 합니다.
  - 깔판으로 쓸 나무를 잘라 다리에 조임틀로 고정하고 깔판의 위 또는 아래에서 못이나 철물로 붙입니다.

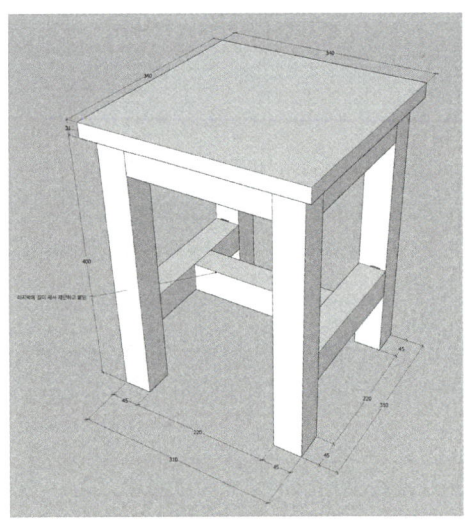

먼저 'ㅂ' 자 구조물 두 개를 만든 다음, 이것들을 연결용 각재로 이으면 다리가 완성됩니다.

◎ **유의 사항**

- 교사가 만들어 본 경험이 없다면 지도하기 어렵습니다.
- 만약 어렵다면 매 차시별 한 단계씩 실습을 선행하면서 할 수 있습니다.

◎ **덧붙임**

- 이 의자의 기본 얼개는 탁자와 의자에 광범위하게 사용되는 기본 구조이므로 교사 연수에서 만들어 볼 만한 주제입니다.
- 성인 활동에서는 더욱 튼튼한 장부 이음을 시도할 수 있습니다만 아이들에게는 어렵습니다. 목공 동아리처럼 소수의 아이들만 따로 하는 활동이고 시간이 충분할 때 도전해 볼 수 있습니다.
- 깔판은 재료로 준비한 판재 규격에 따라 두 개 또는 세 개로 잘라 붙이면 됩니다.
- 깔판을 대패로 다듬어 각을 주거나 파내면 앉는 느낌이 더 편안합니다.
- 다리를 연결하는 연결용 재료의 높이에 따라 안정감과 보는 느낌이 다릅니다. 아이들이 서로 다르게 만들어서 비교해 보는 것도 재미있는 공부입니다.

모형 의자 chair miniature/twig chair miniature

□ 저 ☑ 중 ☑ 고 | 4~5시간

◉ **준비물:** 두께 12~20T 폭 80㎜ 판재, 다리로 쓸 나무 조금, 드릴 날, 칼, 접착제

◉ **과정**

- 폭이 80㎜ 정도인 나무를 네모로 자르고 네 꼭지점 가까이 다리를 끼울 곳에 드릴로 구멍을 냅니다. 깊이는 나무 두께의 2/3 정도가 좋습니다.
- 등받이를 붙인다면 마찬가지로 촉을 끼울 곳에 드릴로 구멍을 냅니다.
- 다리 네 개를 잘라 구멍에 끼울 부분을 원기둥 모양으로 만들며 하나씩 끼우고 높이를 맞춥니다.

◉ **유의 사항**

- 다리의 촉을 조금씩 깎아 내며 자주 구멍에 끼워 보아야 하는데 학생들은 그 작업을 소홀하게 합니다.
- 헐거울 정도로 다리의 촉을 깎아 냈다면 깔판에 조립할 때 나무 조각 등을 끼워 붙여 보강해 줄 수 있습니다.

◉ **덧붙임**

- 탁상 드릴이 있다면 다리를 끼울 구멍이 일정한 깊이가 되도록 만드는 작업이 더 쉬워집니다.
- 나무못이나 나뭇가지로 다리를 만들 수도 있습니다.

새집 wooden bird nest

□저 □중 ☑고 | 협동, 5~6시간

◎ **준비물**: 새집 크기에 맞는 판재, 톱, 자, 못과 망치, 구멍용 톱날(또는 실톱)

◎ **과정**
- 새집 표준 설계도에 따라 목재를 분배합니다.
- 설계도에 따라 역할을 나눠 부품을 자르고 다듬습니다. 재료가 허용되는 범위 내에서 모양에 변화를 줄 수 있습니다. 구멍은 구멍용 톱날(또는 실톱)로 냅니다.
- 만든 새집을 어른의 도움을 받아 적절한 곳에 매답니다.

◎ **유의 사항**
- 칠을 하면 냄새가 나거나 나무의 자연스러운 보호색을 해칠 수 있으므로 칠은 하지 않는 게 좋습니다.
- 새가 드나드는 구멍의 크기는 새 종류에 따라 다릅니다. 참새나 박새 같은 작은 새는 지름 35~50㎜로 냅니다. 구멍이 크면 오히려 새가 이용하지 않습니다.

◎ **덧붙임**
- 표준 예제 없이 아이들이 새집을 설계하고 재단하는 것은 어려운 일입니다. 표준 안을 주고 구멍의 위치, 지붕 모양을 달리하도록 합니다.

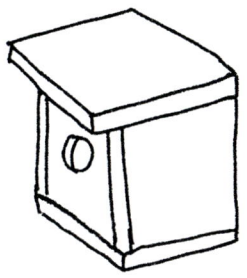  

강아지 모형 carving wooden puppy

☐ 저 ☑ 중 ☑ 고 | 4~6시간

◉ **준비물:** 각재와 판재 자투리(또는 나뭇가지), 칼, 드릴 날(지름6~10㎜), 접착제

◉ **과정**
- 보유한 재료를 보고 강아지 모양과 이용할 방법을 결정합니다. 그리고 다리와 머리, 꼬리로 쓸 나무를 고르거나 적당한 크기로 잘라 부품을 준비합니다.
- 몸통에 다리와 머리, 꼬리를 넣을 위치를 정해 깊이 6~15㎜로 구멍을 냅니다.
- 몸통에 끼울 다리와 머리 부분을 칼로 가늘게 다듬습니다. 조금씩 깎아 몸통에 끼워 보며 굵기를 조절합니다.
- 헐겁지 않게 하나씩 끼워 맞추고 마지막에는 접착제로 보강합니다.

◉ **주의 사항**
- 구멍에 맞춰 가공해야 한다는 것을 잊고 나무 끝처럼 뾰족하게 깎거나 너무 가늘게 다듬는 경우가 잦습니다. 자주 맞춰 보며 가공하도록 안내합니다.
- 칼을 많이 쓰므로 두 손 다 장갑을 끼는 게 좋습니다.

◉ **덧붙임**
- 시중에 파는 나무못이나 목환봉을 이용하면 작업량과 시간을 줄일 수 있습니다.

나뭇가지와 판재 자투리로 만든 강아지 모형입니다. 둥근 몸통에 구멍을 뚫을 때 살짝 어렵습니다.

손바닥보다 조금 작은 강아지 모형입니다. 수공구와 전동공구를 모두 써서 만듭니다.

무늬 찍기 stamping wood with metal stamp

□ 저 □ 중 ☑ 고 | 2~3시간

◎ **준비물:** 소나무 등 원목 판재, 철제 문자나 모양 스탬프, 망치(나무 망치)

◎ **과정**
- 주로 가죽 공예에 많이 쓰이는 철제 문자나 모양판을 학생들에게 소개합니다.
- 나무판에 스케치를 연필로 연하게 하되 자세한 묘사는 생략합니다.
- 스탬프를 골라 망치로 두드려 보며 나무에 새겨지는 깊이나 무늬의 선명함을 관찰하고 그에 맞춰 작업을 계속합니다. 망치로 내쳐질 때 세게 한 번에 마치도록 합니다
- 여러 무늬를 섞어 찍어 보고 글자나 숫자도 더해 봅니다.

◎ **유의 사항**
- 여러 아이들이 한꺼번에 작업할 경우 소음이 큽니다. 그런 환경에서는 청력 보호를 위해 귀마개를 이용합니다.
- 사용한 스탬프는 있던 자리에 즉시 넣어야 분실 위험이 줄고 여러 아이들이 함께 쓰기 좋습니다.

◎ **덧붙임**
- 무늬를 찍고 색을 칠하거나 도장으로 이용해도 됩니다.

화포틀(유화틀) 만들기 making canvas frame

☐ 저 ☐ 중 ☑ 고 | 4시간

◉ **준비물:** 두께 10T 이상이며 폭 30~70㎜의 긴 판재, 톱, 스테이플러(찍개), 접착제, 캔버스 천, 조임 틀, 가위 또는 칼

◉ **과정**
- 정규 액자 1호에 대략 맞춰 판재의 길이를 계산해 톱으로 자릅니다.
- 직각으로 맞대어 네모꼴의 틀을 만듭니다(아래 왼쪽 사진).
- 접착제를 바른 다음 조임 틀로 조인 상태로 굳을 때까지 기다립니다. 틀이 완성되면 캔버스 천을 적당한 크기로 잘라 팽팽하게 당기며 스테이플러로 찍습니다.

◉ **주의 사항**
- 긴 것 두 개, 짧은 것 두 개를 같은 길이로 직각이 잘 맞게 잘라야 합니다. 톱질할 때 보조재를 써서 직각이 되도록 자릅니다. 조임 틀로 직사각형이 잘되도록 고정합니다. 무조건 힘을 주는 게 아니라 사각형 평면이 되는지 확인하며 조여야 합니다.

◉ **덧붙임**
- 정규 액자 1호 크기보다 늘이거나 줄이는 것은 재량권을 줍니다.
- 화포를 잘라 고정할 때는 협동 작업으로 2인 1조 협동 작업을 권장합니다.

솔방울 나무 pine cone craft

☑ 저 ☑ 중 ☑ 고 | 1~2시간

◎ **준비물:** 솔방울, 목공 접착제, 전동 드릴(날), 나뭇가지, 받침용 나무

◎ **과정**
- 솔방울 밑에 전동 드릴로 작은 구멍을 냅니다.
- 받침으로 쓸 나무를 잘라 같은 지름 크기의 드릴 날로 구멍을 냅니다.
- 나뭇가지를 적당한 크기로 잘라 솔방울과 받침에 낸 구멍에 끼워 봅니다.
- 크기와 모양이 마음에 들면 접착체를 발라 고정하고 칠을 할 수도 있습니다.

◎ **유의 사항**
- 솔방울에 구멍을 낼 때, 솔방울 모양 때문에 어린 아이들은 잡기 힘들어하므로 교사가 도와 주어야 합니다.

◎ **덧붙임**
- 인터넷에 솔방울을 이용한 다양한 공작품이 많으니 참고합니다.
- 작은 나무집들과 어울리게 배치해서 마을을 꾸밀 수 있습니다.
- 솔방울 대신 나무 조각을 세모 모양으로 만들어 쓸 수도 있습니다.

드릴 날로 바닥판 가운데와 솔방울 아래에 구멍을 냅니다.

물고기 비늘 붙이기

☑저 ☑중 ☐고 | 2시간

◎ **준비물:** 300×500㎜ 정도의 나무판, 나뭇가지, 목공 접착제, 색칠 재료

◎ **과정**
- 나무판에 모양을 그리거나 잘라 바탕으로 쓸 판을 준비합니다(사진 참고).
- 나뭇가지를 얇게 원판으로 자른 다음 그것을 다시 반달 모양으로 자릅니다.
- 색을 칠하거나 이름을 씁니다.
- 물고기 비늘처럼 규칙적으로 하나씩 붙입니다. 학생 수에 따라 한 개 또는 여러 개를 붙일 수 있습니다.
- 마치면 광칠을 하고 고리를 달아 벽이나 천정에 매답니다.

◎ **유의 사항**
- 비슷한 굵기의 나뭇가지를 이용하여 만듭니다.

◎ **덧붙임**
- 바탕이 되는 판의 모양을 천산갑 또는 용과 기린 같은 상상의 동물로 바꿔 시도해 볼 수 있습니다.

자투리 나무 활동 scrap wood activity

☑ 저 ☑ 중 ☐ 고 | 1~2시간

◉ **준비물:** 자투리 나무, 목공 접착제 또는 순간접착제, 칠 재료

◉ **과정**
- 목공 활동을 하며 모은 자투리 나무를 조별로 상자에 담아 나눕니다.
- 아이들은 자투리 나무를 골라 떠오르는 것을 상상하며 만져 봅니다.
- 필요한 나무 조각을 이리저리 대 보고 모양을 완성합니다.
- 선생님의 확인이 끝나면 접착제로 바르고 칠합니다.

◉ **유의 사항**
- 욕심 부리는 아이가 있다면 사용 가능한 수량을 제한할 수 있습니다.
- 순간접착제는 반드시 교사의 지도에 따라 사용하도록 합니다.

◉ **덧붙임**
- 목공용 접착제를 먼저 바르고 글루건으로 녹인 풀을 조금 더하면 접착제가 굳을 때까지 손으로 잡고 있지 않아도 되어서 편합니다.
- 학교 축제처럼 많은 사람이 참가하는 마당으로 준비하면 좋습니다.
- 자투리 나무 활동 자료는 인터넷에 아주 풍부합니다.

학교 가구 고치기

☐ 저 ☐ 중 ☑ 고 | 동아리, 4~6시간

◎ **준비물**: 고장나거나 낡은 의자 등 수선이 필요한 학교 가구, 재료 필요량

◎ **과정**
- 학교에서 수리가 필요한 긴 의자, 학생용 물품 등을 찾아 목재를 이용해 고칠 수 있는지 결정합니다.
- 고칠 곳을 측정해 설계도를 그린 다음 그에 맞게 나무를 자릅니다.
- 목공실로 가져올 수 있는 것은 옮겨서 고치고 너무 운반하기 힘든 것은 현장에서 작업합니다.
- 현장에 가기 전에 미리 기초적인 준비를 잘해서 그 자리에서 마칠 수 있게 합니다.

◎ **유의 사항**
- 학교 관리자와 미리 협의해야 합니다.

◎ **덧붙임**
- 학생들도 의논을 하겠지만 설계에서부터 작업까지 교사가 미리 밑그림을 그리고 있어야 가능합니다.
- 소집단 구성원의 능력을 감안해 역할을 나눠 주면 담당 교사는 일이 늘어납니다만 아이들에게는 뿌듯함과 좋은 추억을 안겨 줄 수 있습니다.

독서대 book stand

☐ 저 ☐ 중 ☑ 고 | 4~6시간

◎ **준비물:** 폭300㎜의 15~18T 판재, 톱, 전동 드라이버와 나사못, 접착제, 조임 틀

◎ **과정**
- 독서대 모양 그림과 재료를 나눠 줍니다.
- 윗판으로 쓸 판재와 받침(다리)으로 쓸 판재를 각자 치수에 맞게 톱으로 자릅니다.
- 윗판과 받침(다리)을 조립합니다. 바닥과 받침의 균형을 잘 맞춰 기우뚱거리지 않도록 합니다. 윗판에 받침을 조립할 때 친구끼리 서로 잡아주면 더 편합니다.
- 사포로 모서리와 평면을 다듬고 칠합니다.

◎ **덧붙임**
- 윗판 크기는 가로 400~450㎜, 높이 300㎜가 넉넉해서 적당합니다. 기본 기능을 해치지 않는 범위 내에서 윗판과 다리에 장식을 하거나 모양을 내도 좋습니다.
- 각도를 조절할 수 있는 독서대를 수업 시간에 만드는 것은 어렵습니다. 25~40도 사이에서 결정해 고정식으로 만드는 것을 추천합니다.
- 학교 공구와 학생 기능에 따라 만들기 쉽게 다리나 모양을 바꿔 설계합니다.

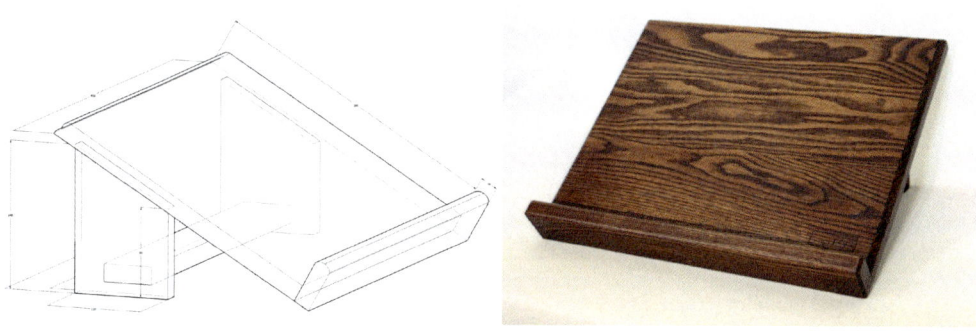

활동 주제

자동 동작 인형 wood automaton/automata

☐ 저 ☐ 중 ☑ 고 | 5~7시간

◉ **준비물:** 주제에 따른 나무와 공구

◉ **과정**
- '오토마톤', '오토마타'라고 불리는 자동 인형은 종류가 워낙 많습니다. 품목에 따라서 재료와 제작 시간에도 차이가 있습니다.
- 학교에서는 아래 왼쪽 사진처럼 펭귄, 캥거루 등 매우 단순한 동물 모양 구조의 인형을 시도해 볼 수 있습니다.
- 각 인형의 작동 원리를 탐구해 보고 작동에 핵심적인 부품을 정밀하게 가공하고 조립해야 합니다.

◉ **덧붙임**
- 자동 인형 체험용 제품을 구매해서 할 수도 있지만 동아리 활동이나 소집단일 경우 직접 만드는 것도 도전할 수 있습니다.
- 직접 부품을 만들려면 정밀한 가공을 많이 해야 하므로 시간도 더 듭니다.

걸어 내려 오는 펭귄(출처: PETRA TOYS)

더 많은 학교에서
목공을 즐길 수 있는
또 다른 방법

움직이는 목공 교실

| 지역 목공 교실, 한계 |

목돈을 들여 설치한 목공실은 학생 교육에 활발하게 이용되다가 담당 교사의 전출 등으로 시설이 방치될 수 있습니다. 그리고 다양한 전동공구를 더 많이 활용하며 목공 교육을 하려면 사고 위험도는 높아집니다. 이와 같은 비효율과 위험 부담을 줄이기 위해 지역 목공 교실을 대안으로 고려해 볼 수 있습니다. 지역 사회와 연계하여 문화센터, 마을 기업, 협동조합이 협력하여 지역 목공 교실을 운영하는 데는 여러 장점이 있습니다.

낮에는 지역 학교에서 학생 교육용으로 이용하며 마을기업이나 협동조합에서는 공간과 장비, 지도교사, 재료를 제공합니다. 수업이 없는 저녁 시간이나 주말, 방학에는 마을 동아리, 직업 교육 기관으로 운영할 수도 있습니다. 학생 교육 비용은 무료이면 좋겠지만 필요한 경우 교육청과 지자체에서 지원하면 됩니다.

학생 목공 동아리는 지역 목공 교실에서 운영하는 걸 적극 추천합니다. 그동안 가르친 어린이들 중에는 목공에 재주가 있고 흥미를 가진 학생들이 제법 있었습니다. 그런 아이들이 모여서 정기적으로 작품을 만들고, 경우에 따라서는 지역 복지 시설과 독거 노인 등을 위한 봉사 활동을 목공으로 할 수도 있습니다.

게다가 지역 목공 동아리 학생들에게는 단일한 주제의 작품에서 벗어나 재료와 공구를 염두에 두고 창의적으로 재량껏 작품을 만들 기회를 줄 수도 있습니다. 이는 마치 지역 발명 교실을 운영하는 것과 비슷합니다. 다른 점이라면, 지역 발명 교실은 교육청 주체로 운영되지만 이 지역 목공 교실은 지방 정부가 중심이라는 점입니다.

그런데 지역 목공 교실에 학생들이 참가할 때 가장 큰 문제는 교통편입니다. 수영 교실처럼 전체 학생들에게 버스를 제공하는 방법도 있지만 이 비용이 만만치 않습니다. 대규모 단위인 학교 전체 진행이 아니라 학급별 신청과 접수, 선정 과정을 거쳐 학생들이 참여하는 방법을 쓰고 학교 자체적으로 교통편을 해결하거나 대중교통을 이용하도록 할 수 있습니다만 안전과 시간 문제로 매우 제한적인 학교나 학급에서만 참가할 수밖에 없을 겁니다.

이런 한계를 극복하는 방법으로 이동 도서관처럼 지역 학교를 방문하여 목공 교육을 진행하는 방법을 상상해 볼 수 있습니다. 비교적 무거운 공구는 트럭에 고정식으로 설치하고 학생용 작업대와 공구함을 갖춰 강사가 함께 학교를 찾아가는 방식입니다. 그러면 많은 학교에서 장비 설치와 관리 부담이 적어지고 더 많은 학생들에게 목공 교육 경험을 제공할 수 있습니다. 장비 마련 예산과 지도교사, 안전 확보, 사고 처리 등 여러 가지를 미리 고려해서 준비해야 할 수도 있겠으나 교육청, 기업의 사회적 공헌 활동, 지역 사회가 서로 협력해서 현실로 이뤄지길 바랍니다.

| 목공 트럭이 달린다 |

◎ 트럭

최소 2.5톤 정도의 트럭으로 충분한 장비를 실어야 합니다. 소형 재단톱, 각도 절단톱, 탁상 드릴과 띠톱, 루터 등의 전동공구는 고정형 혹은 이동 가능한 형태로 트럭에 설치합니다. 이 장비들은 지도교사가 재료를 준비하거나 고쳐 줄 때, 공구 종류를 안내할 때 보여 줄 수 있습니다. 하지만 띠톱과 탁상 드릴은 지도교사가 옆에 있고 미리 안내했다면 학생들도 쓸 수 있습니다. 전기는 학교에서 제공합니다. 소형 전동공구이므로 일반 220V 전원이면 됩니다.

◎ 장비와 개인별 공구함

한 학급당 25명을 일반적 기준으로 해서 필요한 공구량을 산정합니다. 위에서 말한 지도교사용 전문 공구 외에 일정량의 유무선 드릴과 전동 드라이버, 조립식 경량 개인 작업대(시중에 판매되는 제품이 있습니다만 내구성 좋게 따로 주문 제작해도 좋습니다), 톱과 망치, 조임틀, 쇠자와 줄자 등 측정 공구 일정량, 장비 이동 편의를 위한 수레 등을 갖춥니다.

매번 공구를 종류마다 나누고 거두는 것보다는 조별 또는 개인 단위로 기본 공구가 들어 있는 소형 공구함을 다량 갖추는 것도 바람직합니다. 예를 들어 공구함에 일련번호를 매기고 톱, 망치, 장갑, 보안경, 쇠자, 줄자 등을 넣어 교육 시간에 학생들이 이용하게 하면 효율이 높을 것입니다.

◎ 응급의약품

갑작스런 사고에 대비한 지혈제, 소독약, 붕대와 일회용 반창고 등은 미리 준비해 둡니다. 비록 학교 보건실이 있기는 하지만 교육 장소와 거리가 있기 마련입니다. 작은 상처 처리를 위해 장소를 벗어나는 것은 활동 시간을 줄이고 지도교사가 자리를 떠나야 하는 등 여러 면에서 바람직하지 않습니다.

◎ 지도교사와 운전사

당연히 검증된 목공 지도 능력을 갖고 있어야 합니다. 공방과 목공 학원 등에서 직업 교육생과 학생들을 지도한 경험이 있거나, 목공 지도사 자격증을 가진 분, 기술 교사, 목공 지도를 해 본 교사 출신자 등을 지도교사로 모실 수 있습니다. 그리고 지도교사가 운전사를 겸한다면 운영비가 줄어들 수 있겠습니다. 그러나 여러 장비가 실린 큰 트럭을 갖고 다니면서 재료와 장비까지 챙기는 어려운 일이므로 운전사와 지도교사가 역할을 나눠 활동하는 것도 괜찮습니다. 아울러, 지도교사는 학교 강사 채용 기준에 부합하는 기준과 절차를 거쳐 선발하도록 합니다.

◉ 예약과 접수

신청은 인터넷으로 합니다. 해당 학년 학생 수, 담임 교사 이름, 프로그램 선택 등을 신청받습니다. 학교 목공실 유무와 담임 교사의 지도 의지 등 선정 기준에 따라 결정합니다.

이후에 필요한 경우 참가자의 보험 처리 등을 위해 학교에서는 개인정보 제공 동의 및 참가자 인적사항을 입력합니다. 이 모든 내용은 인터넷 홈페이지에서 홍보, 신청, 접수, 관리할 수 있다면 관리자의 업무도 줄어듭니다.

◉ 학교에서 준비할 일

제일 중요한 건 사전 안전 교육입니다. 학교로 찾아오는 여러 특별 수업을 진행할 때, 또는 외부 기관에서 주관하는 체험 프로그램에 학급 단위로 참여할 때 가장 큰 문제는 안전한 체험을 위한 학생들의 생활지도입니다.

목공 트럭 운영 주체는 체험 전에 참여 단위인 학교나 학급에 작업 과정과 공구 사용에 따른 안전 유의사항을 정리해서 전달합니다. 사진과 글도 좋지만 인터넷 영상 서비스, 동영상 파일로 안내하면 더 확실하고 구체적인 내용으로 자세한 설명을 제공할 수 있습니다. 그리고 복습을 위한 학습지로 확인을 하며 이에 따른 준비 소요 시간은 학생 교육 시간에 포함시킬 수 있습니다.

학교에서 목공을 본격적으로 하지 못하거나 꺼리는 이유 중 하나가 안전사고이므로 이에 대비하기 위해 사전 지도는 물론, 관련한 교육과정 검토, 시행에 대한 공문 기안 등의 행정 처리를 잘 마쳐 두어야 합니다. 이런 사업을 하기 전에 주최 측과 교육청 등 유관 기관에서 사고 처리에 대한 사전 합의가 되어 있다면 더 바람직하겠습니다.

외부 체험 학습처럼 참가 학생들을 대상으로 한 보험 처리의 가능성도 있습니다. 사회적 기여 활동으로 기업에서 협조하는 경우라면 보험사와 협의하여 적정한 교육 내용과 보험

료를 산출하고 참가 학생들을 대상으로 미리 보험 처리를 해 둔다면 학교로서도 훨씬 부담이 적을 겁니다.

◎ 자치단체의 역할

공원과 거리에서 가지치기를 하거나 솎아 낸 나무를 '목공 트럭'용 보관소에 보내 관리합니다. 시설관리공단 등의 단체와 목공 트럭 주체의 구체적인 업무 협조만 잘되면 재료 걱정도 줄이고 폐기물이던 나무를 재활용하는 효과도 있습니다.

◎ 시간 운영

일단 한 학교에 설치하면 하루는 아침부터 방과 후까지 그대로 운영합니다. 이동과 시설 준비, 정리에 쓰이는 시간과 힘을 생각한다면 1일은 최소의 시간입니다. 만약 학교가 크다면 운영일수를 늘릴 수도 있습니다.

한 학급당 2시간씩 3~4회 정도면 작은 작품 하나는 자르고 못을 박아 만들 수 있습니다. 그런 시간을 고려해 인근 지역을 순회하거나 신청 학교를 순차적으로 방문하면 됩니다.

◎ 활동 주제

전동공구를 활용해서 반듯한 생활용품 제작을 목표로 하면 목공 트럭의 장비 구성과 지도 강사의 부담이 늘어납니다. 아이들은 간단한 수공구 작업만으로도 상당한 만족을 느끼게 되므로 꼭 생활 목공을 고집할 필요는 없습니다. 아이들이 나무의 따뜻함과 유용함, 아름다움, 땀 흘리는 노작의 맛을 느낄 기회를 제공하는 것이므로 거창한 주제를 고집할 필요가 없습니다. 따라서 시설관리공단의 수목 정비 중 얻은 목재 등을 적극 재사용 하거나 재활용할 수 있는 작품을 고릅니다.

그리고 개인 작품을 만드는 것뿐만 아니라 책꽂이, 장난감 통, 탁자 등 조별 작품을 만들어 학교에서 공용으로 쓸 수 있습니다. 학생 전체가 참여하는 협동작품을 나뭇가지나 나무 조각을 이용하여 만드는 복합 활동도 고려해 볼 만합니다.

◎ 그 밖의 활용

지역 축제가 있을 때 관련 주제를 마련해 목공 체험 부스로 간편하게 설치해 운영할 수 있습니다.

기타 사항

목공 강사가 주 담당자가 되며 담임 교사는 안전 보조 역할을 합니다. 안전 지침을 잘 따르지 않아 교육 활동을 방해하는 학생이 있을 때는 엄격한 조치가 필요합니다. 다른 아이들을 보호하기 위해서라도 사전에 관련한 제재 사항을 알려 주고 생활지도를 합니다.

도움이 될 책과 인터넷 누리집,
실무를 위한 문서와 교육 자료

 **참고 자료와 부록**

| 책 |

    목공 활동과 학교 목공 교육에 많은 도움을 받을 수 있는 책을 소개해 드리겠습니다. 이 책들은 목공을 처음 시작할 때 알아야 할 기초적인 지식, 공구의 종류와 사용법, 나무를 다루는 법, 활동 주제를 고민할 때 참고할 수 있는 좋은 자료입니다.

    시중에 DIY 목공 관련 책들이 여럿 있는데 주로 생활 목공과 초보적 기능에 맞춰져 있습니다. 목공을 처음 접했다면 그와 같은 책들이 도움이 많이 되니 최대한 여러 책을 보시길 권합니다. 몇 가지 작품 만들기를 설명하는 과정을 담은 책들도 속속 나오고 있는데 비슷하거나 중복된 내용도 있으므로 비교하시고 구입하시길 바랍니다.

    월간지를 비롯해 의자, 새 집 등의 주제로 특화된 여러 나라의 책이 있으니 주머니 사정이 넉넉하다면 보이는 대로 읽고 사 두셔도 좋습니다. 그렇지만 어린이 목공 교육을 목표로 한다면 다음의 책을 곁에 두고 참고하면 배경 지식을 익히는 데 충분하다고 생각합니다.

『아름다운 목가구 만들기』

앨버트 잭슨, 데이비드 데이 지음/김재묵 옮김/다섯수레

'꼭 있어야 할 책'을 한 권 꼽으라고 한다면 주저 없이 이 책을 고르겠습니다. 그동안 제 목공의 생활 참고서로는 이 책이 단연 으뜸이었습니다. 국배판(A4) 크기에 319쪽이나 되는 묵직한 양장입니다. 펼치기만 해도 목공에 대해 해박한 지식이 머리 속에 쏙쏙 들어올 것 같은 느낌을 주는 참 마음에 드는 책입니다.

기술 관련 서적은 원서가 값도 싸고 질이 좋은 경우가 종종 있으며 어설픈 번역보다 용어가 더 정확해서 이점이 있습니다. 이 책도 원서 『Collins Complete Woodworker's Manual』이 더 저렴합니다. 하지만 원서보다 저는 번역서를 추천합니다.

보통 책 서너 권 정도인 책값이 부담스럽기는 한데 그만한 값어치가 충분히 있습니다. 우리말로 번역하면서 여러 공구 명칭을 외국어로 그냥 두지 않고 우리 말로 검증을 거쳐 꼼꼼하게 바꾼 데다 번역도 아주 자연스럽습니다. 목재, 디자인, 공구, 작업장, 목조각, 마감, 부속품 등의 주제별로 친절하게 설명하고 있으며 색인도 상세합니다. 그래서 읽다 보면 용어도 자연스럽게 익히게 됩니다.

특히 마음에 드는 것은 그림과 사진입니다. 어디에서 베낀 듯한 사진이나 그림이 아니라 하나하나에 정성을 들여 준비한 사진과 삽화가 정갈하여 독자에게 정확한 정보를 제공하려는 게 느껴집니다. 자세한 설명글을 읽지 않고 사진과 덧붙인 설명만 봐도 많은 도움이 됩니다.

『우리 가구 손수 짜기』

조화신, 심조원 지음/김시영 그림/현암사

손그림으로 설명된 책입니다. 중요무형문화재 소목장 전수교육조교이신 조화신 님의 작업을 좇아 세밀한 그림을 그리고 설명을 덧붙였습니다. 나무의 일반적 특징과 우리 땅에서 자라는 나무에 대한 이해도 넓힐 수 있고 여러 수작업 공구의 쓰임, 맞춤 기법에 대해 중요한 내용을 잘 추려서 실었습니다.

벌목한 나무를 말린 다음 큰 톱으로 켜 목재를 얻는 데서부터 실재 가구 가공에 사용되는 전통 기법에 대해 단계별로 알려 주고 있습니다. 특히 사개 맞춤, 주먹장 맞춤, 나비장(나비 모양 꽂임촉) 등 전통의 맞춤 가공 방법을 수공구로 만드는 구체적인 내용을 이해할 수 있습니다. 그래서 학교에서 아이들과 수공구로만 작업을 해서 무언가를 만든다고 할 때 영감을 줄 수 있는 책입니다.

이 책의 좋은 점은 그 수공구를 사용해서 우리 전통 가구를 만들 때의 과정이 아름다운 그림으로 표현된 것입니다. 실물 사진은 때론 지나치게 많은 정보를 담아서 혼란을 주기도 하는데 그림은 전달하려는 알맹이만 추려 보여 주니 이해가 더 쉽습니다.

책에는 간단하고 명료하게 설명되어 있어서 누구나 쉽게 기능을 따라할 수 있을 것처럼 보이지만 정교한 결과를 위해서는 많은 연습이 필요하다는 점은 명심해야겠습니다.

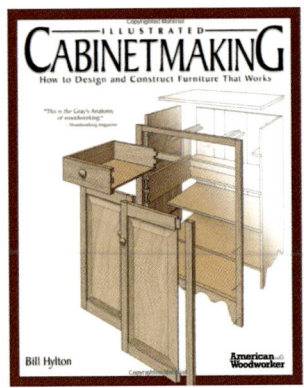

『Illustrated Cabinetmaking: How to Design and Construct Furniture That Works』
Bill Hylton 지음/Fox Chapel Publishing

제목만 보면 캐비닛에만 한정돼 있는 것 같지만 식탁, 책상, 탁자, 함, 침대 등 의자만 빼고 생활 가구 전반을 다룹니다.

공구를 사용하는 방법이 아니라 부품들이 어떻게 연결되어 있는지 보여 줍니다. 정교한 그림과 정확한 명칭, 친절한 설명이 덧붙여져 가구의 명칭과 얼개를 이해하는 데 아주 좋은 교재입니다. 중요한 곳에는 확대 그림이 있어서 내용 파악이 쉽습니다. 용어 공부에도 유익할 뿐만 아니라 일반적인 연결 방법, 표준화된 가구 크기 등 생활 가구를 만들 때 궁금한 점들을 해결할 수 있습니다.

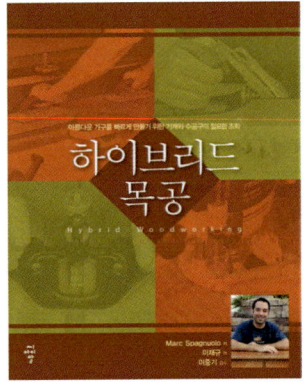

『하이브리드 목공』
Marc Spagnuolo 지음/이재규 옮김/씨아이알

수공구와 전동공구의 장점을 적절히 결합하여 작업 효율을 높이는 방법을 자세한 그림과 글로 설명하고 있습니다. 같은 결과를 내더라도 여러 공구의 특징을 살려 제작하는 과정이 잘 나타나 있습니다. 공구 욕심에 대한 시행착오와 함께 각각의 공구에 대한 평가도 곁들여 있습니다.

책 후반에는 몇 가지 가구를 직접 만들면서 관련 사항을 알려줍니다. 바른 공구 사용법과 관리 기술도 곁들이고 있어서 생활 목공 과정을 이해하는 데 도움이 되는 내용이 많습니다.

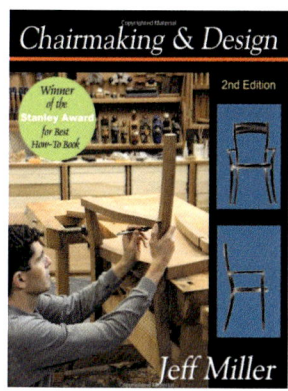

『Chairmaking & Design』(2nd edition)
Jeff Miller 지음/Linden Publishing

가구를 대표하는 품목은 의자라고 합니다. 튼튼함과 모양, 아름다움을 고려한 다양한 의자를 만드는 여러 방법과 과정이 잘 나타나 있습니다.

의자 제작에 관심이 많으시고 더 알아보시고 싶다면 『Designing and Building Chairs: The New Best of Fine Woodworking』도 추천합니다.

학생들과 의자 모형을 만들거나 본인이 직접 제작할 때 도움이 많이 됩니다.

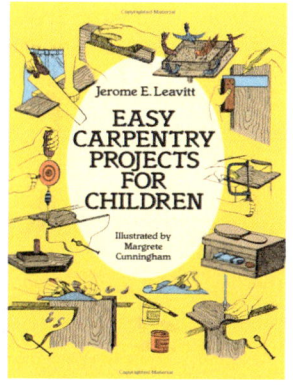

『Easy Carpentry Projects For Children』
Jerome E. Leavitt 지음/Dover Publications

조금 오래된 책이지만 고학년 아이들과 함께 활동할 수 있는 주제가 있습니다. 수공구만을 사용해 판재와 각재로 장난감과 생활 소품을 만드는 방법이 삽화와 글로 설명되어 있습니다.

공구 사용법도 그림으로 잘 나타나 있어서 톱과 끌, 망치와 못 등 간단한 공구로 아이들과 함께 만들 작품을 발상할 때 도움이 됩니다.

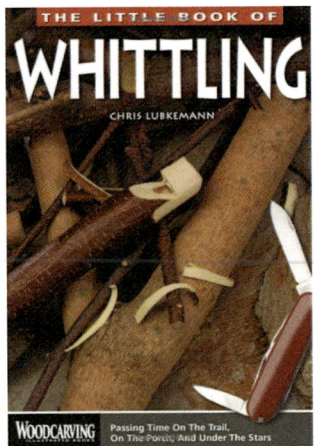

『Whittling Twigs & Branches』
Chris Lubkemann/Fox Chapel publishing

크고 작은 나뭇가지를 주머니칼로 다듬어 작은 장난감이나 도구로 깎는 휘틀링에 대한 책입니다. 나뭇가지를 고르는 방법, 알맞은 칼 고르기와 관리, 올바른 깎기 방법이 잘 나와 있습니다.

포크, 칼, 카누, 피리, 새총 등 18가지 작품을 만드는 과정이 순서대로 사진과 글로 실려 있습니다. 인터넷에서 비슷한 활동 사진을 얻을 수는 있지만 자세한 내용이 담긴 이 책이 목공 교육 주제 선정에 도움이 많이 됩니다.

『Whittling Twigs & Branches』(2nd edition)
Chris Lubkemann 지음/Fox Chapel publishing

앞에 소개한 『Whittling Twigs&Branches』의 증보판입니다.

다른 주제를 소개하면서 초판과 달리 그림 설명을 추가했습니다. 사진에서는 나타나지 않는 구체적인 조작 방향과 특징이 그림으로 잘 나타나 있습니다.

초판과 증보판 둘 중 하나만 있어도 휘틀링에 대한 내용을 이해할 수 있습니다만 어린이에게 맞는 주제와 과정은 초판이 더 적합합니다.

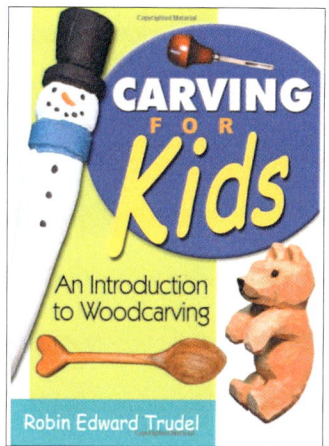

『Carving For Kids』
Robin Edward Trudel 지음/Linden Publishing

나무로 글자를 만들거나 무늬 만들기, 동물과 곤충 만들기 등 아이들이 관심을 가질 주제들이 많습니다. 자세한 설명과 사진이 순서대로 있어서 만드는 과정을 잘 이해할 수 있습니다.

어린이들에게 목조각을 소개하고 싶다면 이 책이 도움이 됩니다. 하지만 여기에 소개된 많은 주제들은 쉽게 보일 뿐 예상보다 시간이 오래 걸리고 정성을 많이 들여야 하는 활동들입니다.

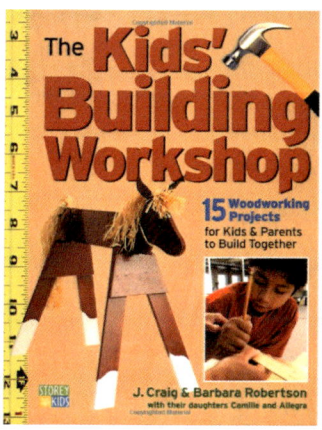

『The Kids' Building Workshop』
Robertson 지음/Storey Publishing

전동공구와 수공구 등을 다양하게 사용해서 15가지 작품을 만드는 방법이 나와 있습니다.

앞 부분에 망치질, 구멍 뚫기, 대패질, 측정 등 기초적인 내용을 설명하고 이를 응용한 도구 제작, 미술 작품, 생활용품 만들기가 과정에 충실하게 편집되어 있습니다. 이 책의 주제들은 혼자 하는 것을 비롯해 여럿이 함께 만드는 작품도 있습니다.

| 그 밖의 책 |

『역사와 문화로 읽는 나무사전』

- 강판권 지음/글항아리
- 나무를 재료로만 보는 게 아니라 사람들과 맺어 온 이야기를 하고 있습니다. 그림과 사진의 질이 높습니다. 목공 교육 과정에서 아이들에게 들려 줄 이야기가 많아집니다.

『나무에게 배운다』, 『다시, 나무에게 배운다』

- 니시오카 쓰네카즈 지음/ 시오노 요네마쓰 편/상추쌈
- 일본 법륭사(호류지)의 대목장이 처음 목수로서 입문해서부터 존경받는 목수로서 성장하는 과정이 인터뷰 글로 나타나 있습니다. 직업 목수의 삶과 생각을 엿볼 수 있는 책입니다.

『반쪽이의 나무곤충 만들기』

- 최정현 지음/한겨레아이들
- '반쪽이'로 알려져 있는 만화가 최정현님이 만든 창의적인 나무곤충 작품들이 인상적입니다. 쉽게 접근할 수 있는 목공 활동 주제입니다.

『나무로 만든 스툴』, 『나무로 만든 그릇』

- 니시카와 타카아키 지음/한스미디어
- 특화된 스툴과 그릇을 만드는 일본 목수들의 이야기가 작품 사진과 함께 담겨 있습니다.

앞에서도 말씀드린 대로 그 밖에 여러 목공 잡지와 특정 공구에 대한 기술 서적이 아주 많습니다. 그리고 수공구에 관심이 많고 일본어가 가능하시다면 이웃 나라인 일본의 서적도 참고해 보십시오. 우리와 공구가 유사하고 책도 다양해서 참고할 만합니다.

| 인터넷 누리집 |

The WoodWhisperer.com(www.thewoodwhisperer.com)
- Marc Spagnuolo가 운영하는 목공 관련 자료입니다.
- 여러 공구 사용법과 평가, 가구 제작 과정과 도움이 되는 소소한 요령을 아주 차분하고 정확하게 알려줍니다.

Bittersweet Story(btsweet.blogspot.com)
- 목공 공구, 재료, 시작과 마감, 외국 자료 번역문 등 내용이 매우 다양합니다. 이곳 저곳의 자료를 베껴 오는 게 아니라 운영자가 내용을 엄선하여 정확하게 전달하려는 노력을 기울이는 곳입니다.
- 목공을 처음 시작할 때뿐만 아니라 지속적으로 정보를 얻을 수 있는 고마운 블로그입니다.

Matthias Wandel(woodgears.ca)
- 목공에 기계와 전기를 접목해서 다양한 시도를 하고 장치를 새로 개발하는 운영자의 작업 과정이 모두 실려 있습니다. 기발하면서도 정말 많은 시간과 노력을 투자해서 만드는 그의 노력에 경탄이 절로 나옵니다.
- 유튜브에도 많은 자료가 등록돼 있습니다.

Wisdom of the Hands(wisdomofhands.blogspot.nl)
- '손을 쓰는 어린이 교육'에 철학적 기반을 두고 아이들에게 노작을 가르치는 활동과 그 내용을 정리해 두었습니다.

Sam Maloof(sammaloofwoodworker.com)
- 지금은 작고한, 아름다운 호두나무 의자로 명성이 높은 목수 샘 말루프(Sam Maloof)의 작품을 감상할 수 있습니다. 그의 독특한 의자 설계와 제작 기법을 설명한 책과 영상 자료가 따로 만들어지고 판매될 정도로 현대 목수들에게 영감을 불러 일으켰습니다. 저도 그 의자를 만들어 보려고 몇 년째 준비 중입니다.

조지 나카시마(www.nakashimawoodworker.com)
- 일본계 미국인 조지 나카시마의 독특한 의자와 탁자 작품을 감상하며 새로운 영감을 얻을 수 있습니다.

우드앤샵(woodandshop.com)

- 목공을 처음 시작하는 데서부터 알아야 할 것, 준비할 것들을 알려 주며 관련한 교육과 판매도 겸하고 있습니다. 공구를 선택하는 요령과 기준도 있어서 간단히 살펴 봐도 도움이 많이 됩니다.

핀터리스트(http://www.pinterest.com)

- 이미지를 공유하는 인터넷 서비스로서 방대한 작품과 참고 자료들을 얻을 수 있습니다. 목공 관련 검색어를 미리 등록해 두면 아주 기발하고 완성도 높은 작품을 볼 수 있습니다. 회원 가입을 해야 이용 가능합니다.

그리고 **나들목 가구 만들기**(네이버 블로그), Unpluged Woodshop, The English Woodworker를 비롯해 그물처럼 연결된 정보들이 넘쳐납니다. 정기 간행물로는 국내의 《**목재 신문**》, 《**산림 신문**》, 《**우드플래닛**》을 비롯해 미국의 《WOOD》, 《WOODSMITH》, 《Fine WoodWoking》, 《Shop Note》, 《Woodworker's Journal》 등이 있습니다.

각종 블로그와 인터넷에 생동감 있고 다양한 자료가 많지만 유튜브에 단연코 많습니다. 자동 번역을 해서 검색이 되기는 하지만 검색어를 영어로 넣어 보면 훨씬 많은 자료를 더 빨리 쉽게 얻을 수 있습니다. 어떤 자료는 중간 과정을 생략하거나 실수로 편집하기도 하므로 적절히 걸러 볼 필요도 있습니다만 목공을 하는 이들에게는 아주 고마운 서비스입니다.

목공 보조교사 교육 내용

학부모 목공 동아리 회원이 목공 보조교사로 참여를 확정하면서 아래와 같은 일정과 내용으로 미리 준비하는 시간을 가졌습니다. 열심히 배우시고 잘 따라 주셔서 지금까지 목공 보조교사 활동이 지속되고 있습니다.

연수 일정
- 1일 차: 목공 보조교사의 역할, 실기 1차(끌 다듬기와 수납, 톱 다루기와 수리, 공구 정리)
- 2일 차: 보조교사 배치 원칙 및 피해야 할 말, 실기 2차(띠톱, 각도 절단톱, 탁상 드릴 문제발생 대처 요령과 미세 조정 방법)
- 3일 차: 응급 상황 대처, 실기3차(집진기 관리, 전동 사포기, 탁상 드릴 응용 방법)

담임교사 역할
- 교육 과정 내용을 학년에서 확정하여 보조교사에게 안내하기. 필요하다면 사전에 보조교사와 지도 가능한 주제로 교육 내용을 결정할 수 있음
- 학습 자료와 준비물 마련
- 실습 기간 시작 전에 사전 안전 지도

보조교사 역할(해당 학년 교사와 사전 협의에서 조정)
- 목공 수업의 주도적 설명 또는 보조 여부(담임교사별로 사전 협의)
- 기능 보조: 교육 내용과 일정을 사전에 파악해 미리 연습하기
- 안전 보조: 담임교사와 사전에 협의하여 해당 학생에 대한 제재 수준 협의
- 사전 작업 준비 보조: 공구 상태 정비, 준비물 두기
- 정리 정돈 보조: 학생과 교사가 함께 정리하는 것이 기본. 이에 대한 보조
- 활동에 대한 문제점 파악 및 제안하기: 대표자를 선정하여 이야기 전달하기

학교에서 목공 노작 교육을 하는 이유

- 지성과 감성의 조화로운 발달을 위한 문예체 교육
- 손과 몸을 움직여 생산하는 노작의 보람
- 생산자로서의 보람과 기쁨
- 다양한 기능과 신체 협응, 문제 해결력 등의 사고력 발달
- 미적 체험과 정서적 효과

학부모 목공 동아리를 하는 이유

- 학교 교육 이해를 위한 정보 제공과 체험
- 학교와 학부모의 소통과 연대의 기회
- 학부모 능력 계발(평생 교육)과 학교 교육 기여
- 동아리 활동의 결과로 마을의 작은 공동체 마련

보조교사 동선과 위치

- 뚝딱이방과 실과실에 각각 1인씩 있는 것이 기본
- 특정 작업대에 오래 머무르지 않고 고르게 시간 안배하여 학생 돕기
- 이동은 최소로 하고 천천히 움직이기

보조교사 배치 원칙

- 자녀 학년 배제: 불필요한 오해를 줄이기 위해서지만 어쩔 수 없다면 최소한 해당 학급에는 배제
  보조교사의 의사를 최대한 존중하고 많은 회원이 참여하도록 유도
- 고르게 시간을 배치하되 학급당 2인씩 참여

학교 지원

- 학교 교육 계획에 학부모 동아리 회원의 보조 지도 참여를 명시함
- 학생 지도일에 참가하는 보조교사의 급식비 예산 수립과 집행
- 동아리 활동에 지속적인 지원
- 보조교사 지도료 책정 모색

말과 행동1: 적극적으로 할 말과 행동

- 도구 사용 방법: 필요하다면 학생 앞에서 시범을 보여주되 자세하게 안내하는 말을 병행하면서 하기
- 학생 이름을 수시로 묻기: 명단을 사전에 파악, 이름표 활용
- 학생과 친밀감을 형성하는 말
- 안전 규범 준수, 기능에 대한 진심 어린 짧은 칭찬

말과 행동2: 주의할 말, 해서는 안 되는 말과 행동

- 성차별 또는 고정관념 발언(예: '남자아이가 톱질도 못 하니?', '여자 아이는 이런 거 못 해도 돼', '여자아이인데 참 잘하네')
- 학생에게 특별히 개인적 친분을 드러내는 말(이웃 자녀, 친인척 등 사적 관계)
- 안전에 큰 위해가 되지 않으면 담임교사가 지도한 방법의 부정 또는 수정은 안 하는 것이 좋음. 고쳐서 알려 줘야 한다면 매우 세심하게 접근해야 함(보조교사와 달리 담임교사는 학생들과 지속적으로 교육과 생활을 하므로 담임교사의 위상을 손상시키면 안 됨)
- 담임교사와 학생들 사이에 끼어들기
- 교육 과정에서 있었던 일화, 평가나 판단은 전체 운영 평가 협의회 때 등 필요한 경우를 제외하고는 밖에서 언급하지 않기
- 특정 학생에 대한 도드라지며 빈번한 칭찬
- 그 밖에 담임교사나 학교가 요청한 사항

사고 대응

- 가벼운 부상은 뚝딱이방의 응급의약품으로 처치
- 출혈이 비교적 심하거나 얼굴을 다친 경우에는 담임교사에게 맡기되, 혹시 담임교사가 부재 중인 경우 반드시 보건실로 데려가 처치 의뢰
- 큰 사고라고 판단되는 경우: 담임교사와 협력, 지혈, 보건실로 이송
- 구급대를 불러야 할 정도의 사고: 주변 학생을 안정시키고 지혈, 담임교사와 역할을 나눠 보건 교사에게 연락 및 환자 이송 등 수행
- 응급 처치, 주변 안정, 관계자 연락, 학생 이송이 완료되었다면 다시 주변 안정과 정리: 담임교사가 긴급히 자리를 떠나고 아무런 지시를 남기지 않았다면 교육지원실 교장, 교

감에게 도움을 요청하여 학생 지도에 대한 결정을 따름

늘 신경 써야 할 일
- 공구 관리(공구를 제자리에 두는 것이 가장 기본)
- 끌 다듬기
- 전동공구 청소와 관리
- 집진기, 진공 청소기 먼지봉투를 자주 확인하여 비우기

부록2 목공 보조교사 활동 사전 협의, 평가

학기별로 목공 교육을 하기 전에는 해당 학년 선생님들과 사전 협의회를 하고 교육을 마치면 함께 모여 평가 시간을 가졌습니다.

사전 협의회
- 참가: 담임교사와 보조교사
- 시간: 대략 1시간 이내
- 내용: 상견례와 협력에 따른 상호 감사와 부탁의 인사, 각 반별 역할 분담, 활동 주제에 대한 소개와 주의 사항, 일정, 협조 사항, 특별히 주문하거나 협의할 사항 등

학기 말 평가회
- 담임교사와 보조교사의 역할 분담이 적절했는지에 대한 의견 교환
- 담임교사와 보조교사 간의 의사소통, 효과적인 역할 분담 방법
- 어려웠던 점 확인하기: 학교 지원 요청 사항 재확인
- 개선해야 할 점, 건의 및 문의 사항
- 협의하고 약속한 게 잘 유지되고 있는지 점검
- 주제의 변경 또는 지도 방법 제안

기타 사항
- 협의회 예산 사전 편성: 횟수와 인원 예상하여 업무추진비 산정

부록 목공 교육 계획(안)

목공 교육 준비와 진행을 위한 기안 내용을 소개해 드리겠습니다. 학교 사정에 맞게 이를 고치거나 내용을 보충해 쓰면 됩니다. 이 계획은 개괄적으로라도 학교 교육 과정에 넣는 게 바람직합니다.

(예시)

(가칭)*** 학교 목공 노작 계획(안)

1. 목적과 방침

- 사고력과 감성의 조화로운 발달을 위해 목공 (노작) 교육을 실시한다.
- 작품 구상과 제작, 마무리까지 학생이 최대한 실습으로 참여하고 주도할 수 있는 분위기를 마련하여 창작의 기쁨과 노작의 보람을 체험한다.
- 안전 교육부터 시작하여 초보적인 도구 사용, 작품 제작을 진행하되 제작품은 학생 수준에 따라 지도교사가 선정한다.
- 실생활의 활용도, 미적 체험, 교육 환경을 고려하여 활동 주제를 선정하되 필요한 경우 학생들과 협의하여 정할 수 있다.
- 재료와 공구는 학교가 제공하되 개인 장비를 지참하여 사용할 수 있다.
- 학교 교육 이해와 연대, 평생교육, 공동체 형성에 기여하기 위한 학부모 프로그램을 운영할 수 있다.

2. 안전 확보 방안

- 작업자 안전 교육을 사전에 꼭 실시하고 과정 운영 중에도 수시로 실시한다.
- 도구 사용 수칙을 사전에 충분히 설명하되 장갑, 보안경, 마스크 등의 보호 장구를 준비하여 필요 시 이용한다.

- 학생 건강을 고려하며, 공구 보관과 사용이 안전하고 편리하도록 실습실을 구성한다.
- 목공실에 구급약품을 비치하여 가벼운 상처에 응급 처치한다.
- 사고에 대비해 상처별 전문 병원(손 전문, 안과, 외과)을 미리 확인한다.
- 학생의 건강과 안전한 작업을 위해 환기와 조명 시설을 점검한다.

부록 가족 목공 교실 계획(안)

학부모님 중에도 목공에 관심 있는 분들이 많고 아이들과 특별한 추억을 만들고 싶어 합니다. 목공 교실은 그런 욕구를 채울 수 있는 프로그램이며 학부모들의 학교 교육 이해 정도를 제고하기 위해서도 적극 추진해 볼 만한 사업입니다.

기안문에는 지방자치단체의 예산 신청 관련 항목과 연관 지어 작성하고 목적, 일정, 공고부터 신청과 선발까지의 방법, 예산액, 안전 확보 방안 등을 싣습니다. 내용은 학교 목공 교육 계획의 일부를 참고하면 됩니다.

다음은 활동 주제와 진행 관련 예시 자료입니다.

<가족 목공 교실 준비 자료>

2016 ** 학교 가족 목공 교실

1. 일정
   - 가. 안내 (안전, 작업 순서 등)
   - 나. 나무 뽑기(왜 할까요?)
   - 다. 전반 작업과 휴식, 후반 작업

2. 안내 사항
   - 가. 안전에 유의 - 무리한 작업은 금물
   - 나. 공구, 재료 아껴 쓰기
   - 다. 힘들 때는 쉬기
   - 라. 마치고 정리하면 함께 가기

3. 작업 순서
   - 가. 준비
     1) 나무를 받으면 설계도 부품이 모두 있는지 확인하기
     2) 설계도 따라 맞춰 보기 (안과 밖, 앞과 뒤 정하고 표시하기)
   - 나. 작업1 (2,3,4번은 순서를 바꿔도 됨)
     1) 선 그리기 (나사못 박을 자리 표시)
     2) 뒤판에 홈을 파기(톱과 끌 이용)
     3) 나사못 박기 (이중 비트로 예비 구멍을 내고 나사 못 박기)
     4) 앞판에 구멍 내기
   - 다. 휴식
   - 라. 작업2
     1) 조립하기
     2) 사포질
     3) 칠
     4) 정리
     5) 평가

활동 평가서

□ 활동명 : 2016 **학교 가족 목공 교실

내 용	(그렇다) (아니다)
	5 - 4 - 3 - 2 - 1
안전한 활동이었다.	5 - 4 - 3 - 2 - 1
유익한 활동이며 만족한다.	5 - 4 - 3 - 2 - 1
참가 소감, 새로운 작품이나 진행 방법에 제안 등을 써 주십시오.	

활동 평가서

□ 활동명 : 2016 **학교 가족 목공 교실

내 용	(그렇다) (아니다)
	5 - 4 - 3 - 2 - 1
안전한 활동이었다.	5 - 4 - 3 - 2 - 1
유익한 활동이며 만족한다.	5 - 4 - 3 - 2 - 1
참가 소감, 새로운 작품이나 진행 방법에 제안 등을 써 주십시오.	

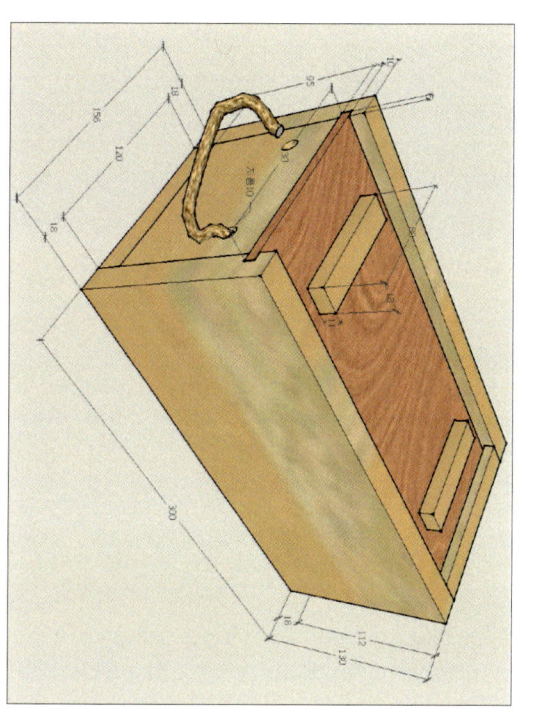

1. 목재 재단표 (1 단위 작품당)

명 칭	목 재	치 수	수 량	비 고
측판	18T 홍송	130 × 300	2	홈 가공 포함
앞판	18T 홍송	95 × 127	1	
밑판	18T 홍송	112 × 120	1	
머리판	18T 홍송	105 × 75	1	
덮개	5.5T 자작나무 합판	130 × 280	1	
손잡이	18T 홍송 혹은 특수목	11 × 200	1	

**초등학교 목공교실 진행 전, 당일 관련 사항 정리

····년··월 ··일

1. 사전 안내 사항 : 가정통신문 등에 안내해 주시면 좋겠습니다.

항 목	세 부 사 항	용 도	준비 주체
준비물 - 필수	장갑, 연필, 자	작업용	참가자
준비물 - 선택	마스크 전동 드라이버 유선 드릴	작업용	참가자

2. 당일 준비 사항1

항 목	세 부 사 항	용 도	준비 주체
컴퓨터, 프로젝터	비밀번호, 리모컨	작업 안내용	학교
구급 상자	소독약, 밴드 등	작은 상처 처치	학교
간식			학교
멀티 콘센트	과학실 천장에 있으면 불필요	유선 드릴 및 충전용 (테이블당)	학교
가위	문구용	마끈 절단용	학교
평가지	만족도 조사용	참가자 설문	강사
설계도	투상	참가자 교육용	강사

3. 당일 준비 사항2

항 목	세 부 사 항	용 도	준비 주체
톱 - 256	비밀번호, 리모컨	작업 안내용	강사
톱-잽이식	소독약, 밴드 등	작은 상처 처치	강사
육각 렌치 묶음			강사
드릴날 비트 묶음	8,10	천공용	강사
자투리 나무			강사
받침 작업대	6		강사
대패	2	높이 조절용	강사
조각도	6	세트	강사
끌	6	3.6mm	강사

4. 재료 및 공구 구입 목록

순	내 용	산출 근거	금액(원)	비 고
1	재료비(나무 18T, 저작 투명, 홈 가공, 마끈 포함)	21,000원 · 50조 (다음 쪽의 투상도 및 재단표 및 재 절단 및 가공 후 납품)	1,050,000	여유분 포함
2	천연 오일 (오스모 속건성)	60,000원 · 4통	240,000	
3	유선 전기 드릴 http://mok01.co.kr/shop/goods/goods_view.php?goodsno=2078&category=	59,000원 · 6개	354,000	
4	충전드라이버 http://mok01.co.kr/shop/goods_view.php?goodsno=2078&category=	92,000 · 6개	552,000	
5	간식비	1500원 · 26인 · 4회	156,000	
6	이중비트 속날 3·33·61 http://mok01.co.kr/shop/goods_view.php?goodsno=	5,000원 · 6개	30,000	
7	이중비트 (3·8)	16,500원 · 6개	99,000	
8	일회용 비닐 장갑 100매	4,000 원 · 2개	8,000	
9	미술용 스폰지	1,000원 · 2개·4회	8,000	
10	나사못 6·38 1000 개입 (dry wall screw)	10,000원 · 1봉	10,000	
11	순간 접착제 (록타이트 401)	1,500원 · 2개	3,000	
12	사포지 180	10장 · 800원 · 4회	32,000	
13	사포지 220	10장 · 800원 · 4회	32,000	
14	조임 틀 450mm (어윈 쿽그립 518QC) http://www.interpark.com/product/MallDisplay.do?_method=detail&sc_shopNo=0000100066&target=&prdNo=2037298895&dispNo=01500&scdispNo=16001	31,000 원 · 6 개	248,000	
15	조임 틀 (KLI_15) http://mok01.co.kr/shop/goods_view.php?goodsno=447&category=01801	25,000 원 · 6 개	150,000	
16	접착제 (PATEX) 550g	7500 원 · 3 개	22,500	
계			2,994,500	

참고 자료와 부록